Beiträge zur Geschichte des Parlamentarismus
und der politischen Parteien

*Herausgegeben von der
Kommission für Geschichte des Parlamentarismus
und der politischen Parteien*

———————

Band 188

Reihe
Parlamente in Europa 10

Jure Gašparič

Hinter den Kulissen des Parlaments

Die jugoslawische Skupština 1919–1941

Droste Verlag 2023

Vorwort

Das vorliegende Buch erschien 2015 in Slowenien unter dem Titel *Izza parlamenta. Zakulisje jugoslovanske skupščine 1919–1941* und ist die erste Monografie, die sich aus einer kulturhistorischen Perspektive mit dem Belgrader Parlament der Zwischenkriegszeit beschäftigt. Es war für den Clio-Preis des slowenischen Historikervereins nominiert.

Beeinflusst wurde die Entstehung des Manuskripts durch den *Cultural Turn* in der Geschichtswissenschaft bzw. die Erkenntnis, dass Machstrukturen ohne Kenntnis ihrer inneren Dynamik, ihrer Arbeitsweisen, ihrer Akteure, Alltagspratiken und Kommunikationsweise nicht zu verstehen sind. Im Fall des jugoslawischen Parlaments, der Skupština, ist dieser Ansatz umso interessanter, als es sich um die Volksvertretung eines Landes handelte, das nach dem Ende des Ersten Weltkriegs und durch den Zusammenbruch der Habsburgermonarchie entstand und ganz verschiedene staatliche Traditionen und politische Muster zu integrieren hatte. Enttäuschungen waren entsprechend vorprogrammiert. Das Negativimage der Skupština wurde zudem nach dem Zweiten Weltkrieg im sozialistischen Jugoslawien systematisch gepflegt.

Das Buch ist deshalb zugleich der Versuch, parlamentarische Versammlungen vergangener Zeiten und Staaten zu einem sichtbaren Teil der Geschichte zu machen. Denn – anders als beispielsweise in England, wo Jubiläen wie der 800. Jahrestag der Veröffentlichung der *Magna Charta* feierlich begangen und medial breit rezipiert werden, und in Deutschland, wo in den Jahren 2018 und 2019 mehrere Großveranstaltungen zum Thema Frauenwahlrecht stattgefunden haben – gibt es in in den Nachfolgestaaten Jugoslawiens kaum ein Bewusstsein für die historische Bedeutung der parlamentarischen Demokratie. Das Buch ist entsprechend auch dem Prinzip der angewandten Geschichte (*applied history*) verpflichtet. Es ist hierfür in überblickgebende, kurze Kapitel gegliedert und im *Storytelling*-Modus geschrieben, da es sich auch an eine breitere Leserschaft richtet.

Bei den Kolleginnen und Kollegen des Berliner Forschungsinstituts *Kommission für Geschichte des Parlamentarismus und der politischen Parteien* (KGParl) – allen voran Prof. Dr. Andreas Schulz – stieß die Studie aufgrund ihres Forschungsgegenstandes und ihrer Anlage auf großes Interesse. Auch greift es zahlreiche Themen auf, denen sich meine Kollegen und Kolleginnen von der KGParl systematisch widmen und ermöglicht eine notwendige europäische Vergleichsperspektive. So entstand die Idee, das Buch ins Deutsche übersetzen zu lassen. Ich hoffe, dass es bei seiner Leserschaft Neugierde auf die oftmals unverständlichen und bisweilen höchst komplizierten politischen Verhältnisse auf dem Westbalkan weckt. Die deutsche Übersetzung des Buchs ist überarbeitet und etwas gekürzt worden, zum besseren Verständnis wurde ihr ein kurzes Glossar zentraler Begriffe und Aussprachehinweise beigefügt. Der KGParl danke ich für seine Aufnahme in ihre Schriftenreihe »Parlamente in Europa«.

An dieser Stelle möchte ich außerdem der Übersetzerin Eva Pauer aus Graz danken, die gute Arbeit geleistet hat. Dankbar bin ich zudem Prof. Dr. Janez Cvirn für seine anregenden Ideen. Gemeinsam arbeiteten wir an einer »Kulturgeschichte des Parlaments« seit der Habsburgermonarchie, bis sein plötzlicher Tod unsere Pläne durchkreuzte. Bei der Vorbereitung einzelner Abschnitte dieses Buchs, insbesondere jener über den beruflichen Hintergrund der Abgeordneten und über die Kriegsvorbereitungen des Parlaments, arbeitete ich eng mit meiner Kollegin Dr. Mojca Šorn zusammen, die nach dem Schreibprozess auch die Erste war, die den gesamten Text sorgfältig durchsah und mit wertvollen Anmerkungen bereicherte. Für Ideen und Anregungen danke ich zudem meinen Kolleginnen und Kollegen am Institut für Zeitgeschichte in Ljubljana (*Inštitut za novejšo zgodovino*) und hier insbesondere Dr. Andrej Pančur und Dr. Jurij Perovšek.

Für die vorliegende Studie von großer Bedeutung waren auch die zahllosen Gespräche, Workshops und Konferenzen des *European Information and Research Network on Parliamentary History* (EuParl.net). Das 2007 entstandene Netzwerk ist heute ein lebendiger, transeuropäisch-akademischer *think tank*, dem ich viel verdanke.

Schließlich danke ich Verena Mink und Andreas Schulz, die die Drucklegung des Buches begleitet haben.

Ljubljana, im Dezember 2022   *Jure Gašparič*

Inhalt

ABBILDUNG I   Als Belgrad 1918 Hauptstadt des neuen jugoslawischen Staates wurde, waren die Folgen des Ersten Weltkriegs überall sichtbar, und auch das Gebäude der alten serbischen Versammlung lag in Trümmern. Lange Zeit tagte das Parlament daher in der ehemaligen Kavalleriekaserne. Erst 1936 konnte der neue Parlamentspalast *Haus der Nationalversammlung* endlich eingeweiht werden. Der repräsentative Bau sollte die abstrakte Idee der parlamentarischen Demokratie symbolisch zum Ausdruck bringen. Am Ende aber wurde das Gebäude jedoch mehr als Symbol des jugoslawischen Staates denn als Symbol der parlamentarischen Demokratie wahrgenommen. Nacheinander tagten hier das Parlament des Königreichs Jugoslawien, das Bundesparlament des sozialistischen Jugoslawiens, das Parlament »Rumpf-Jugoslawiens« (Serbien-Montenegro), bis schließlich die Nationalversammlung der Republik Serbien das Gebäude in Besitz nahm. Bis heute ist das Parlament eine der berühmtesten Sehenswürdigkeiten Belgrads. Das Foto zeigt das Gebäude während der Bauphase. © Muzej novejše zgodovine Slovenije, Fotothek, Inv.-Nr. SL 4336

Einleitung

1. Auftakt mit Zwischenfall: Die Parlamentseröffnung am 14. Januar 1921

Der Tag war sorgfältig gewählt. Am Freitag, den 14. Januar 1921, schien trotz des Winters eine »wahrhaftige Frühlingssonne« auf die junge jugoslawische Hauptstadt Belgrad herab. Die Feier des orthodoxen Neujahrs sorgte in der Stadt für lebhaftes Treiben und Fahnen wehten an diesem winterlichen Tag von den Gebäuden. Auf dem Terazije-Platz, vor dem alten Königshof und in den Straßen hatte ein Spalier von Soldaten Aufstellung genommen, das sich aus Zöglingen der Militärakademie und vier Artillerieabteilungen zusammensetzte. Hinter ihnen scharte sich eine neugierige, gut gelaunte Menschenmenge, denn viele wollten das Geschehen mit eigenen Augen verfolgen. Sie wollten »dabei sein« und an einem politischen Ereignis teilhaben, das in der öffentichen Wahrnehmung alles andere als alltäglich war: In der frisch umgebauten Kavalleriekaserne eröffnete der von König Petar zum Prinzregenten ernannte Aleksandar Karađorđević, der künftige König Alexandar I., feierlich die Sitzung der konstituierenden Versammlung des Königreichs der Serben, Kroaten und Slowenen, des ersten gewählten Parlaments des Staates.

Das Parlament wurde offiziell *Ustavotvorna skupština Kraljevine Srba, Hrvata i Slovenaca* (Konstituierende Versammlung des Königreichs der Serben, Kroaten und Slowenen) genannt. Der zentrale, slawische Begriff für alle jugoslawischen Parlamente bis zum Zerfall Jugoslawiens 1991 war *skupština* (serbisch; slowenisch *skupščina*). Die Wurzel *skup* bedeutet »zusammen«, also kann das Wort skupština mit »Versammlung« übersetzt werden; ein Ort, an dem sich Menschen treffen und diskutieren. Die etymologische Erklärung des Wortes ist ähnlich wie die Erklärung des Ursprungs des ebenfalls in südslawischen Sprachen etablierten Wortes Parlament (es wurde aus dem Deutschen übernommen). Die Wurzel des Begriffs Parlament basiert auf dem französischen Wort *parler* (sprechen) bzw. auf dem lateinischen Substantiv *parliamentum*. Es wurde erstmals von Matthew Paris of St. Albans im Jahr 1239 gebraucht, als er die Schaffung eines großen Prälaten- und Adelsrates erwähnte. Das Wort etablierte sich später als allgemeine Bezeichnung für eine Gruppe von Menschen, die zusammenkamen, um zu diskutieren, und seit Edward I. wird es verwendet, um eine politische Körperschaft zu bezeichnen – das Parlament.[1]

---

[1] Nach dem Zerfall Jugoslawiens 1991 plädierten viele in der Diskussion um die neue slowenische Verfassung deshalb für die Bezeichnung »Parlament«, weil sie das Wort »Versammlung« irrigerweise für ein serbisches Lehnwort hielten. Schließlich lautete der Name für das slowenische Parlament *Državni zbor* (Reichsrat). J. GAŠPARIČ, Državni zbor Republike Slovenije, 2012, S. 45.

Das Protokoll der feierlichen Eröffnungssitzung war bis ins kleinste Detail festgelegt und erst zwei Tage zuvor zum letzten Mal verändert worden. Trotz sonst heftiger Konflikte untereinander versammelten sich die Abgeordneten vollzählig im Saal der Kaserne und die Diplomatenlogen waren mit Vertretern ausländischer Gesandtschaften besetzt. Um Punkt 10.30 Uhr eröffnete der Vorsitzende, Dr. Ivan Ribar, ein angesehener kroatischer Politiker und Vater des späteren kommunistischen Jugendführers Ivo Lola Ribar[2], die Sitzung und bat die Abgeordneten, die Ankunft des Regenten abzuwarten.

Um 10.45 Uhr stieg Aleksandar, gekleidet in Galauniform, gemeinsam mit Ministerpräsident Nikola Pašić in einen Vierspänner und machte sich auf den Weg zur Skupština. Die Suite des Prinzregenten und zwei Eskadronen der königlichen Garde folgten dem Gespann durch das Spalier. Vor dem Gebäude der Konstituante erwartete Aleksandar die königliche Musikkapelle, die alle drei »Nationalhymnen«, die serbische Hymne (*Bože pravde* – »Gott der Gerechtigkeit«), die kroatische (*Lijepa naša domovino* – »Unser schönes Heimatland«) und die slowenische (*Naprej, zastava slave* – »Vorwärts, Fahne des Ruhms«) spielte. Daraufhin empfing ihn noch vor dem Gebäude das von Ribar angeführte Präsidium mit den Worten: »Eure königliche Hoheit! Es ist uns eine große Ehre, dass Sie heute im Namen Ihres ehrwürdigen Vaters, seiner Majestät König Petar, die Verfassunggebende Versammlung eröffnen.«[3] Der Prinzregent grüßte höflich zurück und trat ein. Ihm folgten der gesamte Ministerrat und das Präsidium des Parlaments. Im Saal erhoben sich eilig die Abgeordneten und begrüßten den König mit Ovationen. Von der Festung her erschallte Kanonendonner, in den Belgrader Kirchen erklangen die Glocken. Die Kulisse war einmalig. Dann verlas der Regent in knapp 15 Minuten mit kräftiger Stimme seine Thronrede, die das begeisterte Publikum immer wieder mit stürmischem Applaus und Jubel unterbrach. Aleksandar sprach pathetisch, staatsmännisch: »Seid willkommen, Brüder aus allen Gebieten unserer weiten, treuen Heimat.« Den Abgeordneten rief er zu: »Mögen euch eure bedeutsamen historischen Aufgaben gelingen […]! [M]ein Vertrauen in die Nation ist unerschütterlich!«[4]

Der Auftritt Alexandars dauerte insgesamt eine halbe Stunde. Als er sich um 11.15 Uhr wieder zu seinem Wagen begab, drückte er Ribar zum Abschied noch einmal die Hand. Tosender Beifall begleitete ihn und Nikola Pašić, der ihm folgte. Ausgerechnet in dem Moment, als der betagte Ministerpräsident es sich

---

2   Ivo Lola Ribar wurde im sozialistischen Jugoslawien als Kultfigur verehrt. Er war Mitbegründer der kommunistischen Jugendorganisation, ein enger Mitarbeiter Josip Broz Titos und Führungsmitglied der Partisanen. Er kam 1943 bei einem Bombenangriff ums Leben.
3   »Svečana otvoritev konstituante«, in: JUTRO, 15.1.1921. Der alte König Petar amtierte nur noch formal als König, faktisch regierte bereits Aleksandar.
4   »Prestolni govor regenta«, in: JUTRO, 15.1.1921.

bequem machen wollte, bemerkte er allerdings einen protokollarischen Faux-pas: Pašić hatte keinen Zylinder auf. Parlamentspräsident Ribar half ihm unverzüglich aus dieser Verlegenheit, indem er ihm den seinen überließ. Aleksandar war der Vorfall nicht entgangen: »Sieh einer an! Pašić unter Ribars Hut!«, wurde er später zitiert. Woraufhin einer der anwesenden Abgeordneten gerufen haben soll: »Ein symbolischer Ausdruck für die heutige politische Situation!«[5]

ABBILDUNG 2   Dr. Ivan Ribar, der kroatische Politiker, der den Vorsitz in der Verfassunggebenden Versammlung (1920/21) und später auch im AVNOJ (Antifaschistischer Rat der Volksbefreiung Jugoslawiens) inne hatte, rief die Abgeordneten oft vergeblich zu einem der Würde des Parlaments angemessenen Benehmen auf. Ribar trägt hier die Uniform der jugoslawisch orientierten Sokol-Bewegung. © Muzej novejše zgodovine Slovenije, Fototek, Inv.-Nr. SL 114/5

Tatsächlich stand im Zentrum des jungen Staates nun das Parlament, und während Ribar das Amt des Parlamentspräsidenten übernahm, trat Pašić als Mi-

---

[5] »Svečana otvoritev konstituante«, in: JUTRO, 15.1.1921.

nisterpräsident, der jahrzehntelang die Fäden gezogen hatte, in den Hintergrund. Gleichzeitig blieb der König – auch das hatte die Eröffnungssitzung der Skupština bereits erkennbar werden lassen – ein ganz entscheidender Faktor der künftigen Entwicklung des jugoslawischen Parlamentarismus.

2. Über den jugoslawischen Parlamentarismus schreiben: Methoden, Quellen, Gang der Untersuchung

Das Parlament ist im parlamentarisch-demokratischen System nicht nur in einem formalen Sinne das zentrale Volksvertretungs- und Gesetzgebungsorgan. Abgesehen von seinen, in der Verfassung verankerten klassischen Aufgaben, ist es ein Diskussionsforum für die Vertreter verschiedenster politischer Konzepte. Es ist der Aufführungsort von Politik schlechthin, die Bühne, von der aus das »Publikum«, also Wähler, Medien und Öffentlichkeit adressiert werden. Daher sind Parlamente ein zentraler Gegenstand interdisziplinärer und methodisch vielfältiger Forschung.

Konzentrierten sich Parlamentsforscher früher in erster Linie auf klassische Felder der Politik- und Verfassungsgeschichte, so sind heute vermehrt kultur- und kommunikationsgeschichtliche Ansätze gefragt. Neben politikwissenschaftlichen Funktionsanalysen rücken anthropologische Gesichtspunkte der Parlamentstätigkeit, quantifizierende Sprach- und Wortfeldanalysen politischer Reden und inhaltlich-diskursive Untersuchungen von Parlamentsdebatten in den Blick.[6] Die moderne Parlamentarismusforschung betrachtet das Parlament weniger in seiner Funktion als Gesetzgeber, als unter performativen Gesichtspunkten oder aber seine Rezeption durch die Öffentlichkeit.

Dem performativen Ansatz ist auch das vorliegende Buch verpflichtet. Es knüpft damit zum Teil an den Begriff der »symbolischen Macht« bei Andreas Biefang an.[7] Hierbei handelt es sich nicht um die Macht, die das Parlament auf-

---

[6] Spezialisierte Institute der Parlamentarismusforschung haben sich 2008 in dem Netzwerk »European Information and Research Network on Parliamentary History« zusammengeschlossen. Die Webseite »EuParl.net« informiert über aktuelle Forschungstrends und empirische Studien zum Parlamentarismus. Hervorheben möchte ich an dieser Stelle Thomas Mergels Buch »Parlamentarische Kultur in der Weimarer Republik. Politische Kommunikation, symbolische Politik und Öffentlichkeit im Reichstag. Düsseldorf 2003« (nachstehend Mergel, Parlamentarische Kultur) und das Buch von Andreas Biefang: »Die andere Seite der Macht. Reichstag und Öffentlichkeit im ›System Bismarck‹ 1871–1890. Düsseldorf 2012« (nachstehend Biefang, Die andere Seite der Macht). Beide Arbeiten stehen exemplarisch für neuere kulturgeschichtliche Ansätze der Parlamentarismusforschung. Dieses Buch über das Belgrader Parlament orientiert sich methodisch an den genannten Publikationen, wenn auch zugunsten einer stärker narrativen Synthese auf begrenztem Raum.

[7] Vgl. A. Biefang, Die andere Seite der Macht, 2012, S. 14.

grund seiner in der Verfassung verankerten Rolle hat, sondern um die Macht, die ihm in der öffentlichen Wahrnehmung zugeschrieben wird. Öffentliche Wahrnehmung bezieht sich dabei weniger auf die inhaltlichen Aspekte der Arbeit des Parlaments als auf dessen Arbeitsweise und Performanz.[8]

Die Studie ist die erste Untersuchung zum jugoslawischen Parlamentarismus der Zwischenkriegszeit, die in deutscher Übersetzung veröffentlicht wurde. Insofern kommt ihr für die vergleichende Betrachtung parlamentarischer Kulturen in Europa besondere Bedeutung zu.[9] Welche Fragen stehen dabei im Vordergrund?

Die Arbeit basiert auf einer Vielzahl verschiedenster Quellen: wertvolle Informationen stammen aus dem Archivbestand Narodna skupština, den das *Arhiv Jugoslavije* (nachstehend AJ) in Belgrad verwahrt. Eine zentrale Quelle stellen außerdem zeitgenössische Zeitungsartikel da. Zitate und Beobachtungen aus den stenografischen Berichten der Parlamentssitzungen wurden ebenfalls herangezogen. Mittels dieser Quellen lässt sich besonders die Performanz der Abgeordneten im Plenarsaal rekonstruieren. Außerdem wurden die Memoiren bekannter Politiker und die offiziellen Amtsblätter und Schriftstücke aus dem Prager Archiv des tschechischen Außenministeriums ausgewertet. Diese Quelle ist für die jugoslawische Geschichte besonders interessant, da die Erste Tschechoslowakische Republik und das Königreich SHS/Jugoslawien bis in die zweite Hälfte der 1930er Jahre enge Verbündete im Rahmen der Kleinen Entente waren. Innerhalb des umfangreichen tschechoslowakischen diplomatischen Netzes, das von Edvard Beneš entwickelt wurde, nahm die Botschaft in Belgrad – neben Paris, London, Washington, Berlin und Rom – einen besonderen Platz ein. Die Berichte, die die dortigen Diplomaten nach Prag schickten, waren ausführlich und gehaltvoll, gestützt auf hervorragende Quellen. Presseattaché und Autor vieler Berichte war unter anderem Josef Körbel, späterer Botschafter und Vater der US-Außenministerin Madeleine Albright.

Das Buch führt den Leser durch die verschiedenen Funktionsräume und politischen Arenen der Skupština. In zwölf kurzen Kapiteln werden Arbeit- und Funktionsweise des jugoslawischen Parlaments der Zwischenkriegszeit bzw. im Zeitraum von 1919–1941 herausgearbeitet. Die Studie orientiert sich dabei an kulturgeschichtlichen Ansätzen der neueren Parlamentarismusforschung.[10] Die ersten beiden Kapitel beleuchten dabei zunächst den konstitutionellen und politischen Rahmen sowie die Entstehungsgeschichte der ersten jugoslawischen Volksvertretung. Es folgt ein Gang durch das Parlamentsgebäude in den Plenarsaal, in dem die Abgeordneten oft stritten, Skandale lieferten und Radau

---

[8] Vgl. T. MERGEL, Parlamentarische Kultur, 2003, S. 23, 26.
[9] Als Referenzwerke vgl. A. SCHULZ/A. WIRSCHING (Hrsg.), Parlamentarische Kulturen in Europa, 2012; R. AERTS/C. v. BAALEN u. a. (Hrsg.), The Ideal of Parliament, 2019.
[10] A. SCHULZ/A. WIRSCHING (Hrsg.), Parlamentarische Kulturen in Europa, 2012, S. 11–26.

schlugen bzw. es insgesamt sehr martialisch zuging. Regelmäßig wurde geprü-
gelt, zwei Mal fielen sogar Schüsse – und in der näheren Umgebung des Parlamentsgebäudes flogen die Kugeln noch häufiger. Politische Gewalt war alltäglich im multiethnischen Jugoslawien. Kapitel 5 widmet sich sodann einem
zentralen Problem des jungen Staats: der Korruption und dem Stimmenkauf. Es
folgen die Beschreibung und Analyse des Arbeitsalltag derjenigen, die im Hintergrund des Parlamentsbetriebs agierten – Beamte, Stenografen, Reinigungskräfte und die Parlamentspolizei. Insgesamt drei Kapitel sind den Abgeordneten
gewidmet: Beschrieben wird ihr Sozialprofil, also beispielsweise die Frage nach
der jeweiligen beruflichen Zugehörigkeit der Abgeordneten, wieviel sie verdienten und wann ihre persönliche Immunität gefährdet war. Auch auf die parlamentarische Geselligkeit und deren Bedeutung für die Vergemeinschaftung wird
eingegangen. Zum Schluss führt das Buch in den für das Parlament geplanten
Luftschutzbunker, der die Funktionalität der Volksvertretung auch während des
bereits tobenden Zweiten Weltkriegs garantieren sollte. Dass der Bau des Bunkers nicht realisiert wurde, mag dabei bereits ein Vorbote des nahenden Endes
der Skupština gewesen sein, als am 8. Juli 1941 der jugoslawische Staat durch
die deutsch-italienischen Besatzungsmächte aufgelöst wurde.

3. Zum Forschungsstand

In den Staaten Mitteleuropas, die aus den Trümmern der Habsburger Monarchie hervorgegangen sind, ist das Interesse an der Geschichte des Parlamentarismus per se in den letzten zwei bis drei Jahrzehnten deutlich gewachsen. Vor allem
im Osten Europas ist dieses Phänomen auf den Fall des Eisernen Vorhangs und
die Einführung der modernen parlamentarischen Demokratie zurückzuführen.
    Auch die slowenischen Historiker setzten sich – abgesehen von der Studie Vasi-
lij Meliks, der auf diesem Gebiet Pionierarbeit geleistet hat[11] – erst nach dem Zerfall Jugoslawiens und der Unabhängigkeitserklärung Sloweniens im Jahre 1991 in-
tensiver mit den Erfahrungen auseinander, die die Slowenen in der Vergangenheit
mit dem Parlamentarismus gemacht hatten. Neben einigen Sammelbänden und
Teilstudien wurden bereits einige umfassendere einschlägige Arbeiten veröffentlicht: über die Zeit der Habsburger Monarchie (1848–1918),[12] den ersten jugos-

---

[11] V. MELIK, Volitve, 1965. Vgl. auch die deutsche Übersetzung bei I. VILFAN-BRUCKMÜLLER, Wah-
      len, 1997.
[12] Die Zeit der Habsburgermonarchie wird in zwölf Bänden beleuchtet in der Reihe »Die Habs-
      burger Monarchie 1848–1918«. Band VII umfasst »Verfassungsrecht, Verfassungswirklichkeit,
      zentrale Repräsentativkörperschaften« (1. Teilband) und »Die regionalen Repräsentativkörper-
      schaften« (2. Teilband), darunter auch die Länder mit slowenisch-sprachiger Bevölkerung (Krain,
      Steiermark, Kärnten, Görz, Istrien).

lawischen Staat (1918–1941), das zweite (sozialistische) Jugoslawien (1945–1991) und auch die Zeit des eigenständigen Slowenien (ab 1991). Unter den slowenischen Historikern, die sich besonders der Entwicklung des Konstitutionalismus und des Parlamentarismus widmeten, nehmen Miroslav Stiplovšek und Janez Cvirn eine zentrale Rolle ein. Stiplovšek beschäftigte sich vorrangig mit den Regionalparlamenten im ersten jugoslawischen Staat, welche die Bevölkerung der *Oblasti*, der territorialen Verwaltungseinheiten bis 1929, vertraten.[13] Cvirns Werk umfasst sowohl klassische politikgeschichtliche Studien als auch Arbeiten zur Kulturgeschichte des Parlamentarismus. Er war einer der ersten Historiker, die das Phänomen der Abgeordnetengehälter und Fragen zur Immunität der Abgeordneten analysierten und das Frauenwahlrecht beleuchteten. Darüber hinaus verfasste er den ersten umfassenden Überblick über die Arbeit der slowenischen Abgeordneten sowie der slowenischen Politiker generell in den Parlamenten der Habsburgermonarchie.[14] Bojan Balkovec hat eine minutiöse Analyse der Wahlgeschichte in der Zeit des ersten jugoslawischen Staats veröffentlicht,[15] und Andrej Rahten erstellte einen politikgeschichtlichen Überblick über die Slowenische Volkspartei, die in den 1920er-Jahren die stärkste slowenische Partei im Parlament war.[16] Über die Tätigkeit des 1992 neu entstandenen slowenischen Parlaments *(Državni zbor)* hat der Autor dieses Buches eine Studie publiziert,[17] ergänzt durch einen Beitrag über das Parlament der Sozialistischen Föderativen Republik Jugoslawien vor ihrem Zerfall.[18] Darüber hinaus gibt es in der slowenischen Geschichtsschreibung eine Tendenz zur Veröffentlichung von Quellensammlungen zur Parlamentarismusgeschichte unter Nutzung der Methoden der *Digital Humanities*.[19]

In der Geschichtsschreibung der ehemaligen Teilrepubliken Jugoslawiens ergibt sich ein weitgehend übereinstimmendes Bild: Parlamente und Parlamentarismus erfreuen sich in den vergangenen Jahrzehnten größerer Aufmerksamkeit. In Kroatien beispielsweise erschienen einige kürzere Abhandlungen zum kroatischen Parlament, dem Sabor; in Serbien widmen sich mehrere Studien dem Parlamentarismus im Königreich Serbien.[20]

---

[13] M. Stiplovšek, Slovenski, 2000.
[14] J. Cvirn, Dunajski, 2015.
[15] B. Balkovec, »Vsi na noge«, 2011.
[16] A. Rahten, Slovenska, 2002.
[17] J. Gašparič, Državni, 2012.
[18] Im Rahmen einer Zusammenarbeit zwischen KGParl, dem Prager Institut für Zeitgeschichte und dem Slowenischen Institut für Zeitgeschichte (Inštitut za novejšo zgodovino) in Ljubljana kam 2015 eine Themenausgabe der Zeitschrift Prispevki za novejšo zgodovino/Contributions to the Contemporary History mit dem Titel Complex Parliaments in Transition heraus.
[19] Vgl. das Portal zur slowenischen Geschichtsschreibung »sistory.si«, auf dem unter anderem die stenografischen Protokolle der Parlamente auf dem Gebiet des heutigen Slowenien (sowie Belgrader Protokolle) veröffentlicht werden.
[20] Vgl. etwa N. Budak (Hrsg.), Hrvatski, 2010. O. Popović-Obradović, Parlamentarizam, 2008.

Dem Parlament des Königreichs der Serben, Kroaten und Slowenen (um-
gangssprachlich SHS: *Kraljevina Srbov, Hrvatov in Slovencev*) bzw. Jugoslawien
ist, was die Forschung anbelangt, ein ähnliches Schicksal widerfahren wie den
übrigen Parlamenten. Im sozialistischen Jugoslawien interessierte man sich nicht
besonders für die Skupština. Zwar hat die jugoslawische Historiografie einige
wenige wichtige Studien über diese hervorgebracht, doch konzentrierte man
sich in erster Linie auf Untersuchungen zur Entwicklung der Arbeiterbewegung,
zu den politischen Eliten und zum Konflikt zwischen Serben und Kroaten.

Lange Zeit galt das Paradigma, dass sich der erste jugoslawische Staat in ei-
ner permanenten Krise befunden habe. Deutlich sei dies durch den Beitritt des
Staates zum Dreimächtepakt 1941 geworden, denn darauf folgten Staatsstreich,
Chaos und die totale Niederlage. Die zerstrittenen politischen Eliten des alten
Jugoslawiens begaben sich ins Londoner Exil, während sich vor Ort die Wider-
standsbewegung formierte, deren kommunistische Anführer schließlich an die
Macht gelangten.

Im Kontext dieses Interpretationsrahmens widmeten sich Historiker vorwiegend der politischen Geschichte und der Ideengeschichte[21], während die politische Kultur und der Parlamentarismus selbst im Hintergrund blieben, obwohl
das Parlament der Ort war, an dem alle nationalen Parteien zusammenkamen.
Allein der serbische Historiker Branislav Gligorijević verfasste bereits 1979 sein
Werk zum Parlament und den Parteien Jugoslawiens im Zeitraum von 1919
bis 1929, das nach wie vor als Grundlagenwerk gilt. Dabei handelt es sich um
eine klassische politikgeschichtliche Interpretation, in der das Parlament hauptsächlich als »Bühne der Politik« verstanden wird. Das Hauptaugenmerk lag auf
den Ergebnissen parlamentarischer Politik und nicht auf der Art und Weise,
wie Entscheidungen entstanden und vorbereitet wurden.[22] Wenn sich die Geschichtsschreibung parlamentarischen Praktiken widmete, dann häufig nur ver-
einzelten Exzessen, anhand derer man politische Gegensätze des ersten Jugoslawiens veranschaulichen wollte. Beispielsweise verschiedenen Ausschreitungen
in der Skupština.

Mehr »parlamentarischer Lesestoff« steht Interessierten in Form von Studien zu den Parteien zur Verfügung, wobei diese Arbeiten häufig nur kurze
Zeitspannen abdecken und sich auf bestimmte politische Fragen konzentrie-
ren. Insbesondere in der slowenischen Geschichtsschreibung gibt es hier großen

---

[21] Als einer der ersten slowenischen Historiker veröffentlichte Jurij Perovšek ein umfangreiches
      Werk zur ideenpolitischen Geschichte des ersten Jugoslawiens, darunter eine kommentierte
      Sammlung sämtlicher Programme aller slowenischen Parteien und sonstiger politischer Organi-
      sationen und Vereinigungen. Vgl. J. PEROVŠEK, Programi, 1998.
[22] B. GLIGORIJEVIĆ, Parlament, 1979. 1989 erschien ein ähnliches Grundlagenwerk über die Pro-
      visorische Volksvertretung, die bis zur Bildung der Verfassunggebenden Versammlung als Parla-
      ment fungierte: N. ENGELSFELD, Prvi, 1989.

Nachholbedarf,[23] liegt doch kein einziges tiefgreifendes Werk zur Geschichte einer der bedeutenderen politischen Parteien vor.[24] Mit den namhaftesten Politikern verhält es sich ähnlich: Nur für wenige liegt eine politische Biografie vor[25] – abgesehen von einigen ausführlicheren Portraits, die Jurij Perovšek verfasst hat. Selbst die Minister- und Parlamentspräsidenten des ersten Jugoslawiens sind kaum erforscht, geschweige denn im öffentlichen Gedächtnis präsent.[26]

---

[23] Auch in der Historiografie der übrigen post-jugoslawischen Länder wurden umfangreichere Werke zur Geschichte der Parteien erst vor Kurzem veröffentlicht; in Serbien erschien z. B. eine mehrbändige »Geschichte der Demokratischen Partei« (*Istorija Demokratske stranke*), vgl. B. Gligorijević, Istorija, 2010.

[24] Einen informativen Überblick erhält der Leser in einem Werk in zwei Bänden, das sich mit der Geschichte der Slowenen von 1848 bis 1992 auseinandersetzt: Vgl. N. Borak / J. Fischer, Slovenska, 2005. In den letzten Jahren haben die Historiker und Historikerinnen des Instituts für Zeitgeschichte in Ljubljana sich systematisch der Geschichte der Parteien gewidmet. Mittlerweile existiert eine einschlägige Themenausgabe der Zeitschrift *Prispevki za novejšo zgodovino* (1/2017) (*Iz zgodovine političnih strank*), in der organisatorische Fragen der Entwicklung des Parteiwesens vom ausgehenden 19. Jahrhundert bis zum Ende des 20. Jahrhunderts behandelt werden.

[25] Seit Kurzem: A. Rahten, Anton Korošec, 2022.

[26] Alle erwähnten Bücher sind in einer der südslawischen Sprachen verfasst; dem deutschen Lesenden stehen lediglich zwei ins Deutsche übersetzte Überblicksdarstellungen zur Verfügung: H. Sundhausen, Experiment, 1993 und M.-J. Calic, Geschichte, 2010. Auf Englisch erschienen ist D. Djokić, Elusive, 2007.

ABBILDUNGEN 3–6   Die im Vestibül des Hauses der Nationalversammlung stehenden Marmor-
figuren personifizieren die imaginierte historische Entwicklung der »jugos-
lawischen Stämme«. Dargestellt sind Karađorđe, der Begründer der Königs-
dynastie Karađorđević (Bildhauer Fran Eršinič), Fürst Kocelj, Herrscher des
Plattensee-Fürstentums im 9. Jahrhundert für den Stamm der Slowenen
(Bildhauer Tine Kos), Tomislav, um 925 König Kroatiens (Bildhauer Vanja
Radauš), und Zar Dušan, serbischer mittelalterlicher Monarch (Bildhauer
Dušan Filipović). © Fotografien Borut Batagelj, 2014

Erstes Kapitel

Das Königreich Jugoslawien: Entstehung, Verfassung und historische Einordnung

1. Verfassungsgebung und Parlament

Vor dem schmucken Krsmanović-Haus, einer einstöckigen barocken Kaufmannsvilla auf dem Belgrader Terazije-Platz, in welcher der Sohn des serbischen Königs, Aleksandar Karađorđević, nach dem Krieg vorübergehend residierte, versammelte sich am Abend des 1. Dezember 1918 eine neugierige Menschenmenge. Als Zaungäste verfolgte sie den Festakt im hell erleuchteten und aufgrund zurückgezogener Gardinen einsichtigen Empfangssaal: Eine Delegation des Nationalrats der Südslawen aus den vormals habsburgischen Gebieten Österreich-Ungarns überreichte dem serbischen Prinzregenten Aleksandar eine Adresse zur Vereinigung des »SHS-Staates«, des Staates der Slowenen, Kroaten und Serben, mit den Königreichen Serbien und Montenegro.[1] Aleksandar nahm die Adresse entgegen und verkündete daraufhin auf ihrer Grundlage den Zusammenschluss zu einem »geeinten Königreich der Serben, Kroaten und Slowenen«. Durch diesen Akt wurde der mehrere Monate dauernde, komplizierte politische Prozess der Bildung eines jugoslawischen Staats abgeschlossen. Ein neuer europäischer Staat war entstanden, der durch den Vereinigungsprozess von vornerein als zentralistische Erbmonarchie der Dynastie Karađorđević definiert war, zugleich aber auch als demokratischer, konstitutioneller und parlamentarischer Staat verfasst sein sollte.[2]

Die innere Verfassung, das politische System und nicht zuletzt die genauen Grenzen des neuen Staates waren zu diesem Zeitpunkt noch nicht bekannt. Der Staatsaufbau wurde der Verfassunggebenden Versammlung, der Konstituante, überantwortet, die als gewähltes Organ die Verfassung beschließen sollte. Für die Zeit bis zu ihrer Konstituierung wurde eine Provisorische Volksvertretung ernannt, die zwar nicht gewählt, aber dennoch ein gesetzgebendes Organ war, das teilweise Attribute eines Parlaments besaß.[3] Sie war vom 1. März 1919 bis zum 28. November 1920 tätig und bestand aus ernannten Vertretern des serbischen Parlaments, des Nationalrats des Staates der Slowenen, Kroaten

---

[1] Vgl. J. Perovšek, »V zaželjeni deželi«, 2009, S. 19–42. Auf diesen Seiten erläutert der Autor auch die damaligen (nicht umgesetzten) Konzepte zur Bildung eines slowenischen Parlaments.

[2] Vgl. M.-J. Calic, Geschichte Jugoslawiens, 2010, S. 77–85.

[3] N. Engelsfeld, Prvi, 1989.

und Serben, der Landesregierung von Dalmatien (in Split), des Nationalrats
von Bosnien und Herzegowina (in Sarajevo), der Großen Volksversammlung
des Königreichs Montenegro (in Cetinje) und des Parlaments der Vojvodina (in
Novi Sad). Die Anzahl der Abgeordneten variierte, sie lag zwischen 254 und
287, darunter 32 Slowenen. Der Zweck der Provisorischen Volksvertretung war
die Kontrolle der Regierung in der Übergangszeit; ihre zentralen Aufgaben aber
bestanden in der Vorbereitung und Verabschiedung des Wahlgesetzes für die
Wahl zur Verfassunggebenden Versammlung.[4]

Die Provisorische Volksvertretung fungierte tatsächlich die ganze Zeit über als
(provisorisches) Parlament und folgte dabei den üblichen parlamentarischen Regeln. Während der ersten Sitzung hatte gemäß dem traditionellen parlamentarischen Senioritätsprinzip der älteste Abgeordnete, Gligorije Jeftanović aus Sarajevo, den Vorsitz. Der Mann war jedoch so alt und gebrechlich, dass er von
einem Abgeordneten gestützt und geleitet werden musste. Dieser schrieb ihm
auf, was zu sagen war, doch zeigte sich Jeftanović kaum imstande, die Worte
vorzulesen. Anschließend überprüfte die Volksvertretung die Mandate und
wählte ihr Präsidium. Präsident wurde der Serbe Dr. Dragoljub Pavlović, erster
Vizepräsident der Kroate Dr. Ivan Ribar und zweiter Vizepräsident der Slowene
Dr. Fran Janković. Es folgte eine Thronrede von Prinzregent Aleksandar;[5] danach bildeten die Parteien ihre Abgeordnetenklubs. Darunter als einer der ersten
der von der Slowenischen Volkspartei (*Slovenska ľudska stranka*, SLS) gemeinsam mit drei kroatischen Abgeordneten gebildete Jugoslawische Klub, welcher
bis zur Ausrufung der Diktatur im Jahre 1929 bestehen blieb.[6] Bei Regierungskrisen suchte der Vorsitzende Prinzregent Aleksandar auf, um sich mit ihm zu
beraten. Die Regierung benötigte eine entsprechende Unterstützung der Mehrheit der Abgeordneten.

Obwohl die Provisorische Volksvertretung nicht gewählt war, glaubten die
Menschen an sie, vertrauten ihr und setzten große Erwartungen in die Abgeordneten. Sie betrachteten sie als ihr Parlament und die Abgeordneten als ihre Repräsentanten. Das zeigen nicht zuletzt die täglich in großer Zahl an die Volksvertretung herangetragenen Anträge und Anregungen. Die Palette reichte von
banalen Anliegen hin zu Fragen, die die Grundlagen des Staatswesens tangier-
ten: So bat ein Bauer aus Subotica namens Bokor Karolji die Abgeordneten beispielsweise um Material für seinen Weingarten, der pensionierte Oberstleutnant
Jovan Vasić forderte eine Untersuchung der Gründe für seine Pensionierung
und Milka Milovanović verlangte die Wiederherstellung der öffentlichen Ord-

---

[4]   Č. Mitrinović / M. N. Brašić, Jugoslovenske, 1937, S. 341–348; Slovenska novejša zgodovina,
      2005, S. 237 f.
[5]   I. Ribar, Politički, 1948, S. 14–22.
[6]   A. Rahten, Slovenska, 2002.

nung und Sicherheit. Zahlreich waren die Anträge auf Intervention beim Gericht zur Beschleunigung von Scheidungsverfahren – was nach dem Krieg recht verständlich ist –, noch zahlreicher die Beschwerden aus dem Gebiet der Oberen Adria wegen des durch italienische Einheiten verübten Terrors.[7]

Die Abgeordneten trafen sich in etwa eineinhalb Jahren zu nicht weniger als 137 ordentlichen Sitzungen und leiteten den Prozess einer gemeinsamen jugoslawischen Gesetzgebung ein, der in den darauffolgenden Jahren fast vollkommen ins Stocken geraten sollte. Sie verabschiedeten das Gesetz zur Vereinheitlichung der Kalender sowie das Gesetz über die Grundschulen, das Gesetz über die Universität von Ljubljana und – als wichtigstes von ihnen – am 2. September 1920 das Gesetz zur Wahl der Abgeordneten der Verfassunggebenden Nationalversammlung. Das moderne Wahlgesetz wurde einstimmig beschlossen, auch die kleineren Parteien waren damit einverstanden. Die Mandate wurden anhand des D'Hondtschen Verfahrens proportional verteilt. Wahlberechtigt waren alle Männer, die das 21. Lebensjahr vollendet hatten. Das Wahlrecht war somit allgemein und gleich; die Wahl war direkt und geheim.[8]

Die Wahl zur Verfassunggebenden Versammlung, die gleichzeitig die erste jugoslawische Nationalwahl darstellte, fand am 28. November 1920 statt. Die meisten Stimmen – die Wahlbeteiligung lag bei 64,95 % – gaben die Wähler der Jugoslawischen Demokratischen Partei, gefolgt von der Serbischen Radikalen Partei und den Kommunisten. Ebenfalls viele Stimmen auf sich vereinigen konnten die Kroatische Republikanische Bauernpartei des charismatischen und umstrittenen Stjepan Radić, der Bauernbund, die Jugoslawische Muslimische Organisation, die von Anton Korošec angeführte Slowenische Volkspartei, die Sozialdemokraten und *Džemijet* (»Die Gesellschaft«), eine national-türkische Organisation. In der Summe wurden 419 Abgeordnete gewählt.[9]

Damit war die politische Bühne formal errichtet; alle genannten Parteien wurden zu Konstanten jugoslawischer Politik in den darauffolgenden zwanzig Jahren. Die Serbische Radikale Partei (*Narodna radikalna stranka*, NRS), deren Vorsitz der altgediente serbische Politiker und langjährige Ministerpräsident der serbischen Regierungen Nikola Pašić übernahm, stellte die meiste Zeit die Mehrheit der Abgeordneten und auch der Minister. Die NRS war sehr einflussreich und angesehen und bildete daher das politische Rückgrat und den entscheidenden Machtfaktor des jugoslawischen Parteiensystems. Die »Radikalen« betrachteten Jugoslawien als ein erweitertes Serbien und ihr ehemaliges Königreich als eine Art jugoslawisches Piemont bzw. jugoslawisches Preußen. Die Demokraten (*Demokratska Stranka*), die zuerst der kroatisch-stämmige Serbe

---

[7] Č. Mitrinović / M. N. Brašić, Jugoslovenske, 1937, S. 342.
[8] Ebd., S. 348.
[9] Ebd., S. 353.

Svetozar Pribićević anführte, welcher später ein prominenter politischer Flücht-
ling Jugoslawiens werden sollte, sprachen sich für eine stärker jugoslawisch orientierte Politik bzw. einen zentralistisch aufgebauen Staat aus. Später spaltete
sich von der Demokratischen Partei der radikale Flügel unter Führung Svetozar
Pribićevićs unter dem Namen *Samostojna Demokratska Stranka* (SDS) ab.

Die politischen Ansprüche der beiden größten Parteien waren für die Mehrheit der kroatischen politischen Szene, in der Stjepan Radićs Kroatische Republikanische Bauernpartei dominierte, inakzeptabel. Mit ihrer populistischen, auf
die bäuerliche Bevölkerung ausgerichteten Politik strebte Radićs Partei nach einem von starker Teilautonomie geprägten politischen System.[10] Im politischen
Kampf scheute Radić nicht vor dem Einsatz der unterschiedlichsten »Waffen«
zurück. Er war ein scharfsinniger Redner, stets auf plötzliche Kurswechsel vorbereitet und bezeichnete sich selbst als »politischer Flieger«.[11] Das Auftreten seiner
Partei erhitzte durchweg die Gemüter, wurde aber niemals als so problematisch
empfunden wie das Agieren der kommunistischen Partei auf der politischen
Bühne. Bei der Wahl zur Konstituante erreichten sie ein außergewöhnlich gutes Ergebnis, womit sie sich – paradoxerweise, aber der Brutalität der jugoslawischen Politik entsprechend – jedoch ihr eigenes Grab schaufelten. Die auf einen
revolutionären Umsturz bedachte Partei wurde nämlich bald darauf verboten,
ihre Abgeordneten eingesperrt und ihre Mitglieder zu Staatsfeinden erklärt.

Die SLS und die Jugoslawische Muslimische Organisation (*Jugoslovenska mus-
limanska organizacija*, JMO) gehörten stets zu den kleineren bis mittelgroßen
Parteien, rechtfertigten ihre Existenz jedoch mit ihrer Funktion als (selbster-
nannte) Repräsentanten des slowenischen Volks bzw. der muslimischen Bevölkerung im Staat. Insbesondere die SLS, eine in der Habsburgermonarchie
entstandene pragmatische, katholisch-konservative Partei, segelte unter der Führung ihres unverwechselbaren Parteichefs Dr. Anton Korošec geschickt und op-
portunistisch auf einem Meer von politischen Intrigen und erreichte mehrmals
beneidenswerte politische Erfolge.[12]

Die Konstituierungsphase der Verfassunggebenden Versammlung begann am
12. Dezember und wurde am 23. Dezember 1920 abgeschlossen, als die Abgeordneten ihr Präsidium wählten – Parlamentspräsident wurde Dr. Ivan Ribar. Am 14. Januar des darauffolgenden Jahres eröffnete Prinzregent Aleksandar
die Konstituante feierlich und eine gute Woche später traten die Abgeordneten ihre schwierige und verantwortungsvolle Aufgabe an.[13] In den folgenden

---

[10] M. Biondich, Stjepan Radić, 2000.
[11] F. Čulinović, Jugoslavija između dva rata, 1961, S. 372.
[12] Eine der scharfsinnigsten Darstellungen der jugoslawischen Parteien verfasste der dänische His-
      toriker Christian Axboe Nielsen mit C. A. Nielsen, One State, 2002.
[13] Č. Mitrinović / M. N. Brašić, Jugoslovenske, 1937, S. 354 f.

sechs Monaten wurde die neue Verfassung erarbeitet, es wurden zahlreiche Debatten geführt und die Parteien brachten unterschiedliche Vorschläge ein. Damals prallten vor allem zwei staats- und verfassungsrechtliche Konzeptionen aufeinander: eine autonomistische und eine zentralistische. Die stärkste slowenische Partei, die SLS, setzte sich für ein Autonomiemodell ein und beteiligte sich mit einem eigenen Verfassungsentwurf an der Debatte.[14] Ihre Abgeordneten schlugen vor, den Staat in folgende sechs Provinzen zu gliedern: Serbien, Kroatien, Slawonien mit Međimurje, Bosnien und Herzegowina mit Dalmatien, Montenegro, die Vojvodina und Slowenien mit Prekmurje. Jede Region sollte wiederum in Kreise, Bezirke und Gemeinden unterteilt werden, ihr eigenes Parlament und ihre eigene Regierung haben – das Exekutivorgan der provinziellen Selbstverwaltung. In den Zuständigkeitsbereich der Provinzen sollten innere Angelegenheiten, Handel und Gewerbe, Bauwesen, Forst- und Bergwesen, Landwirtschaft, Bildung und Religion, Gesundheit, Sozialpolitik, Justiz und Finanzen fallen. Doch diese umfassende Teilautonomie blieb Theorie – das Konzept wurde vollends ignoriert. Am St.-Veits-Tag[15], dem 28. Juni 1921, nahmen die »Radikalen« und die Demokraten, unterstützt von der Jugoslawischen Muslimischen Organisation, der *Džemijet*, und der Selbstständigen Bauernpartei, mit einer äußerst knappen Mehrheit den unitaristisch-zentralistischen Verfassungsentwurf an.[16] Nach dem Datum der Beschlussfassung bezeichnete man sie als Veitstagsverfassung. Der Staat erhielt somit sein Grundgesetz und einen klaren Rechtsrahmen, der jedoch den bitteren Beigeschmack von Konflikten und inneren Zerwürfnissen hatte. Die Verfassung war nämlich auf äußerst fragwürdige Weise zustande gekommen, und zwar mit Methoden, die an »Hinterhofpraktiken« in den Geschäftsvierteln (der *Čaršija*) erinnerten, bald aber den *modus operandi* der jugoslawischen Politik bestimmten.

Denn Nikola Pašićs Regierung, die den zentralistischen Verfassungsentwurf vorgelegt hatte und dessen Hauptverfechterin war, verfügte eigentlich nur über 193 »sichere« Stimmen. Sie benötigte jedoch die Mehrheit der Stimmen aller Abgeordneten, also 210. Pašić soll sich deswegen nicht den Kopf zerbrochen haben, denn laut Ivan Ribars Aufzeichnungen nahm er an, dass der Bauernbund dennoch für die Verfassung stimmen würde. Am Tag der Abstimmung, dem 28. Juni 1921, teilte ihm der Bauernbund jedoch mit, dass man den Entwurf

---

[14] Diesen Verfassungsentwurf legte am 12.2.1921 der SLS-Abgeordnete Anton Sušnik vor. – J. Perovšek, Programi, 1998, Dok. 18. Zu besagtem Entwurf vgl. M. Zečević, Slovenska, 1977, S. 364–391, zu anderen Enwürfe: S. Jovanović, Ustavno, 1924.

[15] Der St.-Veits-Tag, der 15. Juni nach dem Gregorianischen Kalender, ist für Serbien ein bedeutender Gedenk- und Feiertag. Auf dieses Datum fallen zahlreiche historische Ereignisse; vor allem das herausragende Ereignis der Schlacht am Amselfeld (*Kosovo Polje*) gegen die Türken im Jahr 1389, das zu einem identitätsstiftenden serbisch-jugoslawischen Mythos wurde.

[16] B. Gligorijević, Parlament, 1979, S. 110.

nicht unterstützen werde. Der gerissene Pašić beantragte sofort, den Beginn der Parlamentssitzung um 15 Minuten zu vertagen und ging auf Stimmenfang. Es waren kritische Augenblicke; in allen Logen auf den Galerien wurde es still, und auf den Gängen verbreitete sich wie ein Lauffeuer die Nachricht: »Die Verfassung wackelt!« Da ihnen der zentralistische Verfassungsentwurf zutiefst widerstrebte, waren mehrere Parteien, auch die SLS, der Wahl ferngeblieben, weshalb Pašić nur diejenigen umstimmen konnte, die anwesend waren. Das waren die JMO und die *Džemijet*. Der Ministerpräsident ging mit einem unmoralischen, aber wirkungsvollen Angebot auf deren Abgeordnete zu: Er bot ihnen für ihre Stimmen Geld an. Mit dem Ergebnis, dass letztlich 223 Abgeordnete für die Verfassung stimmten.[17]

Der jugoslawische Staat war gemäß § 1 der Verfassung eine konstitutionelle parlamentarische Erbmonarchie. In den Kapiteln über die unveräußerlichen Menschenrechte und die sozioökonomischen Rahmenbedingungen war sie der Weimarer Reichsverfassung von 1919 und derjenigen des Königreichs Belgien von 1831 vergleichbar. Die Gesetzgebende Gewalt war gemäß der Konstitution ein aus einer Kammer bestehendes Parlament, die Nationalversammlung des Königreichs SHS (*Narodna skupština Kraljevine SHS*, kurz Skupština). Die Abgeordneten der Nationalversammlung wurden von allen Männern, die das 21. Lebensjahr vollendet hatten, für eine Periode von 4 Jahren gewählt, das Männerwahlrecht war allgemein und gleich sowie direkt und geheim. Auf je 40 000 Einwohner kam ein Abgeordneter. Wählbar war jeder männliche Staatsbürger im Alter von mindestens 30 Jahren, der eine der »Nationalsprachen« beherrschte. Die Skupština war relativ autonom, soweit das im Einklang mit der gängigen politischen Theorie und Praxis für Parlamente möglich war.[18] Im Gefüge des politischen Systems der Gewaltenteilung war ein Verfassungsorgan hervorgehoben – der Monarch. Er wurde als »der erste Verfassungsfaktor« bezeichnet – die Skupština war lediglich der zweite –, denn er übte gemeinsam mit der Skupština die Legislativgewalt aus. Er hatte zudem das Recht, das Parlament aufzulösen. Die Exekutivgewalt lag beim Monarchen, sie wurde den zuständigen Ministern lediglich übertragen. Diese blieben zwar letztlich dem Parlament verantwortlich, unterstanden aber ihrem »Dienstherrn«, dem König.

Neben der außerordentlichen Stellung des Königs war das zweite und wichtigere Problem der Veitstagsverfassung ihr zentralistisch-unitaristischer Charakter, durch den sich die nationale Frage verschärfte.[19] Nach der Diktion der Verfassung gab es jetzt ein jugoslawisches »Staatsvolk«, das sich aus drei »Stäm-

---

[17] I. RIBAR, Politički, 1948, S. 26–28; Č. MITRINOVIĆ / M. N. BRAŠIĆ, Jugoslovenske, 1937, S. 355–364.

[18] Vgl. J. BARTHÉLEMY, Das parlamentarische Regime, 1926.

[19] Vgl. I. BANAC, The National Question, 1984.

men« – Slowenen, Kroaten und Serben – zusammensetzte – alle anderen Nationalitäten fanden keine Erwähnung. Das Staatsgebiet wurde arithmetisch in 33 sogenannte *Oblasti* (territoriale Verwaltungseinheiten) mit jeweils maximal 800 000 Einwohnern unterteilt. Die in den *Oblasti* eingesetzten Organe waren für die verwaltungsmäßige Ausführung von Anordnungen der zentralen Staatsorgane zuständig.[20] Der zentralistische Staatsaufbau wurde allerdings im Jahr 1927 ein wenig abgeschwächt, als in den *Oblasti* Regionalparlamente gewählt wurden und somit ein gewisses Maß an tatsächlicher Selbstverwaltung eingeführt wurde. Am erfolgreichsten arbeiteten die Vertretungen der *Oblasti* Ljubljana und Maribor – auch, weil ihnen größere Befugnisse erteilt wurden.[21]

2. Wahlen und Wahlperioden

Das Parlament des Königreichs SHS arbeitete unter turbulenten Bedingungen. Auf eine Wahl folgte in Windeseile die nächste – neben der ersten Wahl zur Konstituante im Jahr 1920 fanden auch in den Jahren 1923, 1925 und 1927 Wahlen statt. Noch schneller wechselten die Regierungen. In den zehn Jahren des Bestehens des Königreichs bis zum Jahr 1929 fanden sage und schreibe 25 Wahlen statt. Das bedeutete, dass in einem Jahr durchschnittlich zweieinhalb Mal die Regierungen wechselte. Der Prinzregent und spätere König Aleksandar ließ bei fast jedem Regierungswechsel erkennen, dass er sich seiner verfassungsmäßigen Machtstellung bewusst war. Während der einundzwanzig ministeriellen Krisen spielte er eine Schlüsselrolle und gab dem Parlament, den Politikern und nicht zuletzt seinem Volk damit unaufhörlich zu verstehen, wer der erste Mann in dieser »parlamentarischen Monarchie« war.[22]

Während der ersten Hälfte der 1920er Jahre spielte neben König Aleksandar Nikola Pašić, der schweigsame, unbestrittene Anführer der Serbischen Radikalen Partei, eine zentrale politische Rolle. Zwar waren Pašić und Aleksandar keine engen politischen Verbündeten oder Gleichgesinnte, aber sie teilten den Standpunkt, dass ein zentralistischer Staatsaufbau Jugoslawiens unabdingbar sei. Der dänische Historiker Christian Axboe Nielsen hat den Zeitraum bis 1924 daher treffend als ein schwieriges Kondominium zweier zentraler Kräfte der serbischen Politik bezeichnet.[23]

---

[20] Zum unitarischen Charakter der Veitstagsverfassung vgl. J. Perovšek, »Unitaristični«, 1993, S. 17–26.

[21] Vgl. Miroslav Stiplovšeks grundlegende Monografie zum slowenischen Parlamentarismus im Königreich Jugoslawien: M. Stiplovšek, Slovenski, 2000.

[22] C. A. Nielsen, One State, 2002, S. 51; K. Kaser, Handbuch der Regierungen Südosteuropas 1982, S. 1–31.

[23] C. A. Nielsen, One State, 2002, S. 55.

Bei der ersten Wahl nach der Annahme der Verfassung am 18. März 1923 triumphierte die Serbische Radikale Partei und wurde stärkste Kraft. Ihr relativer Sieg war jedoch ein Pyrrhussieg, denn in den nicht-serbischen Teilen des Staats errangen Parteien die Mandate, die Pašićs zentralistische Politik scharf ablehnten: Radićs Partei, die SLS und die JMO. Gewählt wurden deutlich weniger Abgeordnete als im Jahr 1920 – insgesamt 312. Dank der Abgeordneten von Radićs Partei, die ihre Ablehnung des Belgrader Regimes und gegenüber der Verfassung demonstrierten, indem sie den Sitzungen fernblieben und auf diese Weise eine allerdings fruchtlose Obstruktionspolitik praktizierten, waren anfangs noch weitere Sitzplätze frei. Alle drei autonomistischen Parteien – die Kroatische Republikanische Bauernpartei (*Hrvatska republikanska seljačka stranka*, HRSS), die SLS und die JMO – schlossen sich schon bald nach der Wahl, am 27. März, im sogenannten Föderalistischen Block zusammen.[24] Dessen Vertreter waren sich unter den gegebenen Bedingungen einig, dass die innenpolitischen Angelegenheiten des Staates nur auf der Grundlage einer Revision der Veitstagsverfassung geregelt werden könnten. In diesem Sinne forderten sie Gespräche mit der Radikalen Partei.

Die »Radikalen«, die gemeinsam mit ihren wenigen Verbündeten nur ein gutes Drittel des Parlaments ausmachten, nahmen die Möglichkeit einer starken und vor allem organisierten Opposition als ernste Gefahr wahr. Rasch stimmten sie politischen Verhandlungen zu. Mit den Parteien des Föderalistischen Blocks einigten sie sich schließlich auf eine interessenpolitische Zusammenarbeit: Gemäß der unterzeichneten und zunächst geheimen, nach dem Generalsekretär der NRS – Marko Đurišić – als *Markov protokol* bezeichneten Vereinbarung sollten alle Parteien des Blocks die Bildung einer homogenen radikalen Regierung unterstützen. Als Gegenleistung wurden ihnen bestimmte Konzessionen zugesichert. Doch kaum hatte Nikola Pašić seine homogene Regierung gebildet, »vergaß« er auch schon die Verabredungen des Protokols. Die NRS distanzierte sich einfach von dessen Inhalt und regierte alleine, wobei sie eine der grundlegenden Eigenschaften des jugoslawischen Parlamentarismus ausnutzte – die Uneinigkeit und Zersplitterung der Opposition. Die gegenseitige Antipathie der im Grunde verwandten autonomistischen Parteien war beinahe so stark wie ihre gemeinsame Ablehnung der NRS.

Anfang März 1924 gelang es der Opposition allerdings, ihre Reihen auf relativ breiter Basis zu schließen. SLS und JMO gründeten in Zusammenarbeit mit der HRSS den sogenannten »Oppositionsblock«, dem sich auch ein Teil der Jugoslawischen Demokratischen Partei anschloss.[25] Über den Oppositionsblock

---

[24] B. GLIGORIJEVIĆ, Parlament, 1979, S. 150–152.

[25] Am 26. März spaltete sich aufgrund des Beitritts der Demokratischen Partei zum Oppositionsblock ein von Svetozar Pribičević angeführter Flügel ab, der die Selbstständige Demokratische

wurden von nun an die politischen Aktivitäten der vier Parteien koordiniert.[26] Die Regierung war gefährdet, ihr drohte ein Misstrauensantrag – doch nichts dergleichen trat ein. Denn in die »Parlamentsspiele« mischte sich eine Schlüsselfigur der Politik ein, die hinter den Kulissen die Strippen zog: Es war König Aleksandar, der sich dazu entschlossen hatte, das Leben der Regierung künstlich zu verlängern. Die Regierung wurde im Volksmund P.-P. genannt – nach Pašić und Pribićević – letzterer hatte sich Pašić nach der Abspaltung von der Demokratischen Partei angeschlossen. Aleksandar schickte die Skupština einfach bis zum 20. Oktober in den Urlaub und nahm der Opposition auf diese Weise die Möglichkeit, über einen Misstrauensantrag abzustimmen. Das Agieren des Königs grenzte zweifellos an einen Staatsstreich und wurde daher aufs Schärfste verurteilt.

Die instabilen politischen Verhältnisse, unter denen eine Minderheitsregierung erzwungenermaßen agierte, konnten schließlich nur auf eine Weise überwunden werden: Der König gab das Mandat für die Bildung einer neuen Regierung dem Oppositionsblock, und zwar dem Parteiführer der Demokratischen Partei, Ljubomir Davidović. Der populäre Politiker mit dem Spitznamen *Mrav* (»Ameise«) bildete so am 27. Juli 1924 eine Regierung mit einer stabilen Mehrheit im Parlament und einem klaren Reformprogramm. Der *Slovenec*, die Zeitung der Slowenischen Volkspartei, bezeichnete sie feierlich als »die Regierung des Gesetzes, der Ordnung und der Gerechtigkeit«[27]. Zu Ministern wurden einflussreiche Oppositionspolitiker aus den Reihen der SLS, der JMO, der Unabhängigen Radikalen und der Demokraten – darunter auch SLS-Chef Korošec als Bildungsminister – ernannt. Einige Ämter waren auch für die HRSS reserviert, die zwar nicht personell in der Regierung vertreten war, diese aber im Parlament unterstützte. Fast alle Minister gehörten der Koalition an, nur zum Kriegs- und Marineminister wurde traditionsgemäß ein hoher Offizier aus Aleksandars engerem Umfeld ernannt – sein persönlicher Adjutant General Stevan Hadžić. Was auf den ersten Blick nebensächlich erscheint, hatte weitreichende Konsequenzen: Als außerparlamentarisches Mitglied des Ministerkabinetts und Anhänger des Königs trat General Hadžić als Zeichen des Protests gegen den politischen Kurs von Radićs Partei zurück und brachte damit das gesamte Kabinett ins Wanken. Dies führte, nach dem erneuten Einsatz unlauterer Pressionen hinter den Kulissen, letztendlich zum Fall dieser Regierung. Das Kabinett Davidović hatte daher trotz der Unterstützung seitens des Parlaments keine drei

---

Partei (Samostalna demokratska stranka, SDS) gründete, welcher sich auch die slowenischen Liberalen anschlossen.

[26] M. Ratej, Avtonomistična, 2006, S. 380 f.

[27] »Vlada zakona, reda in pravice sestavljena«, in: Slovenec, 29.7.1924.

Monate Bestand. Ihm folgten eine erneute P.-P.-Regierung und eine vorgezogene Neuwahl am 8. Februar 1925.[28]

Zu diesem Zeitpunkt galt noch das »parlamentarische« Prinzip, dass ernste
politische Krisen durch Neuwahlen gelöst werden können. Doch durch die Interventionen des Königs, seine Ängste schürende Rhetorik (»Der Staat ist in Gefahr!«) und die Art, wie Davidovićs Regierung zu Fall gebracht wurde, zeichnete
sich bereits deutlich ab, dass künftige Krisen sich nicht auf dieselbe Weise bzw.
einfach durch den Gang zur Wahlurne würden lösen lassen.

Unter Ausübung massiven Drucks seitens der Regierungsparteien zum Beispiel auf Staatsbeamte bei den Wahlen gelang es der Seilschaft Pašić-Pribićević,
also deren Anhängerschaft aus NRS und SDS, eine knappe Mehrheit im Parlament sicherzustellen. Nach den dritten Wahlen in Folge besetzten ihre Abgeordneten 164 Plätze, jene der Opposition stellten die beträchtliche Anzahl von
151 Abgeordneten. Dies musste früher oder später zu einer unsicheren Mehr-
heitsposition der Regierung führen. Im Parlament war es faktisch zu einer Patt-
stellung gekommen. Damit sich die Waage zugunsten einer der beiden Lager
neigte, genügte es, dass jemand den politischen Mut aufbringen – oder genug
Schmiergeld kassieren – würde, um die Seite zu wechseln. Die Opposition trat
geeint auf, ihre Abgeordneten hatten sich im »Block der Nationalen Verständi-
gung und der Bauerndemokratie« eng zusammengeschlossen. Ebenso unnach-
giebig und unerbittlich traten die NRS und die SDS auf. Das Parlament befand
sich deshalb im Leerlauf eines lähmenden politischen Patts. Was folgte, glich einem politischem Erdbeben mit Auswirkungen auf die jugoslawische Politik der
1920er Jahre. Denn den Entschluss, die Seite zu wechseln, traf ausgerechnet
der Anführer der HRSS Stjepan Radić. Der kroatische Politiker saß bis zu diesem Zeitpunkt aus politischen Gründen in Haft. Dem König, der sich zu einem
milderen Umgang mit der Kroatischen Frage entschlossen hatte, war es gelun-
gen, Radić dazu zu überreden, seine bisherige Politik von Grund auf zu ändern.
Seine Kroatische Republikanische Bauernpartei strich das strittige Wort »Repu-
blikanisch« aus ihrem Namen, erkannte die Veitstagsverfassung und die Dynastie Karađorđević an und bildete gemeinsam mit Nikola Pašić' »Radikalen« die
sogenannte Regierung R.-R. (Radikale-Radić).[29]

Das neue Kabinett schien also nur einen Buchstaben ausgetauscht zu haben, von »P« zu »R«, wobei das kyrillische Akronym der neuen Regierung sogar gleich aussah wie das lateinische Akronym ihrer Vorgänger (P.-P.). Die Politik des Landes war zweifellos von Umbrüchen, politischen Verwicklungen und
außergewöhnlichen Parlamentsauflösungen geprägt. Die Koalition R.-R. erwies

---

[28] C. A. NIELSEN, One State, 2002, S. 50–78; B. GLIGORIJEVIĆ, Parlament, 1979, S. 170–178.
[29] Ebd., S. 178–196, 200–204.

sich als schwierig, befand sie sich doch fast ständig im Krisenmodus. Zudem wurde sie stets von einer zersplitterten und, vor allem hinsichtlich ihrer Programme, heterogenen Opposition belagert. Trotz dieser Umstände überlebte die Regierung einen ihrer Begründer – Nikola Pašić, der im Jahr 1926 verstarb – und zerfiel erst im Januar 1927. Das neue Kabinett, an dem sich auch die SLS beteiligte, bildete der »Radikale« Nikola Uzunović. Wieder »herrschte« ein neues Akronym: K.-U. (Klerikale-Uzunović – so bezeichnete die Tageszeitung *Jutro* die Regierung).[30] Dem Kabinett war keine lange Lebensdauer beschieden. Bereits im April desselben Jahres wurde es durch die Regierung eines Dissidenten der NRS und Vertrauten des Königs, Velimir Vukićević, ersetzt. Diese Regierung hatte zwar nicht die Unterstützung des Parlaments, blieb jedoch in ihrem Amt, weil der König die Skupština entließ und für den 11. September 1927 vorgezogene Neuwahlen anordnete.

Bei den letzten Wahlen in den 1920er Jahren gewann die NRS. Sie bildete eine Koalition, die noch wenige Jahre zuvor undenkbar gewesen wäre: nämlich mit den Demokraten, der JMO und der SLS. Die viel größere Überraschung war allerdings, zu welcher Verbindung innerhalb der Opposition diese Koalitionsbildung führte: Als Gegenpol zur Regierung formierte sich die Bäuerlich-Demokratische Koalition, ein starkes Bündnis der bis dahin als Todfeinde geltenden Konkurrenten Stjepan Radić und Svetozar Pribićević. Der Verfechter des Föderalismus und der Verfechter des Unitarismus bündelten ihre Kräfte gegen die korrupte großserbische Politik der »Radikalen«. Mit der Folge, dass sich die Verhältnisse in der Skupština nach den Wahlen im Jahr 1927 dramatisch zuspitzten.

In der durch verbale Attacken, gegenseitige Beleidigungen und Abrechnungen zwischen den beiden Blöcken vergifteten Atmosphäre ging das glühende Parlamentsparkett am verhängnisvollen 20. Juni 1928 vollends in Flammen auf. Die Spannungen hatten sich so sehr verschärft, dass der großserbische Abgeordnete Puniša Račić während einer Sitzung auf Abgeordnete der HSS schoss. Pavle Radić und Đuro Basariček starben auf der Stelle, der »ungekrönte König der Kroaten« Stjepan Radić erlag knapp zwei Monate später den Folgen der erlittenen Verletzungen. Angesichts der nach den Schüssen im Parlament noch aufgeheizteren politischen Situation demissionierte die Regierung. Die politische Krise spitzte sich dadurch weiter zu, und die Polarisierung der Parteien der Skupština machte die Suche nach Lösungen unmöglich. Im Bestreben, die erhitzten Gemüter zu beruhigen, beauftragte König Aleksandar daraufhin am 24. Juli einen Slowenen mit der Bildung eines neuen Ministerkabinetts: Dr. Anton Korošec.

---

[30] M. Ratej, »Anton Korošec«, 2006, S. 77.

ABBILDUNG 7   Anton Korošec, der einflussreichste
und gewandteste slowenische Politiker
des ersten Königreichs Jugoslawien,
war mehrfacher Minister. Abgeordneter und bis dahin der einzige nicht-
serbische Ministerpräsident (1928). In
der Abbildung präsentiert er sich seinen Wählern – wie so oft – im Ge-
wand eines katholischen Priesters, um
so auf seine soziale Herkunft als Repräsentant slowenischer Interessen zu
verweisen. © Muzej novejše zgodovine
Slovenije, Fotothek, Inv.-Nr. SL 67/12

Bereits drei Tage später wurde Korošecs neue Regierung vereidigt, und es schien
»eine der schwerwiegendsten und langwierigsten Krisen in der politischen Entwicklung des Staats«[31] zumindest vorläufig gelöst.

Anton Korošec war der erste und einzige nicht-serbische Ministerpräsident.
Er umschiffte die parlamentarischen Klippen und Untiefen jedoch nur gut fünf
Monate lang. Wegen Komplikationen innerhalb der Koalition demissionierte
die Regierung Ende Dezember 1928. Dieses Mal machte Aleksandar sich nicht
mehr auf die Suche nach einem neuen Regierungschef. Die Erfolglosigkeit der

---

[31]   »Vlada slovenskega premijera«, in: SLOVENEC, 28.7.1928.

parlamentarischen Demokratie im Königreich SHS und die starke Polarisierung der beiden Blöcke bestärkten ihn in der Ansicht, dass die beste Lösung sowohl für ihn selbst als auch für den Staat die Einführung einer Königsdiktatur sei. Am 6. Januar 1929 suspendierte er die Veitstagsverfassung, das Parlament und die Parteien und ernannte eine parteilose Persönlichkeit, den königstreuen General Petar Živković, zum Ministerpräsidenten. Das Parlament des Königreichs SHS war zu diesem Zeitpunkt bereits eines stillen Todes gestorben. Zum letzten Mal hatte die Skupština am 28. November getagt, danach wurde sie bis zum Rücktritt von Korošecs Regierung nicht mehr einberufen.[32]

Die Gesetzgebung des Parlaments unterlag während der zwanzig Jahre seines Bestehens, entsprechend der unruhigen politischen Verhältnisse, sehr großen Schwankungen. Bis etwa Oktober 1922 war das politische Ergebnis der Legislativtätigkeit der Skupština verblüffend. Es wurden zahlreiche Gesetze verabschiedet, wobei viele von ihnen von zentraler Bedeutung für das politisch-administrative System Jugoslawiens waren. Beispielsweise das Gesetz über die Einteilung des Staats in *Oblasti* sowie das Gesetz über deren Selbstverwaltung sowie die Selbstverwaltung der Bezirke, oder die vom Parlament wiederholt verabschiedeten Haushaltszwölftel des Staatsetats, Handelsverträge mit Österreich und Deutschland oder das Gesetz über die Verwaltungsgerichtsbarkeit. Danach aber kam die Gesetzgebung fast völlig zum Erliegen. Zwischen den Wahlen in den Jahren 1923 und 1925 wurden außer dem Pressegesetz und den Haushaltszwölfteln kaum noch bedeutende Gesetze verabschiedet; genauso war es auch in der Wahlperiode 1925 bis 1927. Die Wahlperiode vom Jahr 1927 an war legislatorisch etwas ergiebiger, währte aber nicht allzu lange.[33]

3. Parlament und Diktatur

Nach dem Rücktritt von Korošecs Regierung lud der König zu Konsultationen, ließ sich beraten und suchte nach einem Ausweg aus der erneuten politischen Krise. Er machte in jeder Hinsicht den Eindruck, sich um eine parlamentarische Lösung zu bemühen. Doch hinter den Kulissen, in jenem abgeschirmten Bereich zu dem nur seine engsten Mitarbeiter Zutritt hatten, stand schon seit einiger Zeit fest, dass es nur eine einzige, eine radikale-staatsstreichartige Lösung geben konnte: die Diktatur. Am 6. Januar 1929 früh morgens wandte sich der König formell und feierlich »direkt an das Volk«, um zu verlautbaren, dass die Zeit gekommen war, »in der es zwischen dem

---

[32] B. Gligorijević, Parlament, 1979, S. 267.
[33] Č. Mitrinović / M. N. Brašić, Jugoslovenske, 1937, S. 368–388.

Volk und dem König keinen Vermittler mehr geben darf«[34]. Das Parlament
war damit überflüssig.

In den europäischen Außenministerien atmete man zunächst auf, schließlich
war das unruhige Jugoslawien eine der Säulen des Versailler Systems, auf dem
die politische Nachkriegsordnung Europas ruhte. Es schien, als hätte der König
den Staat zur Zufriedenheit aller gerettet, denn dessen Einheit stand nicht mehr
in Frage. Angesichts der verschärften politischen Situation nach den Schüssen
in der Skupština schien die Staatskrise in der Tat unüberwindbar. Der schottische Professor Robert William Seton-Watson, zeitgenössisch ein angesehener,
auf Mittel- und Südosteuropa spezialisierter Wissenschaftler, stellte in einer ersten Rückschau 1931 fest, dass es nach dieser Tat den Anschein hatte, dass das
Reservoir staatsmännischer Begabungen unter den Parlamentariern erschöpft
war, weshalb »die öffentliche Meinung die Krone immer mehr als den einzigen
noch nicht kompromittierten Verfassungsfaktor betrachtete, der imstande war,
einen Ausweg aus der Sackgasse zu finden.«[35] Schien der Staatsstreich des Königs also manch einem notwendig, warf sein weiteres Vorgehen schon bald nach
dem 6. Januar Fragen und Zweifel auf. Auch im Ausland machten schließlich
einige angesehene Persönlichkeiten auf die Brutalität des jugoslawischen Regimes aufmerksam, befanden sich dabei aber weiterhin in der Minderheit. Der
erste von ihnen, Seton-Watson, stellte in einem Vortrag im Dezember 1931 im
renommierten *Think-Tank Chatham House* (auch *Royal Institute of International Affairs*) resigniert fest, dass in Jugoslawien ein Polizeistaat entstanden sei,
der »an das berühmte ›System Bach‹ erinnert« (womit er sich auf den österreichischen Neoabsolutismus bezog) und dass das Land durch politischen Terror
regiert werde. Wütend übertreibend nannte er König Aleksandar sogar einen
»Alexander von Bach in parvo«, einen »Bach im Kleinen«.[36]

Die kritischen Stimmen aus dem Ausland fanden in Jugoslawien keinen öffentlichen Widerhall, denn Aleksandars Regime verfolgte entschlossen sein anvisiertes Ziel: die Stärkung des Staats und die Einheit des Volks.
Wer daran zweifelte oder sich gar offen gegen seine Politik aussprach, fiel
in Ungnade. Zudem wurden die Möglichkeiten zur offenen Kritik sukzes-
sive durch eine neue Gesetzgebung und eine strengere Pressezensur einge-

---

[34] »Proklamacija Nj. Vel. kralja Aleksandra I. Mojemu dragemu narodu! Vsem Srbom, Hrvatom in
Slovencem!«, in: SLOVENEC, 6.1.1929 (Zweite Sonderausgabe).

[35] R. W. SETON-WATSON, Background, 1931, S. 370.

[36] In der Diskussion im Anschluss an den Vortrag ließen die zweifellos gebildeten Gäste erahnen,
was für ein Bild von Jugoslawien im Westen vorherrschte. Unter anderem betonten sie nämlich,
dass die Gefahr der Desintegration des Staats und der Mangel an Bildung so groß wären, dass es
auf dieser Grundlage nicht möglich sei, ein demokratisches Regime zu errichten. Freiheit müsse
daher als ein Luxusgut betrachtet werden, das man sich in Jugoslawien nicht leisten könne. R. W.
SETON-WATSON, The Yugoslav Dictatorship, 1932, S. 22–39

schränkt.[37] Nur diejenigen Institutionen und politischen Organisationen, die sich mit der »Gleichschaltung« unter der Diktatur abfanden, blieben erhalten.[38]

König Aleksandars Diktatur war zwar Ausdruck der realen politischen Notwendigkeit einer Konsolidierung der Verhältnisse im Staat, stellte aber zweifellos eine autokratische und repressive Form der Herrschaft dar. Der tschechoslowakische Diplomat Dr. Lev Vokáč drückte sich im Sommer 1931 folgendermaßen aus:

>»Die Diktatur kam, um die Verhältnisse zu beenden, die bis zum 6. Januar 1929 herrschten, um die Vereinheitlichung der Gesetze vorzunehmen und den Übergang zu normalen Verhältnissen zu ermöglichen. Die Diktatur erfüllte ihr Programm bereits innerhalb des ersten Jahres. Danach hätte sie abtreten müssen, aber dazu ist es nicht gekommen. […] Die Diktatur kam, sie hat das erreicht, was sie wollte, jetzt aber befindet sie sich an einem toten Punkt.«[39]

Angesichts der immer untragbareren Verhältnisse restituierte der König aus seiner Sicht in »seinem« Staat im September 1931 die Verfassungsmäßigkeit. Der erste jugoslawische Staat wurde auf diese Weise wieder eine konstitutionelle Monarchie mit einem Parlament. An den in den älteren europäischen Demokratien geltenden Verfassungsnormen gemessen war diese Verfassung allerdings hochgradig undemokratisch. Allein die Tatsache, dass die Revision der Verfassung nicht von einem parlamentarischen Organ verabschiedet worden war, sondern der Herrscher selbst sie vollzogen hatte, ist ein Beispiel dafür. Ähnlich hatte es auch der österreichische Kaiser Franz Josef gemacht, als er im März 1849 den Kremsierer Reichstag auflöste, weil dessen Verfassungsentwurf zu theorielastig gewesen sei, und seine konterrevolutionäre Verfassung oktroyierte. Interessanterweise stellte die jugoslawische Politik die alte Habsburgermonarchie bei den unterschiedlichsten Gelegenheiten als einen undemokratischen »Völkerkerker« dar und Jugoslawien als sein absolutes Gegenteil.

Im ersten Abschnitt der neuen, 120 Artikel umfassenden Verfassung Jugoslawiens wurde festgelegt, dass der Staat eine konstitutionelle Erbmonarchie sei.[40] Zur Amtssprache des Staats wurde das »Serbisch-Kroatisch-Slowenische« erklärt. Am demokratischsten war noch der zweite Abschnitt, ein umfassender Katalog von bürgerlichen Grundrechten und -pflichten. Damit war die Gleichheit vor dem

---

[37] J. Gašparič, SLS, 2007, S. 67–72.
[38] Vgl. C. A. Nielsen, One State, 2002.
[39] Archiv Ministerstva zahraničných věcí, Politické zaprávy (nachstehend AMZV PZ), »Bělehrad«, Vertraulicher Bericht von Lev Vokáč vom 7.8.1931.
[40] »Ustava kraljevine Jugoslavije z dne 3.9.1931«, in: Služueni list Kraljevske banske uprave Dravske banovine 53 (1931). Vgl. die deutsche Übersetzung von G. Lubenoff, abrufbar unter: http://www.verfassungen.net/yu/verf31-i.htm [21.2.2023].

Gesetz, die persönliche Freiheit und das Recht auf Verteidigung vor Gericht gewährleistet; verboten wurde die rückwirkende Anwendung von Gesetzen. Die Verfassung garantierte auch die Unverletzlichkeit der Wohnung, das Briefgeheimnis, die Religions- und Gewissensfreiheit, das Recht auf freie Meinungsäußerung und die Versammlungsfreiheit. Der Artikel über die Vereins- und Versammlungsfreiheit beinhaltete allerdings bereits einen bedeutenden Zusatz: Vereine mit parteipolitischen Gründungsmotiven und Vereine »zum Zwecke körperlicher Ausbildung« durften keine religiöse, nationale oder regionale Grundlage haben.

In dem Abschnitt, der die Staatsgewalt behandelte, wurde das demokratische Prinzip in ähnlicher Weise ausgehebelt wie schon im Jahr 1921. Die Artikel 26 und 27 besagten, dass die gesetzgebende Gewalt vom König und der Volksvertretung »zusammen« ausgeübt werde und dass die Exekutivgewalt einzig und allein dem König durch dessen verantwortlichen Ministern zustehe. Im fünften Abschnitt wurde die staatspolitische Rolle des Königs genauer definiert – er wurde zum »Hüter der nationalen Einheit und der staatlichen Integrität« erhoben, zum »Bewahrer« ihrer Interessen, zur höchsten Amtsperson im Staat, die Gesetze »bestätigt und verkündet«, Staatsbeamte ernennt, militärische Grade, Orden und andere Auszeichnungen verleiht und die Streitkräfte befehligt. Der König berief auch die neu entstandene, aus zwei Kammern bestehende Volksvertretung zu Sitzungen ein, und er hatte das Recht, ihr Unterhaus, die Nationalversammlung (Narodna Skupština, kurz Skupština), aufzulösen und Neuwahlen anzuordnen. Seine Person war unantastbar, er konnte nicht zur Verantwortung gezogen oder vor Gericht gebracht werden.

Die gesetzgebende Gewalt übte der König gemeinsam mit der aus zwei Kammern bestehenden Volksvertretung aus – mit dem Senat und der Nationalversammlung. Während die Skupština ein gewähltes Organ war, dessen Abgeordnete auf der Grundlage des allgemeinen, gleichen und direkten Männerwahlrechts für eine Amtszeit von vier Jahren gewählt wurden, wurden die Mitglieder des Senats zum Teil gewählt, zum Teil ernannt. Die Amtsperiode der je zur Hälfte gewählten und vom König ernannten Senatoren betrug sechs Jahre. Das aktive Wahlrecht für die Wahlen zur Nationalversammlung hatte jeder männliche Staatsbürger, der mindestens 21 Jahre alt war, während das passive Wahlrecht nur jenen zustand, die das 30. Lebensjahr vollendet hatten (für den Senat war das 40. Lebensjahr maßgeblich). Aktive Soldaten und Offiziere sowie aktive Staats-, Polizei-, Finanz- und Forstbeamte sowie die mit der Agrarreform beauftragten Beamten durften nicht kandidieren. Ein Gesetzesentwurf galt laut der neuen Verfassung als beschlossen, wenn ihn beide Kammern der Volksvertretung angenommen hatten.

Die vom unitaristischen Gedanken durchdrungene Verfassung schuf nur die Fiktion einer Gewaltenteilung in Legislative, Judikative und Exekutive, denn in sämtlichen Bereichen behielt der Monarch die Schlüsselrolle. Der Staat blieb also weiterhin eine zentralisierte absolute Monarchie, war allerdings durch den Pseudoparlamentarismus wieder gestärkt worden. Politische Parteien waren zwar wieder erlaubt, durften jedoch nicht konfessionell, national oder regional geprägt sein und auch nicht der »Einheit des Volkes« entgegenstehen. Sie mussten gesamtstaatlich orientiert sein, denn das entsprechende Gesetz schrieb vor, dass eine parteiliche Organisation das gesamte Staatsgebiet vom Draubanat im Norden bis zum Vardarbanat im Süden einbeziehen musste.[41]

Aleksandars Regime konnte unter diesen Bedingungen eine konsequent oppositionsfeindliche Politik verfolgen. Die Unabhängigkeit der Gerichte wurde abgeschafft, die Staatsverwaltung unterlag Willkür und Korruption. Menschen wurden ohne richterlichen Beschluss inhaftiert und in andere Landesteile vertrieben. Erneut stellte sich die Frage nach den grundlegenden Menschenrechten, obwohl – das ist besonders zu betonen – auch die oktroyierte Verfassung ähnlich wie die Veitstagsverfassung einen modernen Katalog der staatsbürgerlichen Grundrechte enthielt. Darüber hinaus war auch die wirtschaftliche Lage äußerst schwierig, das Land von hoher Arbeitslosigkeit und einer Finanzkrise gezeichnet und die Kreditvergabe eingestellt.

Das Regime der Königsdiktatur erschien mit der Zeit immer konfuser, wirkte geradezu paranoid und grotesk. War im Jahr 1928 eine liberale parlamentarische Demokratie gescheitert, so erging es der »rettenden« Diktatur in den darauffolgenden Jahren ähnlich.[42] Das Vorgehen des staatlichen Zensurapparats offenbarte die Planlosigkeit des Regimes, machte dieser doch selbst vor Kinder- und Sportseiten nicht Halt und »verdächtigte« Hegel und Goethe des Kommunismus.[43] Den damaligen Zeitgeist fing der kroatische Schriftsteller Miroslav Krleža in seinem Buch *Bankett in Blitwien*[44] äußerst anschaulich ein. Mit seinen poetischen Übertreibungen karrikiert er fast alle Probleme, mit denen die jugoslawische und auch die slowenische Gesellschaft der 1930er Jahre zu kämpfen hatten:

> »In den Cafés, in den Kneipen, in den Konditoreien und selbst auf offener Straße – überall wird gelästert und verleumdet, überall werden Gerüchte gestreut, denen zufolge es heute in Blitwien keine Verfassung gebe, keine Mandate, keine Wahlen, keine Richter, weder Recht noch Rechtssicherheit; die Paragrafen seien nichts wert, das Geld sei nichts wert, die Valuta sei ungedeckt, die Verträge seien nicht rechtskräftig, die Un-

---

[41] J. Gašparič, SLS, 2007, S. 115–120.

[42] Christian Axboe Nielsen wies in seinem Buch »One State, One Nation, One King« überzeugend nach, dass Aleksandars Projekt der Schaffung einer einheitlichen jugoslawischen Identität die Gegensätze zwischen den Volksgruppen noch verstärkte und die wesentlichen sozialen, politischen und institutionellen Voraussetzungen für die Entstehung der späteren autoritären Regime schuf.

[43] J. Gašparič, Cenzura, 2010, S. 89–98.

[44] Das Werk handelt von einem fiktiven Staat namens Blitwien, in dem der grausame Diktator Barutanski herrscht. M. Krleža, Banket, 2013, S. 32. Vgl. die deutsche Übersetzung der Trilogie: B. Begović / R. Federmann, Bankett, 1963.

terschriften auf öffentlichen Urkunden keinen Pfifferling wert; es gäbe keine Handels-
und Rechtsgarantien und damit auch keinen Kredit, die Verwaltung genieße nicht das
geringste Ansehen, die einzige Regierungsmethode bestehe in Bestechlichkeit, Verord-
nungen könne man sich kaufen, politischer Zusammenhalt sei nicht vorhanden, und
in der Außenpolitik sei keine klare Richtung zu erkennen […], es gebe keine Sicherheit der Person – und Blitwien trinke, Blitwien betrinke sich, Blitwien segle im Ne-
bel dahin, in immer rasenderer Fahrt, ohne Rechtspflege, ohne Wohlstand, ohne Brot,
und alles, was aufgebaut werde, sei nur auf Sand gebaut, auf dem Sand, den man dem
Volk in die Augen streue, und es sei nichts weiter als kostspielige Dekoration. […] Die
Menschen metzeln einander nieder, Hass hat sich selbst ins stille Idyll des Familien-
lebens eingeschlichen, alle Bürger sind gereizt und fallen mehr und mehr in Hysterie,
jeder bespitzelt jeden, ein Netz von Zuträgern überzieht das Land, jeder zweite ist ein
bezahlter Spion, und das Ganze ist ein aufgescheuchter, irrsinnig gewordener Amei-
senhaufen, dessen Bewohner kopflos in alle Richtungen rennen, ohne Ordnung, ohne
Sinn, ohne Ehre, krank an Körper und Geist. Und diese sinnlos umhertaumelnde
Masse, deren Dummheit jedes Maß übersteigt, hat sich aus Angst in einen Werwolf
verwandelt, in ein dämonisches, kopfloses Wesen, das saturnisch seine eigene Substanz
verschlingt. Durch dieses höllische Nocturno, durch diese ganz und gar verdammte
Walpurgisnacht rast Barutanski wie ein Verbrecher […].«[45]

Wie in vielen Ländern Europas waren die 1930er Jahre dem jugoslawischen Parlamentarismus nicht wohlgesinnt. Das System der parlamentarischen Demokratie schien erschöpft zu sein und keine Lösungen zu bieten. Die durch die
Verfassung bedingten Einschränkungen und die Schwächen dieser unruhigen
Zeit reduzierten die Bedeutung des Parlaments auf ein Minimum. Noch fataler
war jedoch die Tatsache, dass die Wahlen nicht geheim, sondern öffentlich waren und dadurch die Kandidatur einer Opposition sehr erschwerte. Der Wähler
musste bei jeder Wahl in ein Wahllokal gehen und dort vor allen Anwesenden
laut und deutlich sagen, wer er war und wen er wählte.[46] Trotz allem blieb das
Parlament funktionsfähig und hatte im Zuge seiner Sitzungen auch seine Glanz-
momente. Die Volksvertretung war zahlreich und vielfältig; im Jahr 1931 wurden 306 Abgeordnete gewählt, im Jahr 1935 (nach der Änderung des Wahlgesetzes) 370, im Jahr 1938 gar 373 Abgeordnete.[47]

Bei der ersten Wahl nach dem Staatsstreich im Jahr 1931 »kämpfte« nur die
Liste des Regimes um Stimmen, die sich im Anschluss als Jugoslawische Natio-
nalpartei (*Jugoslovenska nacionalna stranka*, JNS – sie bestand zum Teil auch aus
slowenischen Liberalen) organisierte. Bei der nächsten Wahl im Jahr 1935 waren die Wahlmöglichkeiten zwar schon größer, das Wahlergebnis hatte jedoch

---

[45] Ebd., S. 16 f.
[46] Zu den Wahlen und dem Wahlsystem vgl. die tiefgreifende und minutiöse Studie B. Balkovec,
»Vsi na noge«, 2011.
[47] Ebd., S. 40 f., 234.

keinen Einfluss auf die Regierungsbildung. Das Regime wechselte die Zusammensetzung, allerdings nach vorangegangenen Absprachen hinter den Kulissen. In jenem Sommer betrat zudem eine neue gesamtstaatliche Partei die politische Bühne und zog in den Regierungspalast ein – die Jugoslawische Radikale Union (*Jugoslovenska radikalna zajednica*, JRZ, sie bestand zum Teil auch aus Anhängern der SLS). Die Politik, die von da an durch Prinzregent Pavle Karađorđević, Regierungschef Milan Stojadinović und Innenminister Anton Korošec, maßgeblich bestimmt wurde, verlief nach dem Muster der ersten Hälfte der Dreißigerjahre: Der einzige Unterschied bestand darin, dass eine Regimepartei (JNS) von einer anderen (JRZ) abgelöst wurde. Bei den letzten Vorkriegswahlen im Dezember 1938 wiederholten die neuen Machthaber nur die Übungen ihrer Vorgänger. Im August 1939, als der Krieg den jugoslawischen Staat zunehmend bedrohte, fiel der Vorhang im Parlament des ersten Jugoslawiens zum letzten Mal. Nachdem Ministerpräsident Dragiša Cvetković und der Anführer der kroatischen Opposition, Vladimir Maček[48], ein Abkommen getroffen hatten, das eine Revision der Verfassung bedeutete, wurde es »für unbestimmte Zeit« entlassen. Zu einer Ausschreibung von Neuwahlen kam es nicht mehr.[49]

Das Belgrader Parlament starb wie schon 1928 einen stillen Tod, in manchem vergleichbar der Entwicklung in anderen Ländern Europas in den 1930er Jahren. Wie in Spanien, Portugal, Polen oder Deutschland herrschte eine antiparlamentarische Atmosphäre, die sowohl vom Prinzregenten als auch von den Zeitungen nach Kräften gefördert wurde. Unter dem lauter werdenden Tenor, die parlamentarische Demokratie könne keine Probleme lösen, verstärkten sich autoritäre Tendenzen. Die politischen Parteien verteidigten den Parlamentarismus nicht mehr aktiv, sondern bedienten mehr und mehr nur noch die Interessen ihrer eigenen Wählerklientel. Das Beispiel Jugoslawiens zeigt, dass das Scheitern des Parlamentarismus nicht zwingend totalitäre Ideologien und die Mobilisierung extremistischer Bewegungen wie in Deutschland voraussetzt. In Jugoslawien reichte es aus, das Parlament und die Verfassung beim Aushandeln politischer Kompromisse »hinter den Kulissen« konsequent zu missachten.

Im April 1941 erfasste der Krieg Hitlerdeutschlands auch Jugoslawien. Das gesamte Staatsgebiet wurde okkupiert und die Regierung floh nach London ins Exil. In den besetzten Gebieten keimte die Widerstandsbewegung der Partisanen auf, die mit der Zeit ihre eigenen Macht- und Vertretungsorgane bildete. In den Kriegswirren entstand so eine neue Ordnung mit einem neuen Parlament und einer neuen Regierung. Vor Kriegsende existierte in Jugoslawien eine Doppelherrschaft – eine Regierung befand sich im Londoner Exil als Rechtsnachfol-

---

[48] Vgl. seine Memoiren: V. Maček, Struggle, 1957.
[49] J. Gašparič, SLS, 2007, S. 394–396.

ger der letzten Regierung Jugoslawiens *de jure* im Amt, die andere führte *de facto* einen erfolgreichen Kampf im Land selbst und beherrschte alle größeren Gebiete. Eine Regierung vertrat das »alte« Jugoslawien, die andere das »neue«. Der letzte Präsident des Ministerrats des Königreichs Jugoslawien, Dr. Ivan Šubašić, und der Präsident des Nationalkomitees zur Befreung Jugoslawiens, Josip Broz Tito, schlossen schließlich ein Abkommen und bildeten den gemeinsamen Ministerrat des Demokratischen Föderativen Jugoslawien sowie ein gemeinsames Übergangsparlament. Im Rahmen der Befreiungsbewegung fungierte bereits der AVNOJ (*Antifašističko vijeće narodnog oslobodjenja Jugoslavije*) als höchstes Vertretungsorgan, während die Narodna Skupština des Königreichs Jugoslawien trotz ihrer Entlassung ebenfalls noch existierte. Gemäß der Vereinbarung war daher vorgesehen, dass alle im Dezember 1938 gewählten Abgeordneten, die sich während des Krieges nicht kompromittiert und nicht mit den Besatzern kollaboriert hatten, in den erweiterten AVNOJ eintraten. Dieser hielt am 7. August 1945, als die Narodna Skupština des Königreichs Jugoslawien auch formal zu bestehen aufhörte, bereits seine dritte Sitzung ab. Drei Tage später, am 10. August 1945, bildete sich der AVNOJ zur provisorischen Volksvertretung des Demokratischen Föderativen Jugoslawien um, worauf die Konstituante gewählt und die Verfassung ausgerufen wurde. Damit war erneut ein Prozess der Verfassungsschöpfung und der Neukonstituierung des Staates in Gang gekommen – wie bereits 25 Jahre zuvor, als das Königreich der Serben, Kroaten und Slowenen entstand.

ABBILDUNG 8   Ansicht des Eingangsportals des Hauses der Nationalversammlung. Die Idee eines
repräsentativen Parlamentsgebäudes war älter als der jugoslawische Staat. Den
Grundstein hatte bereits der serbische König Petar Karađorđević im Jahre 1907
gelegt. Das klassizistisch-historistische Gebäude wurde erst 1936 fertiggestellt.
Jovan Ilkić, der Parlamentsarchitekt, hatte bei Theophil von Hansen in Wien stu-
diert, dem Architekten des 1883 erbauten Reichsratsgebäudes in Wien. © Muzej
novejše zgodovine Slovenije, Fotothek, Inv.-Nr. SL 4361

Zweites Kapitel

Das Parlamentsgebäude und seine Bedeutung

Im Herbst 1918 erinnerte Belgrad, damals Hauptstadt des jungen serbischen Staates, trotz ihrer Entwicklung um die Jahrhundertwende noch immer stark an einen verlassenen Grenzposten des Osmanischen Reichs. Die Zerstörungen des Ersten Weltkriegs waren an jeder Ecke zu sehen, es fehlte überall an Infrastrukturen und gute Hotels oder Restaurants suchte man vergeblich. Das *Zlatna moruna* (»Goldener Stör«), ein Kaffeehaus mit einem Billardtisch am zentralen Stadtmarkt *Zeleni venac*, gab es zwar noch, aber den Bedürfnissen der künftigen politischen Elite konnte es kaum genügen. In dem Kaffehaus hatten sich vier Jahre zuvor regelmäßig Gavrilo Princip, Trifko Grabež und Nedeljko Čabrinović getroffen, um Attentat bzw. Ermordung des Thronfolgers Franz Ferdinand zu planen.

Das Gebäude des Parlaments des Königreichs Serbien, von dem aus König Petar Karađorđević im Jahr 1912 der Türkei den Krieg erklärt und dadurch den ersten Balkankrieg entfacht hatte, war 1918 nur noch eine traurige Ruine. Als Belgrad die Hauptstadt des entstehenden jugoslawischen Staats wurde und die Ankunft von 250 Abgeordneten aus allen Ecken des Reiches bevorstand, erfüllte die Stadt kaum die grundlegendsten logistischen Anforderungen für seine neue Aufgabe als Parlamentssitz. Das erste vorläufige jugoslawische Parlament – die Provisorische Volksvertretung – tagte daher in den umfunktionierten Räumlichkeiten des alten Königshofs am Terazije-Platz. Dort wurden ein Plenarsaal, Klubräume, Büros und auch eine Kantine für die Abgeordneten eingerichtet, denn auch eine angemessene Verpflegung war zunächst nicht möglich.[1]

Im Laufe der Zeit verbesserten sich die Verhältnisse in Belgrad, so dass die Abgeordneten neue Räumlichkeiten in der ehemaligen Kavalleriekaserne beziehen konnten. Dort blieben sie bis zur Auflösung des Parlaments durch König Aleksandar Karađorđević im Jahr 1929.

Als das Verfassungsleben nach zweijähriger Unterbrechung im Jahr 1931 wiederhergestellt wurde, nahmen die neu gewählten Abgeordneten und die gemäß der Verfassung erneut vorgesehenen Senatoren vorübergehend im Theater Manjež im Stadtbezirk Vračar Platz. Fünf Jahre lang behielt das Parlament dort seinen Sitz, bis zum Herbst 1936, als es schließlich in einen eigens für seine Anforderungen konzipierten imposanten Palast, das Haus der Nationalversamm-

---

[1] I. Ribar, Politički, 1948, S. 14.

lung, verlegt wurde. Dort tagten während der darauffolgenden Jahrzehnte die Abgeordneten der AVNOJ, der jugoslawischen Nachkriegsparlamente, der Parlamente des Staatenbundes Serbien und Montenegro und schließlich jene der Republik Serbien, die heute noch dort tätig sind.

Das Gebäude als Teil der Geschichte des Parlaments zu betrachten, und einen Zusammenhang zwischen Institution und Gebäude herzustellen ist keineswegs trivial. Das Parlament ist nämlich nicht nur die politische Institution, sondern auch das Gebäude, in dem diese Institution arbeitet. In der politischen Topografie der Umgebung des Parlaments, in Parlamentssitz und Gebäude, Plenum und Funktionsräumen, Architektur und symbolischer Ausstattung manifestieren sich Selbstvertrauen und Selbstwahrnehmung der Abgeordneten wie der Parlamentsbediensteten. Das Parlamentsgebäude ist Teil der Staatsarchitektur, sein Äußeres und Inneres reflektiert die Rolle und Bedeutung des Parlamentarismus. Ein Parlamentsgebäude – und durch dieses das Parlament – ist außerdem ein Ort der Kommunikation mit den Staatsbürgern.[2] Auch aus diesem Grund ist das Parlamentsgebäude in Wien aus der Zeit der Habsburgermonarchie ein monumentaler neoklassizistischer Bau, der bildhaften Beschreibung Mark Twains nach »der richtige Ort für theatralische Effekte«. Twain, der den einem antiken Theater nachempfundenen Saal von der Galerie aus betrachtete, hatte überhaupt den Eindruck, dass kein anderes Parlament so prunkvoll und formvollendet war wie das in Wien. Die Wände aus auf Hochglanz poliertem, mehrfarbigem Marmor und die ehrwürdigen Pilaster erstrahlten im Schein der elektrischen Beleuchtung. Die Galerie war mit modisch gekleideten Zuschauern gefüllt, vor allem die Damen sollen einen bewundernswerten Anblick geboten haben; die Scharen von Abgeordneten hingegen trugen Alltagskleidung. Auf seinem erhöhten Platz saß der geduldige Parlamentspräsident: der Pole Dawid Abrahamowicz, der Twain an Kardinal Richelieu erinnerte.[3]

Das Wiener Parlament verzauberte nicht zuletzt auch den jungen Adolf Hitler, als er im Jahr 1906 zum ersten Mal in die Hauptstadt von Kaiser Franz Josefs Imperium kam.[4] In *Mein Kampf* schreibt er, dass er stundenlang vor der Oper stand und zum Parlamentsgebäude hinüberblickte. Die gesamte Ringstraße erschien ihm wie ein Märchen aus *Tausend und eine Nacht*. Er wünschte sich, Teil dieses Märchens zu werden, konnte es aber nicht – mit ungeahnten Folgen.[5] Das Parlament sprach zu den Menschen, es sprach für sich selbst und über sich, noch bevor ein erster Abgeordneter erste Worte an das »Volk« richtete.

---

[2] J. Gašparič, Državni, 2012, S. 17–19.
[3] M. Twain, Turbulente Tage, 2012, S. 26–28.
[4] B. Hamann: Hitlers Wien. Lehrjahre eines Diktators, 1996.
[5] Zur Wahrnehmung der Wiener Kultur und Architektur des Fin de Siècle vgl. die ersten Kapitel der Studie über Stefan Zweig im Exil: G. Prochnik, Exil, 2016.

Der Bedeutung eines Parlamentsgebäudes und seiner Wirkung war gewiss auch dem jugoslawischen Monarch Aleksandar bewusst. Zuerst trat er den Abgeordneten großzügig seinen Hof ab, daraufhin die Kavalleriekaserne seiner Garde und darüber hinaus baute er laufend an dem neuen Palast für das Parlament. Dies mag einerseits ungewöhnlich erscheinen, schaffte Aleksandar doch den Parlamentarismus ab, errichtete eine Königsdiktatur und führte schließlich eine pseudoparlamentarische Verfassung ein. Andererseits stützt es die These, dass der König zwar ein Anhänger des Parlamentarismus war, allerdings nur gemäß eigenen Idealvorstellungen, wie er sie seinem Reich in den 1930er Jahren künstlich überstülpte.

ABBILDUNG 9 Der alte Königshof auf dem Terazije-Platz in Belgrad, in dessen Räumlichkeiten das erste jugoslawische Parlament – die Provisorische Volksvertretung – in den Jahren 1919 und 1920 tagte. Obgleich wohl in erster Linie der Mangel an geeigneten Räumlichkeiten dafür verantwortlich war, entbehrte die Unterbringung im königlichen Palast nicht der Symbolik. © Muzej novejše zgodovine Slovenije, Fototek, Inv.-Nr. SL 4278

Ivan Ribar, der angesehene kroatische Politiker, der den Vorsitz in der Verfassunggebenden Versammlung (und später auch im AVNOJ) innehatte, wies die Interpretation, laut welcher der König ein Anhänger des Parlamentarismus gewesen sei, in seinen politischen Memoiren scharf zurück. Aleksandar habe in Wahrheit alles gehasst, was an das Parlament erinnerte, auch das Gebäude selbst und seine Einrichtung.[6] Aber warum widmete sich der König dann so einge-

---

[6] I. Ribar, Politički II, 1949, S. 48.

hend dem Parlamentsgebäude? Sein Zugang erscheint widersprüchlich und steht
in einem offensichtlichen Gegensatz zu seinen Standpunkten. Eine Erklärung,
die Ribar anbietet, lautet: Der König sei offensichtlich antiparlamentarisch eingestellt gewesen. Am 6. Januar 1929 morgens, unmittelbar nach der Veröffentlichung seines Manifests über die Aufhebung der Verfassung und die Einführung
der Königsdiktatur, schickte er nämlich die »Altansässigen« ins Parlament – das
Militär. Die hohen Offiziere sollten gemeinsam mit Gendarmen und Polizisten
als »Befreier« auftreten. Ihr Kommandant sprach sogar von einer »Besetzung«
des Gebäudes durch die Abgeordneten, von der er genug habe. Den verängstig-
ten und verunsicherten Abgeordneten gab Ribar einer Stimme, der sich zu diesem Zeitpunkt ebenfalls im Parlament aufhielt. Er bot dem Offizier höflich die
Stirn, indem er fragte, welche Besetzung er meine. Die kurze Antwort lautete:
»Die Abgeordneten haben dieses Gebäude, das zuvor die Kavalleriekaserne der
königlichen Garde war, unbefugt besetzt.«
      »Die Zeit des Umzugs ist angebrochen«, fügte der Befehlshaber zufrieden
hinzu und »eroberte« mit seiner Einheit innerhalb von knapp zwei Stunden das
Gebäude. Sie zerstörten die Abgeordnetenbänke, die Galerie des Plenarsaals und
mit den stenografischen Aufzeichnungen auch die physischen Ergebnisse der
Abgeordnetenarbeit. In seinen Erinnerungen beschreibt Ribar diesen Moment
als einen persönlichen Moment großer Leere, der ihm bewusst machte, dass
Aleksandar und seine Anhänger dem Parlamentarismus durch die Zerstörung
des Parlamentsgebäudes auch symbolisch ein Ende setzten.[7]
      Nicht abzusehen war zu diesem Zeitpunkt, dass der König, zweieinhalb Jahre
später, im September 1931, seinem Land angesichts der sich immer mehr zuspitzenden politischen Lage eine neue Verfassung »schenken« würde und ein
neues Parlament einsetzte, dem er die schönen und komfortablen Räumlichkeiten des Theaters Manjež zur Verfügung stellte. Das war eine für einen antiparlamentarisch eingestellten Regenten ungewöhnliche Handlung – dabei war es
auch zuvor schon überraschend gewesen, dass er dem Parlament seinen Hof und
die Kaserne seiner Garnison überlassen hatte.
      Ribar erklärte Aleksandars Entscheidung nachträglich damit, dass der Mon-
arch durch diese Geste den symbolischen Kontrollverlust über das Land ver-
hinderte: Denn als das neue Parlament geschaffen wurde, wäre es vielleicht die
schnellere, einfachere und auch kostengünstigere Lösung gewesen, das monumentale *Dom Narodne Skupščine* (Haus der Nationalversammlung), ein sich
damals seit Längerem im Bau befindliches, symbolträchtiges Gebäude, für die
Parlamentssitzungen einzurichten. Der König war aber entschieden dagegen.
Statt einem »echten« Parlamentsgebäude bevorzugte er ein Gebäude, dessen

---

[7]   Ebd., S. 46 f.

Charakter Vorläufigkeit ausdrückte. Die Annahme liegt nahe, dass der König durch seine Geste die Absicht verfolgte, dem Parlament auf diese Weise den Charakter einer zeitlich begrenzten Einrichtung zu verleihen und es dadurch zu schwächen.

ABBILDUNG 10   Die Räumlichkeiten des Parlaments des Königreichs SHS befanden sich während der 1920er Jahre in einer ehemaligen Kavalleriekaserne. Von dem wenig repräsentativen Gebäude existieren nur wenige Aufnahmen. © Muzej novejše zgodovine Slovenije, Fotothek, Inv.-Nr. SL 4328

Dass es bei dieser Entscheidung um nicht weniger als das Überleben Alexandars – bzw. im übertragenen Sinne der Monarchie – ging, macht eine Anekdote aus Ribars Memoiren deutlich, in der er behauptet, dass eine Wahrsagerin Aleksandar bereits im Jahr 1918 prophezeit habe, dass er bei der ersten Parlamentssitzung im Haus der Nationalversammlung sterben werde.[8] Falls sich die Sache wirklich so zugetragen haben sollte, ist es keineswegs ausgeschlossen, dass Aleksandar der Weissagung Glauben schenkte. Schließlich galt der Monarch als abergläubisch und es ist bekannt, dass er unter anderem auch der Kunst verschiedener Heilkundiger vertraute. Er starb am 9. Oktober 1934. Ein mazedonischer Attentäter erschoss ihn im französischen Marseille – das Haus der Nationalversammlung war zu diesem Zeitpunkt noch nicht fertiggestellt.

---

[8]   Ebd., S. 48.

ABBILDUNG 11   Im Jahr 1931 wurde das Gebäude eines Theaters im Belgrader Stadtbezirk
Vračar zum provisorischen Sitz des Parlaments umgestaltet. Weil das Gebäude
an den Bürgersteig grenzte, waren Aufenthalt und Versammlungen in unmittelbarer Umgebung untersagt. © Muzej novejše zgodovine Slovenije, Fotothek,
Inv.-Nr. SL 4390

Die Ribar'sche Behauptung eines notorischen Antiparlamentarismus Aleksandars ist höchstwahrscheinlich dennoch überzogen. Zwar entsprach ein parlamentarisches System gewiss nicht seinen Idealvorstellungen, gleichwohl tole-
rierte er es in einer von ihm ersonnenen Variante. Ribar ist an dieser Stelle
dahingehend zuzustimmen, dass der König die symbolische Bedeutung des Parlamentsgebäudes für die Selbst- und Fremdwahrnehmung des Parlaments als Institution erkannte und für seine Zwecke nutzte. Zuerst stellte er den Parlamentsabgeordneten seinen Hof zur Verfügung; als es dort zu Handgreiflichkeiten kam
und Schüsse fielen, schickte er das Militär hinein. Den imposanten Parlamentspalast ließ er absichtlich nicht fertigstellen, da der Bau zu viel Macht ausstrah-
len würde. Der Monarch bevorzugte offenkundig ein fragiles Parlament in einer
provisorischen Unterbringung.

1. Das Haus der Nationalversammlung

Die Idee eines repräsentativen Gebäudes, das den Anforderungen eines Parlaments entspricht, war älter als der jugoslawische Staat. Den Grundstein dafür

hatte bereits der serbische König Petar Karađorđević im August 1907 gelegt, der damit eine sichtbare Stärkung des (serbischen) Staats demonstrieren wollte. Durch die Balkankriege, den Ersten Weltkrieg und den Ressourcenmangel wurden die Bautätigkeiten jedoch zunächst behindert und verlangsamt und kamen letztlich ganz zum Erliegen. Im Jahr 1918, als der Balkanstaat Jugoslawien entstand, hatte der Bau gerade erst ein Stockwerk. Das Konzept des *Dom Narodne Skupščine*, des Hauses der Nationalversammlung, wurde sogleich den repräsentativen Anforderungen des neuen vereinigten Staats angepasst, indem seine baulichen Kapazitäten den veränderten Verhältnissen entsprechend erweitert wurden. Die Überarbeitung der Pläne des zu diesem Zeitpunkt bereits verstorbenen Architekten Jovan Ilkić führte dessen Sohn Pavle aus. Die Bauarbeiten wurden zunächst bis zum Jahr 1926 fortgesetzt. Die letzte Bauphase folgte schließlich nach König Aleksandars Tod im Oktober 1934.[9] Für die Vollendung des Gebäudes war der Architekt Nikola Krasnov[10] verantwortlich, der dem Bau und dem Interieur seine Handschrift verlieh. Mit Stolz verfolgte er die feierliche Eröffnung und Segnung des Gebäudes am 18. Oktober 1936 höchstselbst.[11]

Das neue jugoslawische Parlament beeindruckte nicht nur durch sein äußeres Erscheinungsbild, sondern ebenso durch die sorgfältig konzipierte Innenausstattung. Der Bau war insofern funktional, als er sowohl formelle als auch informelle Parlamentsarbeit ermöglichte. Struktur und Gliederung verwiesen auf das Königreich »dreier Volksstämme«. Die dreiteilig aufgebaute Anlage bestand aus zwei Seitenteilen und einem zentralen Baukörper, dessen mächtige Kuppel das Bauensemble beherrschte. Die Fassade war mit hellem Stein verkleidet, der zum Sockel hin in Grün überging. Der Weg zum Haupteingang führte über eine große Treppe zwischen hohen ionischen Säulen hindurch, die den »Tempel der Demokratie« symbolisch mit den antiken »Tempeln der Weisheit« verband.

Was für einen Eindruck mag dieses Bauwerk auf Abgeordnete gemacht haben, die den Palast zum ersten Mal betraten? Langsam über die Treppe nach oben schreitend, dürfte sie das Gefühl getragen haben, Teil einer wirklich bedeutenden Institution zu sein. Der direkte Weg führte dann in den großen, zentralen Plenarsaal hinein, das Herzstück jedes Parlaments. Der ovale Raum mit Galerien war mit Holz und Marmor verkleidet und durch die Öffnungen in der Decke fiel auf angenehme Weise natürliches Licht.[12] Gegenüber einer Vielzahl von Türen befanden sich die Fauteuils des Präsidiums, in erhöhter Position oberhalb der

---

[9] o. N., Istorijat, o. J.

[10] Nikola Krasnov war ein in Moskau geborener Russe, der nach der Oktoberrevolution wie viele andere Landsleute in das Königreich SHS emigrierte. Die Aufnahme zahlreicher Exilanten sollte viele Bereiche des öffentlichen Lebens im ersten jugoslawischen Staat prägen.

[11] »Novi dom jugoslovanske demokracije«, in: SLOVENEC, 19.10.1936; »Slovesna otvoritev nove palače Narodne skupščine«, in: JUTRO, 19.10.1936.

[12] o. N., Istorijat, o. J.

Schreibtische der Stenographen. Von dort aus erstreckten sich sieben bogenförmig ansteigende Reihen von Abgeordnetenbänken in den Plenarsaal. Die letzte
Reihe – nicht gerade Symbol für eine außergewöhnliche politische Karriere – bot
den dort platzierten Abgeordneten immerhin eine gute Sicht aufs Geschehen.

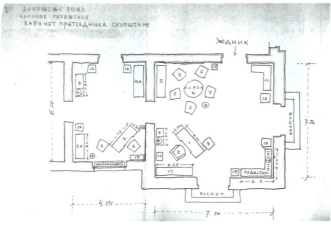

ABBILDUNGEN 12, 13   Ausschnitte aus der Planskizze des Büros des Parlamentspräsidenten und Entwurf des »Ministerkabinetts«
                      nach Nikola Krasnov, 1935, in dem sich die Minister
                      während der Parlamentssitzungen aufhielten. Aus dem
                      Grundriss der Räumlichkeiten des Parlamentspräsidenten ist ersichtlich, dass das Büro 56 Quadratmeter groß
                      war, zwei Balkone und einen speziellen Eingang vom
                      Korridor hatte. © Arhiv Jugoslavije, »Narodna skup
                      ština« 72

Das Inventar des Gebäudes war äußerst detailliert gearbeitet. Die Räume zierten Kunstwerke, die gemäß einem Gesamtkonzept entworfen und in Auftrag gegeben worden waren. Neben dem Diplomatensalon, der mit Seidentapeten und weißem Holz verkleidet war, waren auch die übrigen repräsentativen Räume ausgesprochen schön. Die Räumlichkeiten für den Parlamentspräsidenten und seinen Büroleiter nahmen eine Fläche von über 80 Quadratmetern ein. Der Parkettboden war mit Intarsien verziert und die Wände aus Nuss- und Eichenholz getäfelt.[13] Die Massivholzmöbel bestanden aus hochwertiger slawischer Eiche und waren mit Schnitzereien reich dekoriert. Der Kabinettchef hatte seinen Platz in einer Ecke, auf einem in Rot-, Grün-, Blau- und Brauntönen bezogenen Lederfauteuil. Hinter seinem Rücken befanden sich Dokumentenablagen (Etageren), zu seiner Linken ein Fauteuil für Besucher und daneben ein bequemes Kanapee. In der anderen Ecke des Büros standen schwere Schränke neben dem Haupteingang. Rechts vom Zimmer des Büroleiters gelegen, befand sich der Raum des Parlamentspräsidenten, in dessen stilvoll eingerichtetes Büro man durch eine Verbindungstür gelangte. Auch der Präsident saß in einer Ecke des Raums, auf einem mit rotem Leder verkleideten Fauteuil und an einem ähnlichen, aber prächtiger gestalteten Schreibtisch. Im Raum des Präsidenten befand sich ein Tisch mit Polstersesseln zum Empfang von Gästen. Außer dem Kanapee waren im Zimmer elegante Vollholzschränke, ein Bücherschrank, Kommoden und viele detailreiche Accessoires untergebracht.

Der Betrag, den der Staat für den Bau des aufwändig ausgestatteten Parlaments aufbrachte, war für damalige Verhältnisse beträchtlich. Der Schreibtisch des Präsidenten kostete 16 000 Din (jugoslawische Dinar), das Telefontischchen 1000 Din. Zum Vergleich: Die Ausgabe einer Tageszeitung kostete am Tag der Eröffnung des Gebäudes 2 Din. Die Kosten für die Einrichtungen der Räume des Parlamentspräsidenten beliefen sich insgesamt auf über 150 000 Din, die gesamten Investitionen in das Parlament summierten sich gar auf unvorstellbare 62 Millionen Din.[14] Es herrschte große Übereinstimmung, dass es um das zentrale Gebäude des jugoslawischen politischen Systems ging. Möglicherweise unterstützte der eine oder andere Abgeordnete den Bau auch aus eigennützigen Motiven und im Hinblick auf den eigenen Komfort; nur wenige Abgeordnete stellten sich gegen den Parlamentsbau.

Einer derjenigen Abgeordneten, die von staatlicher Verschwendung sprachen, war Alojzij Pavlič. Im März 1934, noch bevor die Bauarbeiten am Parlament fortgesetzt wurden, wetterte er in einer Haushaltsdebatte über die »Bourgeoisie«, die »große Wohnungen hat und Bankette und Feste veranstaltet, während ihre

---

[13] AJ, »Narodna skupština« (72), f. 124/383 f.
[14] Ebd.

Landsleute, die Arbeiter und Bauern, schweren Herzens auf dieses verschwenderische Leben blicken und deren Herz aus Stein fühlen, das weder Liebe noch
Recht kennt«.[15] Anschließend lobte er nebenbei Hitler, der Deutschland vor
dem Hunger gerettet habe, um schließlich das Ziel seiner Kritik anzuvisieren –
den Senat und dessen Räumlichkeiten. Er betonte, dass der Parlamentspräsident Kosta Kumanudi noch immer alte, bescheidene Möbel habe, sein Kollege
im Senat hingegen in unverschämter Weise Geld verschwende. Laut Pavlič seien
die repräsentativen Räumlichkeiten der »Herren Senatoren« schön eingerichtet,
dem neuen Senatspräsidenten jedoch nicht kostbar und modern genug gewesen.
Dieser habe neue Möbel bestellt, die den Staat 1 360 000 Din gekostet hätten.
Pavlič stellte sich angesichts dessen die rhetorische Frage, die sich bei verschiedenen Gelegenheiten das ganze Land stellte: »Stinkt das nicht nach Korruption?«[16]
Tatsächlich blieb die Einrichtung der Parlamentsräumlichkeiten dauerhaft ein
dankbares Thema populistischer Parlamentarismuskritik.

2. Das Parlament und die Künste

Die Ausgestaltung des Parlaments war – und ist noch heute – ein Kunst- und
gleichermaßen ein politisches Projekt, denn die Auswahl der Künstler und der
Motive gibt Auskunft über Fremd- und Selbstwahrnehmung der Institution innerhalb eines bestimmten Zeitkontextes. Das Selbstverständnis des jugoslawischen Parlaments kam dabei nicht nur in »seinem« Gebäude, sondern auch in
dessen Kunstsammlung – und hier insbesondere in den zentralen Fresken und
größeren Statuen – zum Ausdruck.

Die Bildhauer und Maler realisierten ihre Kunstwerke größtenteils im Jahr
nach der Eröffnung der Skupština. Es entstand zu diesem Zeitpunkt auch ein
monumentales Fresko namens die »Große Allegorie der Arbeit« von Mate Meneghello Rodić, welche fortan den »Kleinen Saal« zierte. Es symbolisierte den
Bau des Parlaments. In den wichtigsten, für das Gebäude geschaffenen Statuen
manifestierten sich zudem politische Ordnungsvorstellungen, die die »nationale,
geistige und politische Identität« Jugoslawiens zu Ausdruck bringen sollten.[17]

Im Vestibül, gleich hinter dem Eingang, wurden vier aus Prilep-Marmor gemei
ßelte Figuren aufgestellt. Sie stellten Persönlichkeiten aus der »historischen Entwicklung« aller drei jugoslawischen Stämme dar – Zar Dušan repräsentierte den
Stamm der Serben, König Tomislav den der Kroaten, und Fürst Kocelj die Slowe-

---

[15] Stenografske beleške Narodne skupštine Kraljevine Jugoslavije (nachstehend SBNSKJ), »25. redovna sednica«, 4.3.1934.
[16] Ebd.
[17] o. N., Istorijat, o. J.

nen. »Stammvater« Karađorđe stand für die herrschende Königsdynastie. Die Vereinigung dreier Stämme durch eine Dynastie war offenbar das Fundament, auf dem der jugoslawische Staat seine historische Daseinsberechtigung gründete. Der zentrale Gang war der Darstellung aller wichtigen Wirtschaftszweige gewidmet. Sie wurden jeweils durch weibliche Figuren verkörpert – das Handwerk, die Seefahrt, die Landwirtschaft und die Industrie. Ebenfalls dargestellt wurden die Justiz und das Bildungswesen. Einige bestanden aus Marmor, andere aus Bronze, wie etwa die Büsten der (einzigen) drei jugoslawischen Politiker: Sie stellten den ritterlichen König Aleksandar, den legendären Ministerpräsidenten Nikola Pašić und den Anführer der Kroaten, »Volkstribun« Stjepan Radić dar.[18] Einer von ihnen starb eines natürlichen Todes, die anderen fielen Attentaten zum Opfer.

Die Künstler, die für das Parlament engagiert wurden, waren von einer Bau- und Kunstkommission auf Grundlage einer Ausschreibung ausgewählt worden.[19] Ihre Mitglieder waren ausnahmslos angesehene Persönlichkeiten: der Direktor der Zagreber Kunstakademie Dr. Branko Šenoa, der Direktor des Prinz-Paul-Museums in Belgrad Dr. Milan Kašanin, der außerordentliche Professor der Belgrader technischen Fakultät und Architekt der berühmten (bis heute nicht fertiggestellten) St. Sava-Kirche in Belgrad, Aleksandar Deroko, der für die Skupština beauftragte Architekt Nikola Krasnov, der Bildhauer Toma Rosandić sowie Dr. France Stele, ein Konservator aus Ljubljana. Staatsmännisches Gewicht verlieh der Kommission der Parlamentspräsident Stevan Ćirić.

An der Ausschreibung nahmen auch slowenische Künstler teil, allerdins fehlten einige der bekanntesten slowenische Bildhauer. *Jutro*, eine der wichtisten slowenischen Tageszeitungen, fand hierfür folgende Erklärung: »[B]ei fast allen abgekarteten Ausschreibungen von ähnlich großer Bedeutung [wurden] die Preise wie durch einen ›Zufall‹ nur an Belgrader oder allenfalls an Zagreber Künstler vergeben, während Ljubljana stets wie eine bedeutungslose Provinz im Hintertreffen blieb« und konstatierte resignierend, dass man sich daran bereits gewöhnt habe. Erst im Jahr 1936 verschoben sich die Verhältnisse erstmals nach achtzehn Jahren: »Den Vertretern der slowenischen Geistesschaffenden« gelang es, sich zu behaupten, und zwar »mit so überraschend viel Schwungkraft, dass sie sich trotz der großen und vielschichtigen Konkurrenz aus dem gesamten Königreich mehr als ein Viertel der Preise holten«[20]. Dieser Erfolg erzeugte ein starkes Medienecho, neben *Jutro* brachte u. a. *Slovenec*, ebenfalls eine wichtige slowenische Tageszeitung, ausführliche und mit Fotografien bebilderte Artikel.[21]

---

[18] Ebd.
[19] AJ, »Narodna skupština« (72), f. 125/387.
[20] »Naši umetniki in nagrade«, in: JUTRO, 8.11.1936.
[21] Ebd. »Dela slovenskih umetnikov za narodno skupščino«, in: SLOVENEC, 6.12.1936.

Unter den slowenischen Bewerbern wurden die Maler Tone Kralj und Rajko Slapernik sowie die Bildhauer France Gorše, Tine Kos und Lojze Dolinar besonders hoch gelobt, aber nur Slapernik, Gorše und Kos erhielten den Auftrag zur Ausführung ihrer Entwürfe. Kraljs Entwurf für das große Fresko im Plenarsaal erhielt immerhin den zweiten Preis. Andere Arbeitsentwürfe von ihm wurden zudem zwei dritte Preise zuerkannt. Die Preisgelder beliefen sich in Summe auf 18 500 Din, was immerhin für eine »eine kurze Kunstreise nach Paris« reichte.

Am besten schnitt von allen slowenischen Künstlern der Bildhauer France Gorše ab, der für seine 2,4 Meter hohen Marmorallegorien der Landwirtschaft und der Industrie jeweils ein Preisgeld von 90 000 Din erhielt. Die Figur, die die Landwirtschaft symbolisierte, hatte Gorše laut der Tageszeitung *Jutro* »in Gestalt einer slowenischen Bäuerin« kreiert, »die nach vollbrachter Arbeit mit verschränkten Armen dasteht, mit einer Sichel in ihrer Rechten und einem Garbenhaufen vor sich«. Auf dem Kopf trug sie ein Tuch. Der Landwirtschaft stellte er eine Allegorie der Industrie gegenüber, die einen kontrastreichen Gegensatz zur »bäuerlichen Heimeligkeit« bildete: »Vor einem Rad, das das sich kontinuierlich drehende industrielle Profitstreben darstellt, steht eine Frau als Symbol der Fabrikarbeit, und mit einem Hammer in ihrer Rechten stützt sie sich an ihm ab«.[22] In Statur und Gesichtszügen ähnelt sie der Landwirtschaft wie eine Zwillingsschwester.

Der Bildhauer Tine Kos erhielt für die Durchführung einer »besonders heiklen Aufgabe« – einer Statue des pannonischen Fürsten Kocelj – 100 000 Din. Da die Physiognomie des Sohns von Pribina unbekannt war, musste der Bildhauer vorsichtig seine Fantasie einsetzen. Der steinerne Kocelj durfte weder militaristisch sein, noch durfte es ihm an Überzeugungskraft mangeln. Wie sah der große slowenische Herrscher in den Augen des Künstlers also aus? Einfach und asketisch gekleidet, nur in eine Toga gehüllt, mit einem Vollbart – eher einem Gelehrten der Antike ähnelnd als einem urtümlichen derben slawischen Feldherrn.

Der bei der Ausschreibung erfolgreichste slowenische Maler war der vierzigjährige Rajko Slapernik. Die Kommission betraute ihn mit der Anfertigung von drei Bildern – neben zwei kleineren Fresken wurde er mit einem großen Fresko für den Klubsaal beauftragt. Es nahm ein weiteres historisches Motiv aus der mythologischen »Geschichte der jugoslawischen Stämme« auf, nämlich das Ritual der Herzogseinsetzung auf dem Zollfeld. Das Kunstwerk maß in der Länge 5,5 und in der Höhe 1,75 Meter.

Zwanzig Jahre später, im Jahr 1957, fand das Historienbild der Herzogseinsetzung (so wie auch die Gestalt des Fürsten Kocelj) in einem weiteren Parlament eine Heimat. Slavko Pengov, Freskenmaler des sozialistischen Realismus,

---

[22] »Naši umetniki in nagrade«, in: JUTRO, 8.11.1936.

nahm es in sein siebenundsechzig Meter langes Gemälde für das slowenischen Parlament in Ljubljana auf.[23] Die slowenischen Geschichtsbezüge unterschieden sich im ersten und im zweiten Jugoslawien kaum. Ereignisse und Personen, die Höhepunkte der national-slowenischen Staatsbildung bildeten, wurden besonders betont.

Das Bauprojekt des Hauses der Nationalversammlung war zwar ein Unterfangen an der europäischen Peripherie, aber zwei Details rücken es in ein etwas anderes und globaleres Licht. Jovan Ilkić studierte Architektur in Wien – bei Professor Theophil von Hansen, der das Parlament in Wien entwarf. 1883 war Ilkić auch kurzzeitig in Hansens Büro für den Bau des besagten Parlaments beschäftigt. Das war kurz vor der Fertigstellung des Gebäudes. Der Vergleich der Gebäude zeigt, dass sie beide klassizistischen und historischen Linien folgen, altgriechische Elemente enthalten und damit dem Gebäudetyp »Europäisches Parlament« entsprechen. Auch Hans Auer, der das Bundeshaus in der Schweizer Hauptstadt Bern entwarf, studierte bei Hansen. Das zweite Detail wurzelt in der Tatsache, dass Nikola Krasnov (1864–1939), der letzte Architekt der Versammlung, Russe war. Einst Architekt in Jalta auf der Halbinsel Krim, fand er nach der Russischen Revolution, wie viele andere Russen, Zuflucht im Königreich SHS. (Die Erinnerung an die große russische Auswandererkolonie, angeführt von General Wrangel, ist noch heute lebendig.) Krasnov hat sowohl in Belgrad als auch im ganzen Staat erkennbare bauliche Spuren hinterlassen. Er entwarf die Gebäude des Finanzministeriums (heute Regierungssitz), das Ministerium für Forstwirtschaft und Bergbau (heute Außenministerium) und viele andere.

Festzuhalten bleibt, dass das monumentale Gebäude des jugoslawischen Parlaments, welches nach zahlreichen Verzögerungen und Komplikationen erst fünf Jahre vor dem Einmarsch der Achsenmächte in Jugoslawien (1941) fertig wurde, sich mit seinen Charakteristika allmählich zu einem Symbol der staatlichen Autorität entwickelte. Auch nach dem Krieg wurde das Stadtbild von Belgrad als Landeshauptstadt oft gerade durch das Parlament repräsentiert. Ein möglicher Grund hierfür ist sicherlich auch, dass die gesamte künstlerische Dekoration des Parlaments auf die Idee der »jugoslawischen Nation« ausgerichtet war, basierend auf der alten imaginären Geschichte jedes seiner drei konstituierenden Stämme. Die demokratische Tradition und Elemente des Parlamentarismus wurden weniger betont.

---

[23] Vgl. N. Grabar / K. Širok / M. Vovk, Parlament, 2012.

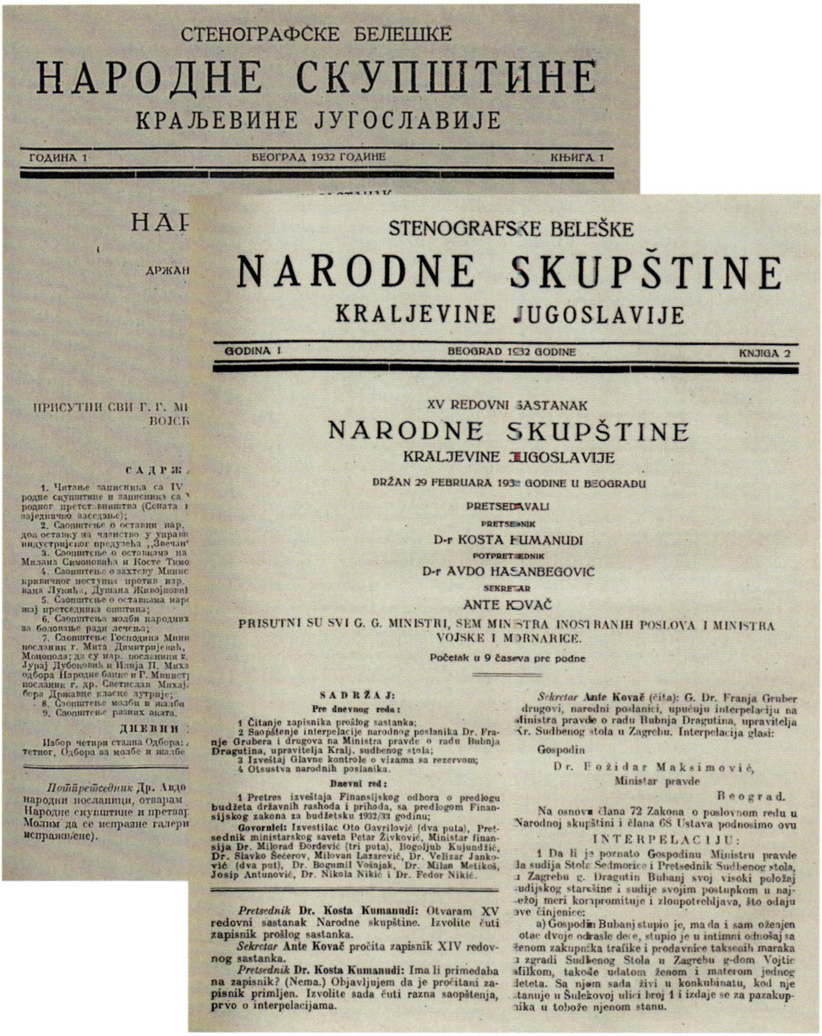

СТЕНОГРАФСКЕ БЕЛЕШКЕ
НАРОДНЕ СКУПШТИНЕ
КРАЉЕВИНЕ ЈУГОСЛАВИЈЕ

ГОДИНА 1 — БЕОГРАД 1932 ГОДИНЕ — КЊИГА 1

STENOGRAFSKE BELEŠKE
NARODNE SKUPŠTINE
KRALJEVINE JUGOSLAVIJE

GODINA I — BEOGRAD 1932 GODINE — KNJIGA 2

XV REDOVNI SASTANAK
NARODNE SKUPŠTINE
KRALJEVINE JUGOSLAVIJE
DRŽAN 29 FEBRUARA 1932 GODINE U BEOGRADU

PRETSEDAVALI
PRETSEDNIK
D-r KOSTA KUMANUDI
POTPRETSEDNIK
D-r AVDO HASANBEGOVIĆ
SEKRETAR
ANTE KOVAČ

PRISUTNI SU SVI G. G. MINISTRI, SEM MINISTRA INOSTRANIH POSLOVA I MINISTRA VOJSKE I MORNARICE.

Početak u 9 časova pre podne

SADRŽAJ:

Pre dnevnog reda:

1 Čitanje zapisnika prošlog sastanka;
2 Saopštenje interpelacije narodnog poslanika Dr. Franje Grubera i drugova na Ministra pravde o radu Bubnja Dragutina, upravitelja Kralj. sudbenog stola;
3 Izveštaj Glavne kontrole o vizama sa rezervom;
4 Otsustva narodnih poslanika.

Dnevni red:

1 Pretres izveštaja Finansijskog odbora o predlogu budžeta državnih rashoda i prihoda, sa predlogom Finansijskog zakona za budžetsku 1932/33 godinu;

Govornici: Izvestilac Oto Gavrilović (dva puta), Pretsednik ministarskog saveta Petar Živković, Ministar finansija Dr. Milorad Đorđević (tri puta), Bogoljub Kujundžić, Dr. Slavko Šećerov, Milovan Lazarević, Dr. Velizar Janković (dva put), Dr. Bogumil Vošnjak, Dr. Milan Metikoš, Josip Antunović, Dr. Nikola Nikić i Dr. Fedor Nikić.

Pretsednik **Dr. Kosta Kumanudi:** Otvaram XV redovni sastanak Narodne skupštine. Izvolite čuti zapisnik prošlog sastanka.

Sekretar **Ante Kovač** pročita zapisnik XIV redovnog sastanka.

Pretsednik **Dr. Kosta Kumanudi:** Ima li primedaba na zapisnik? (Nema.) Objavljujem da je pročitani zapisnik primljen. Izvolite sada čuti razna saopštenja, prvo o interpelacijama.

Sekretar **Ante Kovač** (čita): G. Dr. Franja Gruber drugovi, narodni poslanici, upućuju interpelaciju na Ministra pravde o radu Bubnja Dragutina, upravitelja Kr. Sudbenog stola u Zagrebu. Interpelacija glasi:

Gospodin
Dr. Božidar Maksimović,
Ministar pravde
Beograd.

Na osnovu člana 72 Zakona o poslovnom redu u Narodnoj skupštini i člana 68 Ustava podnosimo ovu

INTERPELACIJU:

1 Da li je poznato Gospodinu Ministru pravde da sudija Stola Sedmorice i Pretsednik Sudbenog stola, u Zagrebu g. Dragutin Bubanj svoj visoki položaj sudijskog starešine i sudije svojim postupkom u najtežoj meri kompromituje i zloupotrebljava, što odaju ove činjenice:

a) Gospodin Bubanj stupio je, ma da i sam oženjen otac dvoje odrasle dece, stupio je u intimni odnošaj sa ženom zakupnika trafike i prodavnice taksenih maraka u zgradi Sudbenog Stola u Zagrebu g-dom Vojtic Milkom, takođe udatom ženom i materom jednog deteta. Sa njom sada živi u konkubinatu, kod nje stanuje u Šulekovoj ulici broj 1 i izdaje se za pazakupnika u tobože njenom stanu.

Abbildungen 14, 15 Die stenografischen Aufzeichnungen – eine zentrale Quelle für die Erforschung der Skupština –, erschienen teils in kyrillischer, teils in lateinischer Schrift. Im Parlament redeten die Abgeordnete grundsätzlich in ihrer Muttersprache (Slowenisch, Serbisch oder Kroatisch). Die Stenographen waren entsprechend hochqualifiziert und akademisch ausgebildet. Ihre Mitschriften enthalten neben der wörtlichen Aufzeichnung der Reden auch Zwischenrufe und zahlreiche Randnotizen, welche die Atmosphäre im Plenum veranschaulichen. Durch das Institut für Zeitgeschichte in Ljubljana wurden sie mittlerweile vollständig und systematisch digitalisiert und einer interessierten Öffentlichkeit zugänglich gemacht. © Arhiv Jugoslavije, »Narodna skupština« 72

Drittes Kapitel

Debattenkultur und parlamentarische Praxis der Skupština

1. In der Skupština geht es zu wie auf einem Jahrmarkt

Ende März 1924 wurde in der Belgrader Skupština im Rahmen der Haushaltsdebatte auch das Budget des Ministeriums für die Verfassunggebende Versammlung zur Vereinheitlichung der Gesetze behandelt. Der Zuständigkeitsbereich des Ministeriums war von höchster Bedeutung für die Staatsgründung Jugoslawiens, existierten doch zum Zeitpunkt seines Entstehens im Königreich SHS fünf verschiedene Rechtsordnungen. Entgegen seiner politischen Bedeutung erwies sich das Ministerium der Konstituante in der Praxis jedoch als äußerst ineffizient.

Entsprechend wurde die Sinnhaftigkeit seiner Existenz von verschiedenen Abgeordneten – inbesondere der Opposition – in Frage gestellt. So ätzte beispielsweise der Parlamentarier Ivan Vesenjak, dass das ganze Ministerium aus dem Minister, seinem Sekretär, dem Automobil des Ministers und dem Büro des Ministeriums bestehen würde. Und der erste Redner des Tages, Svetozar Đorđević, meinte seine Abgeordnetenkollegen daran erinnern zu müssen, dass viele von ihnen ihren Wählern die Abschaffung des »vollkommen überflüssigen« Ministeriums versprochen hatten.[1] Noch während dessen Rede erhob sich auf Seiten der Regierungsmehrheit ein Sturm der Entrüstung. Laut Protokoll war der Abgeordnete Aleksa Žujević der Erste, den man trotz des Lärms im Saal deutlich hören konnte. Er schrie den Redner an: »Du bist der Komplize eines Mörders!«[2] Woraufhin dieser erwiderte, dass Žujević ins Irrenhaus gehöre. Das Wortgefecht wurde immer heftiger und der Lärm im Saal unerträglich, bis der Vizepräsident der Skupština, Ljuba Bakić, die Abgeordneten bestimmt aber höflich aufforderte, sich zu beruhigen. Im Plenarsaal wurde es daraufhin tatsächlich still, so dass Đorđević seine Budgetrede unter einigen Zwischenrufen zu Ende bringen konnte.[3]

---

[1] Stenografske beleške Narodne skupštine Kraljevine Srba, Hrvata i Slovenaca (nachstehend SBNSKSHS), März 1924, S. 578 f.

[2] Damit bezog er sich auf die Morde an den Gemeindevorstehern Ljubisav Simić und Radomir Paljević.

[3] Ebd.

Der zweifellos hitzige »Meinungsaustausch« unter Abgeordnetenkollegen der Belgrader Skupština, der mit der Tagesordnung und mit einer sachlichen Debatte über den Haushalt nicht mehr allzu viel zu tun hatte, mag im ersten Moment vor allem unterhaltsam erscheinen. Doch sagt die Anekdote viel über den damaligen Verlauf politischer Debatten im »Tempel der Demokratie« aus: Erstens handelte es sich hier um keinen Einzelfall, sondern um ein alltägliches und etabliertes Ritual. Zweitens wirft der Vorfall ein bezeichnendes Licht auf die (Ohn-)Macht des (Vize-)Präsidenten der Skupština. Erst nach seinem (späten) Eingreifen hörte der Krawall schließlich auf.

Beide Probleme hatte auch der Abgeordnete Nikodij Miletić im Blick, dem das Ansehen und die Handlungsfähigkeit des Staatsparlaments offenbar nicht gleichgültig waren und der schon im April 1922 beklagt hatte, dass es im Parlament wie auf einem Jahrmarkt zugehe.[4] Im jungen Gesetzgebungsorgan des Königreichs SHS herrschte oft Chaos und die Abgeordneten störten inmitten der allgemeinen Lärmkulisse mit zahlreichen Zwischenrufen die Redner, welche oftmals selbst beleidigend und wenig konstruktiv auftraten. Deshalb stellte Miletić dem Präsidenten der Skupština Ivan Ribar die berechtigte Frage, ob er beabsichtige, dieser Praxis ein Ende zu setzen. Ribar entgegnete Miletić daraufhin, dass er sich stets um Ordnung bemühe und dass er die Abgeordneten unaufhörlich zu angemessenem Benehmen ermahne – so, wie es »die Würde des Parlaments« erfordere.[5]

Dabei waren Ribars Verweise auf die Würde des Parlaments keine leere Rhetorik. Die Situation war Ausdruck der Tatsache, dass die Abgeordneten wie in allen anderen Parlamenten zu dieser Zeit Redefreiheit genossen, die durch ihre Immunität geschützt war.[6] Für ihre Worte und ihre Sprechakte während der Parlamentssitzungen waren sie niemandem gegenüber verantwortlich, außer der Skupština selbst. Ein Abgeordneter konnte also ungerührt seinen Emotionen freien Lauf lassen und Seitenhiebe austeilen. Dass Mandatsträger, oft unbeabsichtigt, in der Hitze des Gefechts und durchaus um das Wohl der Nation besorgt, die Grenzen des Anstands überschritten, zu lange redeten oder vom Thema abschweiften, lähmte das Parlament jedoch in dessen Arbeit. Als Folge der sehr weitreichenden Redefreiheit wurde daher ein Regelwerk für das Parlament geschaffen, dessen Auslegung und Anwendung dem Präsidenten oblagen.

---

[4] I. A. Pržić, Poslovnik, 1924, S. 190.
[5] Ebd.
[6] Zu Begriff und Praxis der »Würde des Hohen Hauses« vgl. Nicolas Patin, Une présidence en temps troublés. Le role de Paul Löbe dans l'équilibre énonciatif du Reichstag (1920–1932), S. 263–281, und Andreas Schulz, »Préserver la dignité de la Haute Assemblée«. Les presidents du Bundestag allemande 1949–2012, S. 281–305.

2. Die Spielregeln des Parlaments

Das Nachdenken über die Regeln für die Arbeit im Parlament ist so alt wie die Idee des Parlamentarismus selbst. Bei der Vielzahl an Menschen, die zusammentrafen, verhandelten und Beschlüsse fassten, mussten naturgemäß bestimmte Normen geschaffen werden, damit das Parlament seinen Aufgaben und seiner Funktion gerecht wurde. Das mittelalterliche englische Parlament verfuhr zuerst nach den Prozeduren eines Gerichts, woraus sich allmählich spezifische Regeln für die Arbeit des Parlaments entwickelten. Diese regelten und gewährleisteten im Wesentlichen die Redefreiheit sowie die Autonomie der Abgeordneten und des Parlaments. Mittels eines rationalen, gleichberechtigten und geordneten Debattenverlaufs sollten transparente und weitreichende Beschlussfassungen ermöglicht werden.[7]

Die Frage, wie die in der Geschäftsordnung aufgeführten Parlamentsregeln aussehen und insbesondere, wer diese beschließen sollte, war eine zentrale politische Frage. Als im Mai 1861 die neuen Abgeordneten des Habsburger Reichsrates zu ihrer ersten Sitzung zusammentrafen, erwartete sie auf ihren Bänken eine Überraschung: die von der Regierung vorgelegte Geschäftsordnung des Parlamentes. Inhaltlich orientierte sie sich an der Geschäftsordnung des Kremsierer Reichstag vom Dezember 1848; sie verwies also auch symbolisch zurück auf den gewaltsam beendeten Parlamentarismus der Revolution 1848. Deshalb akzeptierten die Abgeordneten sie nicht als ihre eigene und wiesen ihr den Status eines vorläufigen Dokuments zu. Besonders irritierte sie die Tatsache, dass die Regierung die Geschäftsordnung oktroyieren und somit gleich zu Beginn stark in die Autonomie des Parlaments eingreifen wollte. In den darauffolgenden Monaten arbeitete der Reichsrat dann seine eigene Geschäftsordnung aus und beschloss diese auch selbst.[8]

Das Vorgehen der Wiener Abgeordneten im Jahr 1861 entsprach ganz dem Konstitutionalismus und dessen Auslegung der Rolle eines Parlaments. Das Parlament war demnach als gewähltes Repräsentativorgan eine demokratisch legitimierte Institution und somit von den übrigen Staatsorganen unabhängig. In der Geschichte des Parlamentarismus erwies sich die (Un-)Abhängigkeit in der politischen Praxis vor allem in der Stellung des Parlaments gegenüber der Regierung. Obwohl der Theorie nach vom Parlament kontrolliert und formal gleichgestellt, verfügte die Regierung in der konstitutionellen Monarchie über eigene Machtressourcen. Daher benötigte das Parlament (und benötigt es noch heute) unbedingt eine autonome Position, um seine Funktionen in eigener Regie aus-

---

[7] J. WINTR, Česká, 2010, S. 24–26. P. EVANS (Hrsg.), Essays on the History of Parliamentary Procedure, 2017.

[8] J. CVIRN, Razvoj, 2006, S. 215.

üben zu können. Wie es sich organisierte, welche Verfahren es beschloss und an-
wandte, war Gegenstand der Geschäftsordnung und definierte den Kernbereich
parlamentarischer Autonomie.

Die vom Wiener Reichsrat beschlossene Geschäftsordnung entstand nicht nur
in großem zeitlichem Abstand zu den Ideen von 1848, sie unterschied sich auch
hinsichtlich der Funktionen des Parlaments. Der Parlamentsbetrieb war von
drei Regelwerken bestimmt: dem Gesetz »in Betreff der Geschäftsordnung«, das
für beide Kammern galt, der Geschäftsordnung für das Haus der Abgeordneten
und der Geschäftsordnung für das Herrenhaus. Das Geschäftsordnungsgesetz
für beide Kammern war kurz und regelte nur die Frage der Konstituierung und
den allgemeinen Ablauf der Sitzungen. Gemäß der Version von 1873 (nach der
Einführung der Direktwahl des Abgeordnetenhauses) hatten die Abgeordneten
sich zu einem vom Kaiser exakt bestimmten Zeitpunkt zu ihrer ersten Sitzung
zu versammeln, »dem Kaiser Treue und Gehorsam [...] zu geloben« und sich zu
verpflichten, die Verfassung und die übrigen Gesetze zu befolgen. Erst danach
erfolgte die Eröffnung mit der Thronrede des Kaisers oder durch einen von ihm
bestimmten Redner. Nach dieser Eröffnungszeremonie durften die Abgeordneten zur Prüfung der Mandate schreiten.[9]

Die Geschäftsordnung für das Abgeordnetenhaus des Reichsrates aus dem
Jahr 1875 war hingegen umfangreicher und viel detaillierter. Bis ins Detail geregelt waren zum Beispiel das Gesetzgebungsverfahren – mit dreimaliger Lesung,
wobei die Möglichkeit eines verkürzten Verfahrens bestand –, die Debatten-
und Redeordnung, das zur Beschlussfähigkeit benötigte Quorum (es mussten
mindestens 100 Abgeordnete anwesend sein) und die Leitung der Sitzungen
durch das Präsidium. Die von den Abgeordneten gewählten Präsidenten und
Vizepräsidenten hatten ihr Amt allerdings nur zur Leitung einzelner Sitzungen
inne. Bis heute hängt die Präsidiumswahl von informellen Absprachen und von
den Machtverhältnissen zwischen den Parteien ab. Hervorzuheben ist, dass dem
Parlament erst 1868 das Recht zugesprochen wurde, seinen Vorsitz selbst zu
wählen. Sein erster gewählter Präsident war der steirische Abgeordnete Moritz
von Kaiserfeld. Zuvor wurden die Präsidenten gemäß Februarpatent vom Kaiser
ernannt. Im Laufe der Zeit wurden an der Wiener Geschäftsordnung zahlreiche
Änderungen vorgenommen, zuletzt im Juni 1917, als die Habsburgermonarchie
ihrem Ende zuging. In der Hoffnung, die Effizienz des Parlaments zu steigern,
beschränkte man die Redezeit der Abgeordneten auf maximal zehn Minuten.[10]

---

[9] Ebd., S. 215–217; »Gesetz vom 12. Mai 1873, in Betreff der Geschäftsordnung des Reichs-
     rathes«, in: Reichsgesetzblatt für die im Reichsrathe vertretenen Königreiche und Länder,
     34/1873, abrufbar unter: http://alex.onb.ac.at/cgi-content/alex?aid=rgb&datum=18730004&se
     ite=00000353 [21.2.2023].
[10] J. Cvirn, Razvoj, 2006, S. 217–223.

Nach der Bildung des ersten jugoslawischen Staats wandten die Abgeordneten der Provisorischen Volksvertretung die Geschäftsordnung des serbischen Parlaments an. Die Abgeordneten des ersten gewählten Parlaments – der Verfassunggebenden Versammlung – wurden hinsichtlich ihrer Geschäftsordnung mit einer ähnlichen Situation konfrontiert wie ihre Wiener Kollegen über ein halbes Jahrhundert zuvor. So wollte die Regierung auf den Vorschlag des Ministers für die Konstituante Lazar Marković hin einfach eine Geschäftsordnung für die Verfassunggebende Versammlung vorschreiben. Die Begründung des Ministers schien praktischer Natur: Das Vorgehen diene lediglich dazu, dem Parlament eine rasche Aufnahme seiner Arbeit zu ermöglichen. Trotz zahlreicher Einwände wurde der Vorschlag der Regierung letztlich nur teilweise abgeändert.[11] Der Ministerrat hatte sich selbst ermächtigt, »im Einvernehmen mit dem Wahlgesetzausschuss auf die Anordnung des Königs hin eine vorläufige Geschäftsordnung für die Verfassunggebende Versammlung vorzuschreiben, die gelten wird, solange die Verfassungsgebende Versammlung sie nicht ändert und keine andere beschließt«[12]. Doch wurde auch das damit beschlossene Prozedere nicht eingehalten. Nur vier Tage vor der konstituierenden Sitzung der neu gewählten Verfassunggebenden Versammlung verfügte die Regierung einseitig die Annahme der Geschäftsordnung – ohne die Zustimmung des Wahlgesetzausschusses und damit unrechtmäßig.

Aufgrund der Art des Zustandekommens, wegen ihres Inhalts und der Tatsache, dass die Regierung die Souveränität der Skupština missachtet hatte, stand die Geschäftsordnung im Mittelpunkt der ersten Parlamentsdebatten und beschäftigte die Abgeordneten auch danach noch längere Zeit.[13] Die Opposition betonte, dass die unrechtmäßig oktroyierte Geschäftsordnung ein seriöses Arbeiten und die Kontrolle der Regierung unmöglich mache, die Redefreiheit einschränke und die Festlegung auf eine monarchische Staatsform impliziere. Anton Korošec, der bedeutendste slowenische Politiker und Gründer der SLS, forderte zudem im Namen des Jugoslawischen Klubs, einen Artikel in die Geschäftsordnung aufzunehmen, der für die Abstimmung über die Verfassung eine Zweidrittelmehrheit der Abgeordneten vorschreibt. Doch die Forderungen der Opposition wurden nicht umgesetzt. Die neue Geschäftsordnung, die die Skupština im Januar 1921 selbst verabschiedete, beinhaltete nur geringfügige Änderungen.[14]

---

[11] N. ENGELSFELD, Poslovnik, 1994, S. 391–393.
[12] Uradni list deželne vlade za Slovenijo, 106/1920, »Zakon o volitvah narodnih poslancev za ustavotvorno skupščino kraljevine Srbov, Hrvatov in Slovencev«.
[13] J. HOHNJEC, O ustavi, 1928, S. 308.
[14] Mehr über die Debatte der Abgeordneten in: N. ENGELSFELD, Poslovnik, 1994, S. 394–404; B. GLIGORIJEVIĆ, Parlament, 1979, S. 89–94.

Nach der Verabschiedung der Veitstagsverfassung und der Transformation der Verfassunggebenden Versammlung in eine gesetzgebende Versammlung nahmen die Abgeordneten die Ausarbeitung einer neuen Geschäftsordnung in Angriff. Sie setzten einen Sonderausschuss unter Vorsitz des Advokaten Čeda Kostić ein und bestellten den erfahrenen Politiker Ninko Perić zum Referenten. Der Ausschuss erarbeitete einen umfassenden Entwurf unter Einschluss verschiedener Meinungen und legte das Ergebnis der Skupština vor, die nach einer ausführlichen Debatte am 2. März 1922 die Geschäftsordnung der Nationalversammlung beschloss. Diese wurde in den darauffolgenden Jahren mehrmals modifiziert, am grundlegendsten in den 1930er Jahren, nach der Verkündung der oktroyierten Verfassung, behielt aber stets einen Großteil der tradierten Standards und Regelungen bei.[15]

3. Regeln und Regelverletzungen

Das Verfahren zur Konstituierung der Nationalversammlung des ersten jugoslawischen Staats war genau in den Vorgaben der Geschäftsordnung beschrieben. Allgemein galt das Parlament mit der Erfüllung von drei Bedingungen als konstituiert: Wenn genügend Abgeordnete zusammentraten, wenn ihre Legitimation festgestellt worden war, das heißt, wenn es sich bei ihnen um gewählte Abgeordnete handelte, und wenn die Nationalversammlung ihr Präsidium gewählt hatte. Die erste Bedingung stellte in der politischen Praxis kein Problem dar (obwohl aus unterschiedlichen Gründen häufig viele Abgeordnete fehlten), ebenso die letzte Bedingung – mitunter, weil das Präsidium in jeder Legislaturperiode jährlich neu gewählt wurde und die Präsidenten ihr Mandat nicht während der gesamten Periode innehatten.

Die Überprüfung der Neuzugänge und ihrer Wahl erhitzte hingegen oftmals die Gemüter. So kam es vor, dass die gewählten Kandidaten zu jung – nicht einmal 30 Jahre alt – waren; oder es kam vor, dass es sich bei den Gewählten um Polizisten oder Richter handelte, die nicht über das passive Wahlrecht verfügten. Manchmal war auch einfach der gesetzlich vorgeschriebene Vorsitzende eines Wahlausschusses nicht im Wahllokal anwesend gewesen.[16] Die Skupština musste daher fast bei jeder Wahl zahlreiche Unregelmäßigkeiten beseitigen und verifizierte Mandate häufig nicht. Wenn beispielsweise ein Polizist kandidierte,

---

[15] Poslovnik Narodne skupštine Kraljevine Srba, Hrvata i Slovenaca, 1922; Službeni list Kraljevske banske uprave Dravske banovine, 80/1931, »Zakon o poslovnem redu v narodni skupščini«; 82/1931, »Zakon o poslovnem redu v senatu«.

[16] I. A. PRŽIĆ, Poslovnik, 1924, »§ 7 Poslovnika«, Kommentar zu § 7 der Geschäftsordnung mit Beispielen aus der parlamentarischen Praxis auf S. 51–59.

obwohl er nicht dazu berechtigt war – ohne dass es im Wahlverfahren zu Unregelmäßigkeiten gekommen wäre –, wurde ihm das Mandat nicht erteilt. In der Nationalversammlung vertrat man den Standpunkt, dass eine derartige Kandidatur aus Prinzip nicht rechtmäßig sein konnte und die Wahl deshalb von vorneherein ungültig war.[17]

Auf die Bestätigung der Mandate folgte die Eidesleistung. Die Abgeordneten mussten vor dem Präsidenten einen Eid auf den König und die Verfassung schwören. In der Formel gelobte jeder Abgeordnete, nach bestem Wissen und Gewissen die Verfassung zu schützen und für das Wohl von König und Volk einzutreten. Dieses Gelöbnis mag einfach und beinahe selbstverständlich erscheinen. Doch der Eid auf die Veitstagsverfassung, in der einige Parteien ein unüberwindbares Hindernis für geordnete politische Verhältnisse im Königreich sahen, war für viele der Gewählten ein nicht zu leistendes Versprechen. Und weil unvereidigte Mandatsträger gemäß der Geschäftsordnung ihre Pflichten als Abgeordnete nicht ausüben konnten, standen diesen folglich auch nicht die üblichen Abgeordnetenprivilegien zu. Unvereidigte Abgeordnete mussten auf ihre Diäten (Tagsätze), ihre Immunität und die Eisenbahnfreifahrkarte verzichten.[18] Die Parlamentsmehrheit hatte mit der Eidesformel also dafür gesorgt, dass auf den Abgeordnetenbänken (zumindest anfangs) keine Feinde der Verfassung saßen. Mit dem (vorübergehenden) Entzug von Diäten und Privilegien wurde den Gegnern vielmehr ein verlockender Anreiz zum Eid auf die Verfassung geboten. Ein Abgeordneter musste sich also zwischen seinen Prinzipien und einer ordentlichen Abgeordnetenentschädigung entscheiden, wobei die Entscheidung für die Eidesleistung böses Blut im Heimatwahlkreis des Mandatars schaffen konnte. Vor einem wirklichen Dilemma standen wohl alle diejenigen, die des Fernbleibens ehrlich überdrüssig waren und die trotz ihrer Abneigung gegen den Verfassungseid als Parlamentarier arbeiten wollten. Die Bevölkerung reagierte auf das Thema der Abgeordnetenentschädigungen auch deshalb äußerst empfindlich, wie das Kapitel dieses Buches über die Gehälter der Abgeordneten zeigen wird.

Erst nach Abschluss aller mit der Konstituierung verbundenen Prozeduren konnte die Skupština ihre Arbeit aufnehmen. In der Theorie waren für eine Legislatur vier Jahre vorgesehen. In der Praxis war jedoch keine Nationalversammlung so lange tätig und wurden alle Mandatsperioden vorzeitig beendet. »Ordnungsgemäß« fanden nur die erste Wahl in den 1920 Jahren des 20. Jahrhunderts, das heißt die Wahl zur Verfassunggebenden Versammlung, sowie die erste Wahl nach Inkrafttreten der oktroyierten Verfassung in den 1930er Jahren statt.

---

[17] S. Jovanović, Ustavno, 1924, S. 158–174.
[18] I. A. Pržić, Poslovnik, 1924, S. 61–64.

Für die Vorbereitung von Gesetzesvorschlägen wählte die Skupština anfangs aus ihren eigenen Reihen Ausschüsse. Damit folgte sie einem in den europäischen Parlamenten lange etablierten Verfahren. Eine parlamentarische Versammlung, die alle Aufgaben während der Plenarsitzungen erledigt, wäre wohl binnen kürzester Zeit in einem Meer von Aufgaben und einer unendlichen Vielzahl von Wortmeldungen versunken.

Bereits im 19. Jahrhundert hatten alle europäischen Parlamente, auch der Wiener Reichsrat, sich in Arbeitsausschüssen organisiert. Besonders rasch entwickelte sich diese Praxis in den USA, wo der 28. Amerikanische Präsident Woodrow Wilson im Jahre 1885 darüber schrieb: »[…] it is not far from the truth to say that Congress in session is Congress on public exhibition, whilst Congress in its committee rooms is Congress at work«[19]. Für Wilson waren Plenarsitzungen Veranstaltungen für die Öffentlichkeit, wohingegen die eigentliche Arbeit innerhalb der Ausschüsse erledigt wurde. Anfangs setzten die Parlamente die Gremien nach Bedarf (ad hoc) für die Behandlung besonders wichtig erscheinender Angelegenheiten ein. Erst später etablierten sich permanente Ausschüsse, die vor allem »klassische Parlamentsfunktionen« ausübten.

Gemäß der Geschäftsordnung der Nationalversammlung des Königreichs SHS waren sieben permanente Ausschüsse sowie verschiedene Sonderausschüsse vorgesehen. Die permanenten Ausschüsse waren: der Gesetzgebungsausschuss, der Verifizierungsausschuss, der Ausschuss der Fraktionschefs, der Verwaltungsausschuss, der Immunitätsausschuss, der Ausschuss für Anträge und Beschwerden und der Finanzausschuss.[20] Wobei jeder Gesetzesvorschlag zuerst im zuständigen Ausschuss erörtert und erst dann durch die Abgeordneten im Plenum behandelt wurde.

Das Gesetzgebungsverfahren im Plenum war dabei grundsätzlich zweistufig: auf die Erörterung, die sogenannte Generaldebatte, folgte mit der Spezialdebatte eine Diskussion, im Zuge derer die einzelnen Artikel behandelt wurden.[21] Über jeden Schritt entschieden die Abgeordneten durch Abstimmung. Eine Entscheidung galt als angenommen, wenn die Mehrheit der anwesenden Abgeordneten dafür stimmte, wobei mindestens ein Drittel der Abgeordneten anwesend sein musste (für eine Verfassungsänderung war ein Mehrheitsvotum von drei Fünftel der Abgeordneten erforderlich). Die Abgeordneten stimmten im Allgemeinen öffentlich ab und zwar, indem diejenigen, die gegen den jeweiligen Vorschlag waren, sich von ihren Bänken erhoben und dessen Befürworter sitzen blieben. Wenn das Resultat einer Abstimmung »suspekt«, also das Ergebnis im meist unruhigen Saal nicht eindeutig war, wurde namentlich abgestimmt – ei-

---

[19]   W. Wilson, Congressional, 1885.
[20]   S. Jovanović, Ustavno, 1924, S. 192–196; I. A. Pržić, Poslovnik, 1924, S. 76–93, § 14–24.
[21]   Ebd., S. 136–159, § 50–69.

ner der Sekretäre rief jeden einzelnen auf und der Betreffende gab seinen Standpunkt bekannt.[22]

Neben dem Beschließen von Gesetzen, Ernennungen und anderen politischen Aufgaben oblag der Belgrader Skupština die wesentliche Funktion der Kontrolle der Exekutive. Die Abgeordneten konnten konkrete Anfragen an die Minister richten und etwaige Unregelmäßigkeiten aktiv untersuchen. In Artikel 81 der Veitstagsverfassung war das parlamentarische Recht verankert, »Enqueten und Untersuchungen in Wahl- und rein administrativen Fragen vorzunehmen«.[23] Die herausragende verfassungsrechtliche Autorität, Slobodan Jovanović, der beim Untergang des ersten jugoslawischen Staates für einige Zeit das Amt des Premiers ausübte, stellte bezüglich dieses Artikels klar, dass es sich bei der *Enquete* eigentlich um das Auskunftsrecht der Skupština handle und dass hierfür überhaupt keine Ermächtigung durch die Verfassung nötig sei. Ganz anders verhalte es sich mit dem Untersuchungsrecht – dieses sei ein hoheitlicher Akt, für den es einer klaren Ermächtigung durch die Verfassung bedürfe. Dabei wies Jovanović darauf hin, dass das Untersuchungsrecht der Skupština eindeutig zu begrenzen sei – ihre Kompetenzen umfasse nur Unregelmäßigkeiten bei Wahlen, um die Legitimität eines Mandates zu verifizieren, sowie ungesetzliches Handeln der Regierung und andere administrative Vergehen. Vorgeschrieben war, dass die Untersuchungsausschüsse der Skupština nach Erledigung ihrer Arbeit einen Bericht übergeben und diesen dem Plenum zur Entscheidung vorlegen.

Doch die Praxis sah im Parlament des ersten jugoslawischen Staates häufig anders aus, die Auffassungen über Funktion und Aufgaben der Untersuchungsausschüsse wichen von Fall zu Fall stark voneinander ab. Beispielsweise verlangte eine Kommission bereits vor der Einreichung ihres Untersuchungsberichts vom Justizminister, einen Richter zu ernennen, um ein Verfahren gegen eine konkrete Person der Exekutive einzuleiten, die nach Ansicht der Kommission unrechtmäßig gehandelt hatte.[24] Die *Enquete* war ein Instrument, das in der Praxis meist nicht funktionierte.

Als ebenso wirkungslos erwies sich das Recht, Interpellationen an die Regierung zu richten. In der Verfassung wurde zwischen zwei Arten von Fragen an die Minister unterschieden, den »ordentlichen« Interpellationen und den einfa-

---

[22] Ebd., S. 179–189, § 88–95.
[23] »Ustava Kraljevine Srbov, Hrvatov in Slovencev z dne 28.6.1921«, § 81, in: Uradni list deželne vlade za Slovenijo 87/1921 vom 28.6.1921; bzw. § 81 der deutschen Übersetzung von I. Žolger, Verfassung, 1922, S. 200–217, abrufbar unter: http://www.verfassungen.net/yu/verf21-i.htm [21.3.2018]. Über das genau gleiche Recht verfügte später in den 1930er Jahren auch die Volksvertretung des Königreichs Jugoslawien (»Verfassung des Königreiches Jugoslawien vom 3. September 1931«, § 67).
[24] S. Jovanović, Ustavno, 1924, S. 286–289.

chen Fragen von Abgeordneten. Über letztere wurde nicht debattiert und abgestimmt, es handelte sich um eine Art Dialog zwischen dem Abgeordneten und dem Minister, dessen Ziel die Erläuterung einer bestimmten Angelegenheit seitens des Ministers hätte sein sollen. Über Interpellationen hingegen wurde debattiert und abgestimmt, waren sie doch als Misstrauenserklärung gegen den betreffenden Regierungsvertreter zu verstehen. Abschließend war eine Beurteilung der Vorgehensweise des Ministers durch die Skupština vorgesehen. So stand es zumindest geschrieben und war es in der Theorie beabsichtigt, die Praxis im jugoslawischen Parlament sah jedoch ganz anders aus.

Zu einer Missbilligung durch die Skupština kam es nur selten. Die Pflicht der Minister, Rede und Antwort zu stehen, existierte nämlich nur auf dem Papier; in der Realität wichen sie einer Antwort aus oder zögerten sie hinaus, oft verweigerten sie sich ganz.[25] Dies bedeutete, dass die königlichen Minister des ersten Jugoslawiens ein essenziell wichtiges Recht des Parlaments mit Füßen traten. Der Sinn einer Interpellation war ja nicht mit dem Stellen einer Frage erfüllt, sondern erst mit der Verpflichtung des Ministers, der Öffentlichkeit Rede und Antwort zu stehen. Nur auf diese Weise ließ sich die Amtsführung der Exekutive (bzw. der Regierung) kontrollieren, die politische Verantwortlichkeit eines Ministers beurteilen oder beeinflussen.[26] Die Öffentlichkeit war die Instanz, vor der sich die parlamentarische Demokratie zu rechtfertigen hatte und die über die Arbeit des Parlaments und der Abgeordneten zu urteilen hatte.

Die wesentliche Eigenschaft und sozusagen das Erkennungszeichen jedes Parlaments ist (neben der Abstimmung) die Debatte – das Zusammentreffen der Abgeordneten in großen Sälen und die Wortmeldungen zu bestimmten Angelegenheiten. Sie attackieren einander verbal, nennen ihre Argumente und begründen diese exemplarisch. Der trockene Entwurf einer Rechtsvorschrift wird nun Gegenstand umfangreicher Erklärungen und von allen Seiten unter die Lupe genommen. Aus genau diesem Grund ist die Debatte die Essenz des Parlamentarismus bzw. ihr archimedischer Punkt. Dabei scheint es, als würde die Debatte viel bewirken, obwohl ihr Ausgang häufig von vornherein bekannt oder absehbar ist. Richard Cobden soll es in etwa so ausgedrückt haben: »In diesem Haus habe ich schon viele Worte gehört, die Menschen zu Tränen rühren – noch nie aber habe ich Worte gehört, die das Ergebnis einer Abstimmung geändert hätten.«[27] Die Parlamentsdebatte stand also schon im 19. Jahrhundert im Zentrum der Aufmerksamkeit, wirkte sich im Großen und Ganzen aber nicht auf die Entscheidungen der Abgeordneten aus. Was war also ihr Zweck?

---

[25] Ebd., S. 282–286. Vgl. die Beispiele in: I. A. PRŽIĆ, Poslovnik, 1924. S. 163 f.
[26] S. MORSCHER, Interpellation, 1973, S. 29 f.
[27] Zit. nach: J. WINTR, Česká, 2010, S. 18.

Bis heute ist die wesentliche Funktion parlamentarischer Debatten, Argumente für und wider die Annahme einer bestimmten politischen Entscheidung vorzubringen. Im modernen Parlamentarismus hat sie selten eine »schöpferische« Bedeutung, und nur sehr selten führt sie tatsächlich eine Entscheidung herbei. Ihre wesentliche Funktion ist eine legitimierende, da in einer parlamentarischen Demokratie jede politische Entscheidung – und insbesondere jedes Gesetz – argumentativ begründet und erklärt werden muss. Dabei ist nicht unwesentlich, wie sich der Legitimierungsprozess vollzieht. Er muss ohne Zwang und öffentlich verlaufen, vor den gewählten Vertretern des Volkes; die Debatte muss klaren Regeln folgen, die eine strukturierte Gegenüberstellung der Argumente und einen umfassenden Überblick über mögliche Auswirkungen einer bestimmten Entscheidung ermöglichen. Die rhetorische Begabung der Redner, Eloquenz und politische Finessen sowie kreative Darbietungen spielen dabei gewiss eine Rolle, sind aber keineswegs ausschlaggebend. Der Sinn der parlamentarischen Debatte ist vor allem der symbolische wie der reale Vollzug sowie die Sichtbarmachung politischer Entscheidungen.[28] Die parlamentarische Debatte veranschaulicht also beide Seiten demokratischer Politik: die harte politische Auseinandersetzung und die Bereitschaft, die Argumente des Gegners zu hören.[29]

Im Wiener Parlament der Habsburgermonarchie mussten die Abgeordneten stets frei sprechen, wobei sich am Rednerpult Befürworter und Gegner eines Gesetzentwurfes kontinuierlich ablösten. Auch die berühmten stundenlangen »Filibuster«-Reden wurden frei gehalten, der Abgeordnete durfte sich nur mit einem kleinen Notizzettel behelfen, auf dem er Details vermerken konnte. Grund für die Verpflichtung zur freien Rede war zum einen die Überzeugung, dass im verbalen Dialog nur das »lebendige Wort« zu einer Entscheidung führe, also schöpferisch sein kann. Andererseits sahen die geistigen Väter des Habsburger Parlamentarismus im freien Sprechen eine Garantie für die Freiheit und Autonomie der Abgeordneten. Nur ein Abgeordneter, der frei reden und seinen Standpunkt untermauern konnte, war ihrer Meinung nach authentisch. Eine abgelesene Rede stand hingegen generell unter dem Verdacht der Beeinflussung von Außen.[30]

Die Abgeordneten der alten serbischen Skupština hatten ein ähnliches Verständnis vom Sinn der Debatte wie die Wiener Parlamentarier – folglich setzten sich im jugoslawischen Parlament ähnliche Regeln dafür durch. Den Abgeordneten wurde das Wort immer in der Reihenfolge Rede und Gegenrede erteilt. Die Redner mussten sich an einen Zeitrahmen halten, wobei in der Generaldebatte den Fraktionsvorsitzenden großzügige anderthalb Stunden und einfachen

---

[28] Vgl. ebd., S. 18–23.
[29] T. Mergel, Parlamentarische Kultur, 2003, S. 23.
[30] J. Cvirn, Razvoj, 2006.

Abgeordneten immerhin eine Stunde Redezeit gewährt wurde. In der Spezialdebatte stand den Fraktionsvorsitzenden eine Stunde und den Abgeordneten eine halbe Stunde zur Verfügung. Alle waren strikt dazu angehalten, sich inhaltlich nur zum jeweiligen Tagesordnungspunkt zu äußern. Die Abgeordneten mussten außerdem frei sprechen und in der Geschäftsordnung war eigens festgehalten, dass über niemandes Privatleben gesprochen werden durfte.[31]

Damit entsprach die parlamentarische Kultur der Skupština den Geschäftsordnungen und Regelungen zahlreicher anderer europäischer Parlamente. Und doch glich die jugoslawische Volksvertretung allzu oft einem »Jahrmarkt«, entfernte sich also weit von der Idealvorstellung eines Parlaments. Dabei war die Tatsache, dass die Abgeordneten sich in der Praxis oftmals nicht an die Tagesordnung hielten, dass sie sich beim Reden alle Zeit der Welt ließen und dass sie ihre Reden manchmal ablasen, keineswegs das größte Problem.[32]

Die längsten und strittigsten, aber auch die sachlichsten Debatten waren jene über den Staatshaushalt. Die Haushaltsdebatte verlief dabei jeweils nach einzelnen Sachbereichen (Titeln), so dass die Opposition die Arbeit jedes einzelnen Ministers im Detail sezieren konnte.[33] Die Debatten über die Haushaltsentwürfe der Minister erinnerten häufig an Interpellationen, machten die Oppositionspolitiker doch scharf auf Probleme im jeweiligen Ressort aufmerksam, sprachen Fehler an, argwöhnten Korruption und nahmen für alles natürlich den politisch verantwortlichen Minister oder gleich die ganze Regierung in Haftung. Oft stand den Abgeordneten für ihre Angriffe eine reiche und vielfältige Auswahl an »Material« zur Verfügung. Deshalb forderte schon in der Provisorischen Volksvertretung, in der über die Haushaltszwölftel debattiert wurde, der damalige Ministerpräsident Stojan Protić, dass Reden, die mehr als zwei Stunden dauern und in welchen die gesamte Regierungspolitik behandelt würde, nicht in der Haushaltsdebatte stattfinden sollten.[34] Die Abgeordneten nahmen sich für die Verhandlungen stets viel Zeit, meistens die vollen zwei Monate, die die Geschäftsordnung erlaubte. Erste gegen Ende der Debattenfrist wurde regelmäßig größere Disziplin angemahnt. So beispielsweise im Jahr 1924, als der Parlamentspräsident Ljubomir Jovanović die Abgeordneten mit den Worten maßregelte: »Diese Angelegenheit können wir nur abschließen, wenn wir pünktlich erscheinen, pünktlich mit der Sitzung beginnen und eine kürzere Debatte führen.«[35]

---

[31] I. A. Pržić, Poslovnik, 1924, § 38, 40, 43.
[32] Ebd., S. 125 f. Als im März 1931 ein Abgeordneter seine Rede vorlas, empörten sich die Abgeordneten: »Er darf nicht lesen!« Der Abgeordnete entschuldigte sich mit der Erklärung, er würde nur seinem Gedächtnis auf die Sprünge helfen. Vgl. SBNSKJ, 5.3.1932.
[33] I. A. Pržić, Poslovnik, 1924, § 66.
[34] Ebd., S. 153.
[35] Vgl. ebd., S. 154.

Zum Haushalt gehörte immer auch das Finanzgesetz, das heißt eine Sammlung von Planungsansätzen und unterschiedlichsten ministeriellen Beschlüssen, Regierungsverordnungen und anderen Rechtsakten, die durch den Haushalt finanziert werden mussten. Vom Jahre 1922 an, als die erste Haushaltsdebatte nach Inkrafttreten der Verfassung stattfand, hing dem Finanzgesetz der scherzhafte Beiname »Omnibus« an, sprangen doch zahlreiche Einzelpersonen auf, die den Finanzbedarf des Staates noch um ihre eigenen Forderungen ergänzten. Das Finanzgesetz war so chaotisch, dass sich häufig nicht einmal die Minister über seinen Inhalt im Klaren waren und daher konkrete Fragen dazu im Parlament nicht beantworten konnten. Die wahren »Herren« des Finanzgesetzes waren vielmehr hohe Beamte, Amtsvorsteher und Büroleiter. Für eine kleine Gegenleistung konnten sie (beinahe) alles im Finanzgesetz unterbringen; teils mit absurden Auswüchsen: Der bekannte Abgeordnete der Radikalen Partei Stevan Janković versah das Finanzgesetz z. B. mit einer sehr eigenwilligen Auslegung, wonach die Forstwirtschaftsschule im französischen Nancy, die sein Sohn Đura während des Ersten Weltkriegs absolviert hatte, der Belgrader Fakultät für Land- und Forstwirtschaft gleichgestellt wurde.[36] Auf diese Weise konnte Đura zum höheren Staatsbeamten ernannt werden, was ihm wiederum den Weg in die Politik ebnete. Er wurde Abgeordneter und erhielt in der Regierung Milan Stojadinovićs 1935 sogar ein Ministeramt. Erst als Minister ohne Ressort, später dann zuständig für das Forst- und Bergwesen. In der Partei JRZ machte er Karriere als Propagandachef[37] – und all das dank seines Vaters und des allmächtigen Finanzgesetzes. Ab dem Jahr 1941, in dem Jugoslawien okkupiert wurde, unterstützte er General Milan Nedić und seine Marionettenregierung.

Dass die Feststellung des Budgets eine anspruchsvolle und umfangreiche Aufgabe und die Haushaltsdebatte hart und anstrengend war, lässt sich an einer Anekdote aus der ersten Haushaltssitzung im Jahr 1922 zeigen: Es war Samstagabend 20 Uhr als der Haushalt des Postministeriums aufgerufen wurde. Minister Žarko Miladinović hatte sich sehr gewissenhaft auf sein Exposé vorbereitet, und es war abzusehen, dass er zwei Stunden lang sprechen würde. Die Abgeordneten hingegen waren von den vorangegangenen Beratungen abgekämpft und müde und wollten nur noch nach Hause. Die Beratung zu vertagen war aber nicht möglich, denn der Haushalt musste dringend beschlossen werden. Der kroatische Oppositionspolitiker Stjepan Barić meldete sich also zu Wort und stellt im Namen der Opposition fest, dass Post, Fernsprechwesen und Telegrafie ein »komplettes Durcheinander« seien und dass man darüber besser schweigen solle oder aber eine mehrere Wochen andauernde Debatte

---

[36] I. Ribar, Politički, 1948, S. 48 f.
[37] T. Stojkov, Vlada, 1985, S. 57 f.

führen müsse. Als Zeichen ihres Protests gegen die beklagten Zustände verkündeten die Oppositionsabgeordneten außerdem, die Sitzung verlassen zu wollen. Sie bedachten den Minister mit einem missbilligenden Blick und gingen tatsächlich nach Hause. Im Sitzungssaal verblieben nur die Abgeordneten der Regierungsmehrheit, die den Kollegen der Opposition neidisch hinterherblickten, um dann mit den Worten auf den Minister loszugehen: »Sprich ja nicht, wenn keine Oppositionspolitiker anwesend sind!«. Der beklagenswerte Minister wagte es anschließend nicht mehr, sich zu Wort zu melden. Die Debatte war damit beendet und nur noch die Abstimmung fällig. Da genügend Regierungsabgeordnete anwesend waren, konnte der Haushalt des Postministeriums beschlossen werden.[38] Ribar schloss die Sitzung und die Abgeordneten gingen nach Hause.

Durch die Debatte in der Skupština – und insbesondere die Haushaltsdebatte – wurden verschiedene Problemlagen der jugoslawischen Gesellschaft sichtbar – der Puls der »Nation« war hier deutlich vernehmbar. Gleichzeitig missachteten die Redner häufig die Regeln angemessenen Verhaltens, wurden beleidigend, destruktiv oder gar gewalttätig. Das Unvermögen, einen tragfähigen politischen Kompromiss zu finden, wurde offensichtlich. Die Parlamentarier der Skupština begegneten sich nicht »gentlemanlike«, wie es in den Gängen von Westminster üblich war, sondern ergingen sich oftmals in übler Verleumdung des Gegners oder gar offenen Drohungen. Das Grundübel des jugoslawischen Parlamentarismus war nicht die Debattenpraxis als solche und auch nicht die gelegentlichen Ausbrüche von Krawall und Geschrei, problematisch war die Art, *wie* und unter welchen Voraussetzungen sie geführt wurde: Den parlamentarischen Ton prägten nämlich von Anfang an Respektlosigkeit und persönliche Beleidigungen.

Im Jahr 1924 verfasste Ilija A. Pržić, ein junger Assistent an der Belgrader Universität, ein einzigartiges Nachschlagewerk mit dem langweiligen und unprätentiösen Namen »Die Geschäftsordnung der Nationalversammlung des Königreichs der Serben, Kroaten und Slowenen mit Erläuterungen aus der parlamentarischen Praxis und Rechtsvorschriften« (*Poslovnik Narodne skupštine Kraljevine Srba, Hrvata i Slovenaca sa objašnjenjima iz parlamentarne prakse i zakonskim odredbama*).[39] Der frisch promovierte Pržić, später angesehener Professor für Völkerrecht, dessen Leben in den ersten Tagen nach der Befreiung Belgrads im Jahre 1944 in einem Schusswechsel im Vorort *Banjica* endete, sammelte in diesem 264 Seiten umfassenden Buch Beispiele für die praktische Umsetzung jedes einzelnen Artikels der Geschäftsordnung. Das Werk ist dadurch eine ergiebige Quelle für die Erforschung der Parlamentsrechtsgeschichte und

---

[38] I. Ribar, Politički, 1948, S. 50.
[39] I. A. Pržić, Poslovnik, 1924.

illustriert diese durch Beschreibungen zahlreicher konkreter Situationen aus der parlamentarischen Praxis. In der Manier eines vorbildlichen österreichischen Beamten reihte Pržić unzählige Begebenheiten und Äußerungen aneinander – darunter bürokratisch-langatmige und interessante, alltägliche und ungewöhnliche, seltene und häufig vorkommende. Besonders ausführlich und in einem eigenen Kapitel widmete er sich außerdem den »Disziplinarstrafen«.[40]

Interventionen des Vorsitzenden der Skupština, Ordnungsrufe und Ermahnungen der Abgeordneten, Wortentzug, Sitzungsausschluss und Unterbrechungen von Sitzungen – all das prägte in großer Regelmäßigkeit die Arbeit im Parlament. Allein die Statistik der Anwendung der Geschäftsordnung macht auf dieses Merkmal der Parlamentsdebatten im Königreich SHS in dessen Anfangsjahren aufmerksam. Die Reden waren bei aller Ernsthaftigkeit, Schärfe und Argumentation oft respektlos, ebenso die Reaktionen darauf. Die politische Leidenschaft, ein wesentlicher Bestandteil jeder guten Politik, machte jedenfalls vor keiner Würde des Parlaments halt. Pržić schloss seiner Geschäftsordnung daher auch ein kurzes Verzeichnis mit unparlamentarischen Ausdrücken an, das nach wenigen Jahren beachtliche 74 Einträge umfasste.

So beschimpfte man einander mitunter als »Vagabunden«, als »unverschämt« oder »Fettwanst«, »Krawallbruder«, »Verräter«, »Nichtsnutz«, »Schuft«, »Kanaille« oder »Lump«. Besonders beliebt waren Sätze, in denen man den politischen Gegner der »Lüge« bezichtigte, ebenso die Ausdrücke »Dieb« oder »Gauner«. Die katholischen Abgeordneten wurden von ihren Kontrahenten gerne als »der Klerus«, die katholischen Geistlichen als »Pfaffen« diffamiert. Manche Aussagen waren offene Drohungen, z. B. »Ich reiß' dir die Gedärme raus«, manche beleidigend, wie etwa »Wer nicht alle Tassen im Schrank hat, sollte lieber nicht reden«, und manche grotesk, wie der Vorwurf eines Abgeordneten gegen seinen Kollegen: »Du warst ein Koch!« Dies entsprach zwar den Tatsachen, doch galt es eben als unparlamentarisch, in einer Debatte über das »außerparlamentarische« Leben von Abgeordneten zu sprechen.[41]

Jedes Mal, wenn ein Abgeordneter sich solcher Ausdrucksweisen bediente, folgte darauf eine heftige Reaktion. Es gab kaum eine Sitzung, in der der Präsident nicht die Glocke schwang und schrie: »Ich bitte um Ruhe!« Der ohrenbetäubende Lärm in den Reihen der Abgeordneten legte sich aber auch dann selten. Die unermüdlichen und gewissenhaften Parlamentsstenografen schrieben eifrig jedes gesprochene Wort, jede Verbalattacke und sämtliche Stimmen aus dem Hintergrund auf, insofern diese noch verständlich waren. Stehende Redewendungen waren »Lärm«, »Geschrei«, manchmal »Krach«, nicht selten auch

---

[40] Ebd., § 96–105.
[41] Ebd., S. 247–255.

»heftiges Geschrei und Lärm«. In solchen Fällen ging alles im Stimmengewirr unter, alle schrien durcheinander und der Parlamentspräsident musste die Sitzung – in der Regel für zehn Minuten – unterbrechen.[42] Meist genügte diese kurze Unterbrechung, damit die Leidenschaften sich abkühlten und die Abgeordneten ihre Arbeit fortsetzen konnten – zumindest bis zur nächsten Unterbrechung. Die Unruhe ging mitunter gar nicht (unmittelbar) vom Redner aus, sondern brach spontan in den hintersten Abgeordnetenreihen aus. So kam es während einer Rede des Abgeordneten Stevan Mihaldić im Juli 1922 plötzlich zu einem Tumult, der durch ein Geplänkel der Abgeordneten Sima Šević und Mihaijlo Vidaković im hinteren Bereich des Sitzungssaals angefacht worden war. »Sie lügen, Sie sind ein Schurke!«, schrie Šević. Vidaković bedrängte Šević daraufhin körperlich, wobei ihm seine Kollegen sekundierten. Parlamentspräsident Ribar musste die Sitzung unterbrechen.[43]

Nach 1925 wurde die Arbeit der Skupština, bei immer hitzigeren Debatten, zusehends schwieriger. Die Oppositionsabgeordneten zeigten sich frustriert, waren sie doch an den Staatsangelegenheiten praktisch nicht mehr beteiligt. Wegen der unsicheren Verhältnisse innerhalb der Parteien der Regierungskoalition wurden Regierungskrisen außerhalb des Parlaments beigelegt und dabei die Abgeordneten über das Geschehen lediglich informiert. Je mehr das Parlament in den Hintergrund trat, desto bedeutender wurde die Rolle des Monarchen, König Aleksandar Karađorđević.[44] Nach den Parlamentswahlen 1927 verstärkte sich dieser Eindruck noch, als in der Skupština nur noch Gift und Galle gespuckt wurde. Die Auseinandersetzungen mündeten nun immer häufiger in Gewaltexzessen. Milan Stojadinović, späterer Premierminister, schrieb dazu rückblickend in seinen Memoiren:

> »Die Atmosphäre in der Narodna Skupština war seit langer Zeit äußerst angespannt. Die Beziehungen zwischen der Regierung und der Opposition, die von zwei äußerst impulsiven und rücksichtslosen Chefs, wie es Radić und Pribićević waren, angeführt wurden, hätten kaum schlechter sein können. Alle schlechten Angewohnheiten, die im österreichischen und im ungarischen Parlament vorgeherrscht hatten, hatten sich auch in die Belgrader Nationalversammlung eingeschlichen. Wir Serben, mit unserer alten Narodna Skupština, waren derartige Szenen, in denen die Abgeordneten ihre Pultdeckel zuschlugen bis sie auseinanderbrachen, herumschrien, Lärm machten, um einen Abgeordneten vom Reden abzuhalten, übelste persönliche Beleidigungen fielen und so weiter, nicht gewohnt.«[45]

---

[42] Vgl. etwa SBNSKSHS, »90. redovna sednica«, 6.7.1922, S. 261 f.
[43] SBNSKSHS, »91. redovna sednica«, 7.6.1922, S. 286.
[44] B. GLIGORIJEVIĆ, Parlament, 1979, S. 225–230.
[45] M. M. STOJADINOVIĆ, Ni rat ni pakt, 1970, S. 252.

Obwohl die Belgrader Skupština also längst dafür berüchtigt war, Schauplatz von Vulgarität, von vor Primitivität strotzender Wortgefechte, von Schreiereien, Tumulten und persönlichen Beleidigungen zu sein, gab es auch hier noch Vorkommnisse, die den heimischen Medien skandalös erschienen.

Am Freitag, den 25. Februar 1927, prangte auf den Titelseiten aller jugoslawischen Zeitungen nur ein Wort: »Skandal«. Sei es der liberale *Jutro*, der katholische *Slovenec* oder die Belgrader *Politika*: alle Redaktionen waren sich ungeachtet politischer und nationaler Differenzen in ihrem Urteil einig[46]: Am Vortag hatte sich ein Skandal ereignet, wie ihn die jugoslawische Welt noch nicht erlebt hatte. Ein Skandal, dessen Schauplatz das Parlament war. Dass es tatsächlich um Außergewöhnliches ging, bestätigten nicht nur die mit den Zuständen in der Skupština vertrauten Parlamentskorrespondenten, sondern auch die Auslandspresse. So titelte die renommierte Wiener *Neue Freie Presse* noch am selben Tag in dicken Lettern: »Eine beispiellose Szene in der jugoslawischen Skupschtina« und bewertete die Geschehnisse wie folgt: »[A]lle Beispiele solcher Entblößungen aus dem Altertum, sie waren doch nur Episoden, nicht zu vergleichen mit dem Schauspiel, das gestern in der Skupschtina geboten wurde.«[47]

Die unterschiedlich ausführlichen Zeitungsberichte erzählten im Wesentlichen dieselbe Geschichte; nur in Details, Akzentuierung und Zuspitzung unterschieden sie sich hier und da. Der Skandal hatte sich ereignet, als an diesem Tag eine Debatte über die Interpellation des Innenministers Božidar Maksimović stattfand, der auch *Kundak* (»Gewehrkolben«) genannt wurde. Zahlreiche Zeugenaussagen von Begegnungen mit der ihm unterstellten Polizei dokumentieren, dass er diesen Beinamen nicht ohne Grund trug. Die Polizeigewalt war auch ein zentraler Gegenstand der Interpellation. Das Interesse war groß, die Abgeordneten saßen dicht gedrängt auf ihren Bänken, ebenso überfüllt waren die Galerien und die Diplomatenloge. Es fehlte auch nicht an herausgeputzten Damen – über deren Reaktionen betreffend den Vorfall später zahlreiche, zumeist erfundene Details kursierten.

Die Stimmung war von Anfang an angespannt. Während die Interpellation verlesen wurde, waren laufend Zwischenrufe und Provokationen zu hören und es gab tumultartige Szenen. Als Minister Maksimović ans Rednerpult trat, um seine Antwort zu präsentieren, verlagerte sich der Lärm auf die Gänge der Skupština. Ein lautstarker Streit war zu hören, der die Aufmerksamkeit vom Geschehen im spannungsgeladenen Sitzungssaal ablenkte. Alle drehten sich zur

---

[46] »Nečuven škandal v Narodni skupščini«, in: JUTRO, 25.2.1927; »Gol človek v Narodni skupščini«, in: JUTRO 26.2.1927; »Žalosten dogodek«, in: SLOVENEC, 25.2.1927; »Vpijoča dejstva«, in: SLOVENEC, 26.2.1927; SLOVENSKI GOSPODAR, 3.3.1927; »Skandal u Narodnoj skupštini«, in: POLITIKA, 25.2.1927.

[47] »Eine beispiellose Szene in der jugoslawischen Skupschtina«, in: NEUE FREIE PRESSE, 25.2.1927.

Tür um, die sich nun öffnete. Auf engem Raum zusammengepfercht standen
Abgeordnete von Davidovićs Demokratischer Partei, darunter die zwei ehemaligen Minister, Živojin Rafajlović und Risto Jojić, und riefen: »Eine Schande!«,
»Grauenhaft!« und »Nieder mit der Regierung!« Auf ihren Händen trugen
sie einen von Blessuren übersäten, blutenden Mann. Der Vorsitzende Marko
Trifković, nun weit abseits vom Zentrum des Geschehens, schwang die Glocke
und rief: »Ich bitte um Ruhe, meine Herren! Dies ist die Skupština!«, doch niemand hörte ihm zu. Alle beobachteten staunend das einzigartige Schauspiel, das
sich ihnen bot. In der Mitte des Sitzungssaals der Skupština stand der Mann
nun in zerrissenen Kleidern und mit gesenktem Kopf. Die Oppositionspolitiker,
die ihn dorthin gebracht hatten, entkleideten ihn vor allen Anwesenden, hoben
ihn empor und trugen ihn zur Regierungsbank. Das Bild des blutenden Körpers
verband sich mit hysterischen, von den Galerien kommenden Schreien. Ab und
zu konnte man die Opposition hören: »Das ist Ihr Werk! Dies ist der Beweis!«

Der so zugerichtete Mann war Jovan Ristić, ein Belgrader Gemeindebediens-
teter, der zufällig und ungewollt zum »Helden« des Skandals wurde. Am Vortag
hatte er in einem Kaffeehaus mit einem Freund politisiert, wobei sie zufällig auf
den berüchtigten Kommissar Sokolović der Polizei von Topčider gestoßen waren. Nach einem kurzen Wortgefecht hatte Sokolović ihn abgeführt und dann
mit ihm »abgerechnet«. Als am nächsten Morgen Davidovićs Abgeordnete davon erfuhren, gelang es ihnen, den Gefangenen aus der Haft zu befreien und
ihn ihm Sinne der beabsichtigten Interpellation zu instrumentalisieren: der zu-
sammengeschlagene Ristić, aus Nase und Augen blutend, wurde zur »lebendi-
gen Illustration« ihres Vorwurfs der Polizeiwillkür

Selbst in den gemäßigteren Kommentaren hieß es, dass »das Ereignis die formalen Grenzen des im Parlament Zulässigen überschreitet und ein schlechtes
Licht auf die Volksvertretung wirft«.[48] Dass der Skandal außerdem einen weiteren, gewalttätigen Höhepunkt der sich ingesamt zuspitzenden politischen Lage
darstellte, konstatierte mitunter die liberale Tageszeitung *Jutro*, die den verschiedenen Ministern bescheinigte, dass ihnen während der außer Kontrolle gera-
tenen Sitzung die Angst ins Gesicht geschrieben stand bzw. Ministerpräsident
Uzunović mitunter »leichenblass« gewesen sei.

4. Konsolidierung und Konflikt während der Dreißigerjahre

Die Bänke der neuen »postdiktatorischen« Skupština, deren Unterbringung im
Theater Vračar Symbolcharakter hatte, besetzten in der ersten Hälfte der 1930er

---

[48] »Nečuven škandal v Narodni skupščini«, in: Jutro, 25.2.1927.

Jahre königstreue Anhänger. Aber wurden deshalb die neuen Bestimmungen der Geschäftsordnung über Ordnung und Disziplin in den Sitzungen stärker berücksichtigt? Tatsächlich verliefen die Plenarsitzungen weitgehend ereignislos, meist jubelte man in der Skupština einstimmig König Aleksandar zu, begrüßte die »Jugoslawische Einheit« und feuerte pathetische Redner an. Nicht selten hielten die Berichte »langandauernden Beifall und tosenden Applaus«[49] fest. Nur wenn gelegentlich einer der kritischeren Abgeordneten auf eine Verfehlung oder eine Unregelmäßigkeit hinwies, kam es zu Zwischenrufen und wütenden Wortwechseln.[50] Dabei tat sich Alojzij Pavlič hervor, ein kontroverser, oft unverstandener Exzentriker. Im Oktober 1932 beschuldigte er Bildungsminister Kojić einer schädlichen Politik und forderte dessen Rücktritt,[51] einen Monat später ging er auch auf Minister Albert Kramer los. Obwohl er mit seinen Thesen meist ziemlich allein dastand, löste er stets Reaktionen unter den Abgeordneten der Regierungsmehrheit aus.

Im November 1932, während der Weltwirtschaftskrise, die das Königreich Jugoslawien besonders schwer belastete, eröffnete Pavlič seine Rede mit den Worten:

> »Keine Regierung auf dem Erdball, außer der unsrigen im armen Königreich Jugoslawien, hat Minister ohne Portefeuille. Daher fordere ich die Minister ohne Portefeuille, an ihr patriotisches Gefühl appellierend, auf, ihr Ministeramt niederzulegen, damit das eingesparte Geld an die Hungrigen und Arbeitslosen gehen kann.«

Dann kritisierte der Slowene seinen Landsmann, den Minister ohne Ressort, Albert Kramer. Dieser war zu jenem Zeitpunkt nicht im Sitzungssaal anwesend, was erste Missfallensäußerungen, Zwischenrufe und Proteste auslöste. Der Vorsitzende der Skupština, Kosta Kumanudi, ermahnte den Redner ein erstes Mal. Pavlič aber fuhr fort: »Die Intellektuellen, die Arbeiter und die Bauern mögen Dr. Kramer nicht«, woraufhin erneut heftig protestiert wurde. Mit jedem Satz, den Pavlič sprach, nahm der Lärm zu. Als Kumanudi die Abgeordneten erneut zur Ordnung rief, ertönte von ein »Pultdeckelkonzert«. Kramers Vertreter Ivan Urek und Rasto Pustoslemšek riefen: »Das ist kriminell!«, und lösten damit Wortgefechte aus, bis Kumanudi die Sitzung unterbrechen musste – ganz so wie früher.[52] Am folgenden Tag ging es nahtlos weiter, als Kramers Anhänger versuchten, den Schaden wiedergutzumachen und eine Stellungnahme abgaben, die ihre

---

[49] SBNSKJ, »11. redovna sednica«, 25.1.1932, S. 23.
[50] SBNSKJ, »15. redovna sednica«, 29.2.1932, S. 158.
[51] SBNSKJ, »56. redovna sednica«, 19.10.1932, S. 105 f.
[52] SBNSKJ, »9. redovna sednica«, 17.11.1932, S. 108 f.

Missbilligung zum Ausdruck brachte und Alozij Pavličs Angriff als feige verurteilte. Der Wortlaut der Stellungnahme stachelte die wenigen Regimekritiker an
und erneut wurde es sehr laut. Der amtierende Vorsitzende der Skupština, Vizepräsident Kosta Popović, musste die Sitzung zum zweiten Mal innerhalb von
zwei Tagen unterbrechen. »Meine Herren Abgeordneten«, flehte Popović, als
die Sitzung schließlich fortgesetzt wurde, »ich bitte Sie, die Würde der Narodna
Skupština zu wahren und von ähnlichen Vorfällen in diesem Gebäude Abstand
zu nehmen, denn jeder Zwischenfall schadet dem Ruf der Skupština und jedem
Einzelnen von uns.«[53] Mit ähnlichen Worten hatte schon im Jahre 1922 der damalige Präsident Ivan Ribar die Disziplin der Abgeordneten beschworen.

Der Abgeordnete Pavlič debattierte auch während seiner restlichen Mandatszeit in unverkennbarem Stil. Er kritisierte, zeigte Missstände auf und sprach von
Dingen, die mit der Tagesordnung nichts zu tun hatten. Seinen Kollegen ging
er zunehmend auf die Nerven. Im November 1933 wurde er sogar durch Zwischenrufe und Proteste seitens der Opposition unterbrochen, obwohl er dieser
selbst angehörte. Als dann auch noch die Regierungsmehrheit in den Unmut gegen Pavlič einstimmte, erinnerte die Situation erneut an die 1920er Jahre. Die
Stenografen notierten: »Schlagen auf Pulte, Proteste und Zwischenrufe: ›Schluss
damit, Schluss!‹«. Auf Vorschlag des Vizepräsidenten Dragutin-Karlo Kovačević
wurde Pavlič für sein Verhalten schließlich mit einem Ausschluss von fünf Sitzungen bestraft.[54]

Neben der Person Pavličs sorgte 1933 zudem der Versuch einer wie beiläu-
figen Einführung des Frauenwahlrechts für erhitzte Gemüter: Am 16. Februar
1933 herrschte Unruhe wegen des Berichts eines Ausschusses, der über den
Entwurf eines neuen Gemeindegesetzes berichtete. In dem langen Dokument
wurde das neue Konzept von Aufgabe und Bedeutung der Gemeinde genau
unter die Lupe genommen, ebenso die Zusammensetzung der Gemeindeaus-
schüsse, die Zuständigkeiten, die Bedingungen für die Gründung von Gemeinden und für Flurbereinigungen – und das Wahlrecht. Miloslav Stojadinović, der
Berichterstatter des Ausschusses, erklärte, dass nach dem Gesetzesentwurf auf
Gemeindeebene alle Einwohner wählen dürften, die im Wählerverzeichnis ein-
getragen waren – ein Standardsatz mit einer bedeutenden Fortsetzung: »Meine
Herren, im Ausschuss zeichnete sich die Meinung ab, dass auch Frauen das
Wahlrecht erteilt werden sollte.« Sofort ertönten unzählige Zwischenrufe und
Kommentare. Der Vorsitzende musste die Abgeordneten ermahnen, den Redner
nicht zu stören. Daraufhin erläuterte Stojadinović die Idee mit Ruhe und Eifer:
»Ich weiß, dass derartige Diskussionen sowohl Zustimmung als auch Ablehnung

[53] SBNSKJ, »10. redovna sednica«, 18.1.1932, S. 119 f.
[54] SBNSKJ, »5. redovna sednica«, 15.11.1933, S. 74.

hervorrufen. Das liegt in der Natur der Angelegenheit.« Er erinnerte seine Kollegen daran, dass das Wahlrecht für Frauen verfassungskonform sei. In der oktroyierten Verfassung sei festgehalten, dass das Frauenwahlrecht durch ein eigenes Gesetz geregelt werde. Der Redner betonte, dass auch in »kultureller und nationaler« Hinsicht vieles für Gleichberechtigung spreche. Er erwähnte mögliche Kompromisslösungen – etwa, dass nur eine begrenzte Anzahl selbstständiger Frauen das Wahlrecht erhalten könnten –, woraufhin ihm mit verbalen Attacken und ablehnenden Kommentaren geantwortet wurde. Der Abgeordnete Dragović rief dazwischen: »Frauen haben mehr Courage als Menschen!«, worauf im Sitzungssaal schallendes Gelächter ertönte.[55] Die Mehrheit der Abgeordneten lehnte Überlegungen zur Einführung eines wie auch immer gerarteten Frauenwahlrechts entschieden ab. Angesichts all der Schwierigkeiten, mit denen das Land zu kämpfen hatte, überrascht diese Einstellung nicht.[56]

Die Periode der relativ ruhigen Sitzungen in der Skupština währte jedoch nicht lange. Sie endete Mitte der 1930er Jahre, nachdem unter dem Patronat des Cousins des Königs, Pavle Karađorđević, das Kabinett Milan Stojadinović, Anton Korošec und Mehmed Spaho gebildet worden war. Das Dreiergespann, insbesondere Ministerpräsident Milan Stojadinović, sah sich in der Skupština einem Kreuzfeuer ausgesetzt, das von den leidenschaftlichen Anhängern des Vorgängerregimes unter General Petar Živković ausging. Diese waren zwar in der Minderheit, doch gerade deshalb trieben sie ihre Obstruktionspolitik häufig auf die Spitze und schafften damit eine Atmosphäre, die derjenigen des Wiener Reichsrats in seinen letzten Jahren sehr nahe kam. Da sie auf der linken Seite des Sitzungssaals der Skupština saßen, wurden sie als »die Linke« bezeichnet.[57] Erneut blieb das parlamentarische Prozedere der Skupština im allgemeinen Lärm und Krawall stecken und Sitzungsunterbrechungen waren an der Tagesordnung. Am 18. Februar 1936 schrieb ein Parlamentsstenograf in Klammern: »Empörter, wütender Protest der Linken. – Abgeordnete der Linken und der Rechten stehen aufgeregt von ihren Plätzen auf, gehen aufeinander zu und diskutieren sehr wütend. – Starker Lärm und Streit einzelner Abgeordneter der Linken und der Rechten untereinander.«[58] Die Atmosphäre unterschied sich kaum noch von jener im Jahr 1928, es herrschte Chaos und unerträgliches Geschrei. Jovan Gašić, Stojadinovićs Büroleiter, schildert eine der Sitzungen der Skupština wie folgt:

---

[55] SBNSKJ, »26. redovna sednica«, 16.2.1933, S. 103–120.
[56] Zu den Positionen slowenischer – insbesondere liberaler – Politiker bezüglich des Wahlrechts für Frauen vgl. J. PEROVŠEK, O demokraciji, 2013, S. 77–83 sowie die dort angeführte Literatur, zur politischen Gleichstellung der Frauen in Europa und den USA: T. KAISER / A. SCHULZ (Hrsg.), »Vorhang auf!«, 2022.
[57] T. STOJKOV, Vlada, 1985, S. 125–134.
[58] SBNSKJ, »14. redovna sednica«, 18.2.1936, S. 198.

»Die Sitzung wird in einer Stunde fortgesetzt. Die Linke wirbelt und fordert eine na-
mentliche Abstimmung. Sekretär Mulalić versucht, in dem Lärm zu sprechen, doch es
gelingt ihm nicht, und er legt seine Ämter nieder. Danach verlässt Mulalić seinen Platz
und verschwindet in den Gängen der *Skupština*. [...] Der Aufruhr dauert eine Viertelstunde lang an, es ist unmöglich zu arbeiten. Präsident Ćirić schließt die Sitzung
um 1.20 Uhr und kündigt ihre Fortsetzung für 10 Uhr des nächsten Tages an. – Nach
Schluss der Sitzung protestiert Drag. Milanović in der Mitte des Saals und verbrennt
ein Exemplar der Zeitung *Vreme* [Eine halboffizielle Wochenzeitung der Regierung,
J. G.].«[59]

Jovan Gašićs Bericht entstand höchstwahrscheinlich im Februar 1936. Weniger als einen Monat später fielen im Parlament einmal mehr Revolverschüsse.[60]
   Die Verhaltensregeln samt den dazugehörenden Sanktionen bzw. die Geschäftsordnung, die sich die Skupština selbst in dem Bestreben gegeben hatte,
ihr Ansehen zu wahren und effizientes Arbeiten zu ermöglichen, waren im ersten Jugoslawien von großer Bedeutung. Sie war ein modernes Regelwerk, das
mit jenen der westlichen Demokratien durchaus vergleichbar war.[61] Die Gründe
für die fehlende Ordnung und Disziplin im ersten jugoslawischen Parlament
sind daher auch weniger in den Bestimmungen der Geschäftsordnung zu suchen, als in der gespannten Atmosphäre und in einer spezifischen politischen
Kultur, die maßgeblich durch das kulturelle und politische Erbe der Gebiete,
die sich zu einem jugoslawischen Staat zusammengeschlossen hatten, geprägt
war. Die parlamentarische Kultur war Ausdruck eines geradezu wörtlich genom-
menen Verständnisses von Demokratie und einer sehr eigenwilligen Auffassung
von parlamentarischer Praxis.
   Als der tschechische Philosoph und Staatsmann Tomáš Garrigue Masaryk in
den Jahren vor dem Ersten Weltkrieg seinen Demokratiebegriff entwickelte,
fasste er diesen in dem bekannten, aber oft falsch verstandenen Satz zusammen:
»Domakracie – toť diskuse«, also: »Demokratie ist Diskussion.« Damit wollte er
sagen, dass Demokratie nicht nur formal im allgemeinen und gleichen Wahlrecht existiert, sondern in der gesellschaftlichen Kommunikation täglich statt-
findet. Doch war Masaryk gleichzeitig bewusst, dass Demokratie nur unter der
Voraussetzung einer toleranten Gesellschaft bestehen kann.[62] Nur unter dieser
Bedingung lässt sich das Ideal eines kultivierten Dialogs verwirklichen. Dagegen kann eine bloß formale Praxis von Demokratie zu zahlreichen Problemen
führen, wie das sowohl im ersten Jahrzehnt nach der Gründung Jugoslawiens als
auch nach dem Zerfall von Titos Jugoslawien exemplarisch der Fall war.

---

[59] T. STOJKOV, Vlada, 1985, S. 128.
[60] Siehe hierzu das Unterkapitel: Das Attentat auf Ministerpräsident Stojadinović.
[61] M. WEIGEL, Lehre, 1909.
[62] D. KOVÁČ, Demokracia, 2008, S. 349 f.

ABBILDUNG 16 Im Jahr 1936 amtierte der serbische Politiker Stevan Ćirić als Präsident der Skupština [unbekann-
ter Fotograf, 1936]. Während zuvor vor allem
Porträtaufnahmen üblich waren, zeigen Fotografien der Zwischenkriegszeit Politiker häufiger in
Alltagssituationen. © Muzej novejše zgodovine
Slovenije, Fotothek, Inv.-Nr. SL 13/14

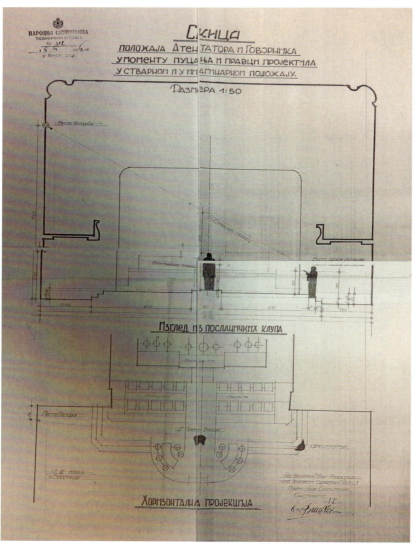

ABBILDUNG 17   Rekonstruktion des Attentats auf Ministerpräsident Milan Stojadinović, angefertigt vom Leiter der technischen Abteilung Inž. Vladislav Čeh (März 1936). Der obere Teil der Skizze zeigt die Position des Schützen und die des Redners bzw. von Täter und Opfer. Die untere Hälfte veranschaulicht die Sicht von den Abgeordnetenbänken aus. Die forensische Skizze wurde von einem Mitarbeiter des Parlaments angefertigt, da dieses alleine befugt war, die Ermittlungen zu leiten. Das Parlament hatte einen eigenen Sicherheitsdienst, das Gebäude selbst wurde von Gendarmen bewacht, die dem Parlamentspräsidenten unterstellt waren.
© Arhiv Jugoslavije, »Narodna skupština« 72

Viertes Kapitel

Das Ende der Debatte: Gewalt im Parlament

Beschimpfungen, Lärm und allgemeiner Krawall gingen in der Skupština oftmals in Schlägereien über. Beschäftigt man sich mit den stürmischen und mit Leidenschaft geführten Sitzungen in dieser Zeit, so entsteht der Eindruck, dass gelegentliche Prügeleien sogar erwartet wurden; sie entsprachen dem Bild, das sich die Öffentlichkeit vom jugoslawischen Parlamentarismus gemacht hatte. Die gewählten Abgeordneten, darunter ehemalige hohe Beamte, Funktionäre, Professoren, Advokaten und Bauern sowie Geistliche, verliehen ihren Argumenten dadurch manchmal auf eine sehr direkte und persönliche Art und Weise Nachdruck.

Besonders angespannt war das Klima im Parlament, wenn Abgeordnete das Thema Korruption ansprachen. Am 22. Juli 1922, bei einer der laut einem Zeitungsbericht bislang »stürmischsten« Parlamentssitzungen, brachte Janko Šimrak, ein Abgeordneter des oppositionellen Jugoslawischen Klubs, einen dringlichen Antrag ein, der bei der Mehrheit der Abgeordenten auf wenig Gegenliebe stieß.[1] Er wies seine Abgeordnetenkollegen auf den Versuch der Bestechung einiger Parlamentsmitglieder im Zusammenhang mit der Abstimmung über eine Staatsanleihe hin und schlug die Einrichtung eines eigenen Parlamentsausschusses sowie die Vertagung der Abstimmung vor. Die Regierung reagierte zunächst nicht auf den Vorschlag, es ertönten nur einige Zwischenrufe. Schließlich stimmte Finanzminister Kumanudi der Einrichtung eines Untersuchungsausschusses ohne Vorbehalt zu, lehnte die Verschiebung der Abstimmung jedoch strikt ab, auch weil der Staat dringend Geld benötigte. Die Stellungnahme des Ministers versetzte die Abgeordneten des Jugoslawischen Klubs und des Bauernbunds allerdings derart in Aufruhr, dass sich der Saal innerhalb kürzester Zeit in eine Art Bazar verwandelte: Geschrei und hitzige Diskussionen brachen aus. Slowenische katholische Herren und Hausbesitzer, serbische Bauern, muslimische *Beys* und kroatische Intellektuelle – alle schrien sich gegenseitig wütend an: »Vor Gericht mit euch!«, »Anscheinend seid ihr alle korrumpiert!«, »Wo sind eure Schmiergelder?!« Die Empörung schaukelte sich so hoch, dass der Vorsitzende die Sitzung für eine Viertelstunde unterbrechen musste. Doch auch während der Pause legte sich die Aufregung nicht. Die Abgeordne-

---

[1] »Burna seja narodne skupščine«, in: SLOVENEC, 23.7.1922.

ten zogen sich weder in ihre Klubräume zurück noch entspannten sie sich bei einem kühlen Getränk in der Parlamentskantine. Sie blieben im Plenarsaal, wo die turbulente Szene sich fortsetzte. Mit Handgreiflichkeiten war jederzeit zu rechnen.

Schließlich gelang es, die Sitzung – lediglich unterbrochen durch Zwischenrufe einiger Abgeordneter (»Die Regierungsmehrheit ist eine Räuberbande«) – fortzusetzen. Als allerdings der Oppositionsabgeordnete Moskovljević einem Mitglied der Regierungsmehrheit, das gerade eine Rede hielt, entgegnete, man müsste dieses anklagen, war es mit der Ordnung im Parlament an jenem heißen Julitag endgültig vorbei. Plötzlich sprang »ein ganzes Rudel von Regierungsabgeordneten« auf Moskovljević zu. Der Abgeordnete Magovčević packte ihn am Hals und fing an, ihn zu würgen und der Abgeordnete Vuletić schlug ihm die Brille von der Nase. Fürchterlicher Lärm und allgemeiner Krawall brachen aus. Tintenfässer, Stühle und Einzelteile der Abgeordnetenbänke flogen durch die Luft. Ein Berichterstatter der Zeitung *Slovenec* schrieb, dass die Regierungsabgeordneten in der Überzahl gewesen seien und dass es für Moskovljević daher schlecht hätte ausgehen können, »wenn ihn nicht der Abgeordnete Miladinović beschützt hätte«. Der regierungsfreundliche *Jutro* hingegen lieferte eine deutlich undramatischere Schilderung der Ereignisse, derzufolge die Sitzung erneut unterbrochen wurde und der Vorsitzende sich lange vergeblich um Ordnung im Sitzungssaal bemühte.[2]

Im Gegensatz zum turbulenten Vormittag begann die Debatte am Nachmittag zunächst überraschend ruhig. Vermutlich waren die Abgeordneten des Streites müde, auch die Hitze dürfte ihnen zugesetzt haben. Doch die Worte des ehemaligen montenegrinischen Ministers Radović, wonach die Opposition sich auf das Terrain »staatsfeindlicher Elemente« begebe, lösten erneut »ohrenbetäubenden Protest« aus. Die Abgeordneten veranstalteten ein »Pultdeckelkonzert«, woraufhin die gesprochenen Worte im Lärm untergingen. Die Sitzung wurde an diesem Tag bereits zum dritten Mal unterbrochen. Als sie fortgesetzt wurde, gaben die Oppositionsabgeordneten eine Protesterklärung ab und verließen noch vor der Abstimmung den Plenarsaal. Die Regierungsmehrheit verfügte jedoch über genügend Stimmen, um anschließend in Ruhe für die umstrittene Anleihe zu votieren, die der Abgeordnete Šimrak zu verhindern versucht hatte.

Manchmal kam es vor, dass die Abgeordneten in der Hitze des Gefechts gleich nach Sitzungsschluss miteinander »abrechneten«. Am 17. Mai 1922 gingen Abgeordnete der Radikalen Partei im Plenarsaal, den der Vorsitzende bereits verlassen hatte, auf den Abgeordneten Vojislav Lazić los und misshandelten ihn. Als Lazić' Kollege nach diesem Vorfall eine Stellungnahme von Parlamentsprä-

---

2   »Seja narodne skupščine«, in: Jutro, 23.7.1922.

sident Ljubomir Jovanović einforderte, antwortete dieser, er habe zwar auf dem Weg in seine Räumlichkeiten Unruhe und Geschrei unter den Abgeordneten bemerkt, jedoch habe er angenommen, dass es sich nur um eine der »üblichen Auseinandersetzungen« gehandelt habe, von denen es »bedauerlicherweise« viel zu viele gebe.[3] Diese fatalistische Ansicht vertrat der höchste Repräsentant des Parlaments im Jahr 1922, als die Annahme der Verfassung noch nicht einmal ein Jahr zurücklag.

Konflikte, die in tätliche Gewalt ausarteten, waren in der jugoslawischen Skupština von Anfang an »üblich«. Sie wurden wohl »bedauert«, aber offenbar auch in der Annahme akzeptiert, dass es in der Politik hier und da etwas rauer zugehe. So zumindest schien es bis zur Formierung zweier antagonistischer politischer Lager im Jahr 1927: Auf der einen Seite die Regierung, in der die Radikale Partei und die Slowenische Volkspartei dominierten, und auf der anderen die Opposition, in der das frisch gebildete Bündnis zwischen Svetozar Pribićević und Stjepan Radić namens »Bäuerlich-Demokratische Koalition« (*Seljačko-demokratska koalicija*, SDK) die Führung übernahm. Von nun an wurde Gewalt in der Skupština noch üblicher und alltäglicher, gleichzeitig wurde sie auch immer roher und destruktiver. Der Zeitraum zwischen 1927 und 1929 kann als kritische Phase des jugoslawischen Parlamentarismus bezeichnet werden, als eine Zeit, in der die Gewalt in der Skupština die öffentliche Wahrnehmung von Politik dominierte und das Vertrauen in das System der parlamentarischen Demokratie bis in die Grundfesten erschütterte.

Die Opposition war unerbittlich, wobei sie alle parlamentarischen Spielregeln bis zum Äußersten strapazierte. Im Wesentlichen setzte sie drei (wohlüberlegte) Instrumente ein: Sie machte – erstens – auf das aus ihrer Sicht unfaire Steuersystem und die soziale Ausbeutung aufmerksam, sie kritisierte – zweitens – die Polizeigewalt und die Zustände des Gefängnisses *Glavnjača* unter Leitung der Belgrader Stadtverwaltung, und sie problematisierte – drittens – die Ratifizierung der sogenannten Nettuno-Konventionen[4] mit dem benachbarten Italien. Alle Themen waren emotional hochgradig aufgeladen. Ihre verbalen Auftritte ergänzte die Opposition mit Ministeranklagen und Obstruktion, sie verlangte parlamentarische Untersuchungen und kündigte ihre totale politische Abstinenz an.[5] An gewaltsamen Vorfällen fehlte es nicht. Fast täglich wurde über das Par-

---

[3] SBNSKSHS, »9. redovna sednica«, 12.11.1923, S. 164 f.

[4] Die Nettuno-Konventionen wurden 1925 unterzeichnet und regelten die bis dahin ungeregelten Beziehungen zwischen Italien und Jugoslawien – die Wirtschaft und den Verkehr rund um die Stadt Fiume / Rijeka, Staatsbürgerschaft, Rentenansprüche, Steuern, Entschädigungszahlungen usw. Weil die Bestimmungen des Abkommens für Italien günstiger schienen, regte sich in der jugoslawischen Versammlung dagegen heftiger Widerstand; und die Ratifizierung erfolgte erst 1928.

[5] B. Gligorijević, Parlament, 1979, S. 252–256.

lament berichtet, oft in Endzeitstimmung: »Der ˌestrige Tag wird sich unauslöschbar in die Annalen unseres Parlaments einsch˞eiben – er wird von schicksalhafter Bedeutung für die weitere Entwicklung der politischen Situation sein.«[6]

ABBILDUNG 18   Das berüchtigte Gefängnis *Glavnjača*. Die dˌrt herrschenden Zustände waren häufig Gegenstand parlamentarischer Interpˌlationen. © Muzej novejše zgodovine Slovenije, Fotothek, Inv.-Nr. SL 4264

Einer dieser Tage war der 29. Februar 1928. Auf der Tagesordnung stand eine Debatte über die Verhältnisse im Gefängnis *Glavˌjača*. Die Opposition führte zahlreiche Belege für erschütternde Zustände an, die das Parlament alarmierten. In *Glavnjača* waren demnach in nur 20 Zellen ungefähr 300 Häftlinge unter schlimmsten Bedingungen interniert: dicht zusˌmmengedrängt, vom Polizeiarzt angeblich regelmäßig mit dem Tode bedroht uˌd von Gefängniswärtern laut Berichten häufig misshandelt. Das für *Glavnjača* zˌständige Regierungsmitglied, Innenminister Anton Korošec, antwortete auf dieˌe Vorwürfe lapidar, dass das Gebäude nun einmal zu klein und die Räumlichkeiten unzureichend seien.[7] Berichte über Gewalthandlungen tat er als »kommˌnistische Lügenmärchen« ab. Korošec arbeitete sich häufig argumentativ an den Kommunisten ab, die ihm als vermeintlich Verantwortliche für viele Misslichkeiten im Staat herhalten mussten.

---

6   »Sistem glavnjače tudi v Narodni skupščini«, in: SLOVENSKI NAROD, 1.3.1928.
7   »SLS v obrambi glavnjače«, in: ebd.

Die Opposition reagierte fassungslos, aufgebrachte Abgeordnete antworteten ihm mit Zwischenrufen, ein Sturm der Entrüstung erhob sich. Die Sitzung wurde zunächst unterbrochen und als es weiterging, spitzte sich die ohnehin bereits chaotische Situation noch einmal zu. Schließlich begnügten sich die Abgeordneten der Regierungsmehrheit(!) nicht länger mit einem rhetorischen Schlagabtausch, sondern wurden gegenüber den Oppositionspolitikern tatsächlich handgreiflich. Es folgte die bislang schlimmste Schlägerei im Plenarsaal der Skupština.

ABBILDUNGEN 19, 20   Svetozar Pribičević und Stjepan Radić stehen für eine unerbittlich radikale Oppositionspolitik, die regelmäßig in Gewalttätigkeiten ausartete.
© Muzej novejše zgodovine Slovenije, Fotothek, Inv.-Nr. SL 107/13 und SL 110/3

Die Hauptzielscheiben der Regierungsabgeordneten waren die Anführer der Opposition, Svetozar Pribićević und Stjepan Radić. Auf sie gingen die Abgeordneten der Radikalen Partei, Dušan Milašinović und Radko Parežanin zuerst los, doch Pernar, ein Abgeordneter von Radićs Partei, wehrte sie ab. Was dann geschah, beschreibt die Zeitung *Intro* wie folgt:

»Auf ihn [Pernar, J. G.] stürzte sich in diesem Augenblick der demokratische Abgeordnete Jovanović, auch ›Lune‹ genannt. Dr. Pernar fing den Angriff geschickt auf und mit einem heftigen Stoß schob er Jovanović weg, sodass dieser fiel und sich an einer Bank den Kopf stieß. Als er aufstand, war er blutüberströmt. Dies erhitzte die Gemüter noch mehr. Es entwickelte sich eine Schlägerei, Mann gegen Mann. Einige Radikale rissen Bänke und Stühle in Stücke und gingen auf Abgeordnete der SDK los, die gezwungen waren, sich mit den gleichen Mitteln zur Wehr zu setzen. Es entwickelte sich eine wortwörtlich blutige Schlägerei, die über 20 Minuten andauerte. Der radikale Abgeordnete Nikolić zog einen Schlagring aus der Tasche und fiel über die Gegner in seiner Nähe her, der Radikale Toma Popović schwang einen Stuhl und wollte Radić damit einen Schlag versetzen. Durch einen Schlag in den Bauch wurde er jedoch entwaffnet. Mehrere Abgeordnete gingen bei der Schlägerei zu Boden, die anderen trampelten über sie hinweg. Nach 20 Minuten fand sich kaum ein Abgeordneter mehr im Raum, der nicht blutüberströmt war.«[8]

Als die gewalttätige Auseinandersetzung in der Skupština ihren Höhepunkt erreichte, mischten sich auch noch die Journalisten ein. Eifrig sprangen sie aus der Presseloge in den Saal und schlossen sich »ihrer« jeweiligen politischen Partei an. So schlugen sich die »kritischen Federn« mit den Abgeordneten, und Ärzte verprügelten *Četniks* (königstreue Serben). Schließlich intervenierte die Parlamentspolizei, der es nur mit Mühe gelang, die Gegner voneinander zu trennen. Als das Gefecht endlich vorbei war, gab die Skupština ein trauriges Bild ab:

> »Die Verbündeten wischten sich gegenseitig das Blut ab, zogen ihre zerrissene Kleidung zurecht und schworen Rache. Einem Radikalen war die Hose komplett zerrissen, sodass er sich unter der Bank verstecken musste, bis man ihm etwas zum Anziehen brachte. Andere bandagierten sich die Köpfe mit Taschentüchern, renkten sich die verdrehten Finger ein und flickten ihre zerfetzten Kleider. Am meisten hatte ›Lune‹ Jovanović abbekommen, dessen Gesicht ganz zerschunden war und immer mehr anschwoll.«[9]

Zeitungsberichten zufolge kämpften die serbischen Radikalen beherzt für die Regierungsmehrheit, während die angeblich ängstlichen Abgeordneten der SLS diese lediglich mit »Gibs ihm!«-Rufen angefeuert haben sollen. Die Minister waren den Berichten zufolge sofort nach Beginn der Schlägerei aus dem Saal geflüchtet.

1. Die »Junikrise« und die Gewalttat eines Regierungsabgeordneten

Die Anspannung in der Skupština erreichte im Juni 1928 den Zeitungen nach »den Gipfel«. Auf eine Schlägerei folgte die nächste. Verbale Entgleisungen waren an der Tagesordnung. Der Präsident der Skupština, Ninko Perić, war, auch aufgrund seines unentschlossenen Vorgehens, in solchen Fällen meist machtlos. Unruhige Abgeordnete, insbesondere jene der Opposition, bestrafte er und schloss sie von Sitzungen aus, doch ließen sich diese nicht von ihrem Obstruktionskurs abbringen. Bei der Sitzung am 9. Juni 1928 kehrten vier ausgeschlossene Oppositionsabgeordnete in den Plenarsaal zurück und harrten dort aus Protest so lange aus, bis der Präsident die Parlamentspolizei rief. Daraufhin packten die

---

[8] »Krvavi pretepi v Narodni skupščini«, in: JUTRO, 1.3.1928.
[9] Ebd.

Gendarmen die Abgeordneten und trugen sie hinaus. Diese wehrten sich schreiend, was die regierungsfreundliche *Slovenski gospodar* zynisch kommentierte: »Ob die Schreihälse dabei auch den Knüppel zu spüren bekamen, wissen wir nicht!«[10] Das Parlament verlor zunehmend seine Funktionsfähigkeit, die parlamentarische Demokratie existierte nur noch formal. Ministerpräsident Velimir Vukićević wagte es nicht einmal, den Sitzungssaal zu betreten, geschweige denn dort zu sprechen. Sobald er die Tür zum Saal nur einen Spalt weit öffnete und die Abgeordneten ihn erblickten, brach die Opposition »in wildes Gelächter aus und beschimpfte ihn mit den entwürdigendsten Beleidigungen«.[11] Ähnlich erging es Minister Anton Korošec. Sowohl die Abgeordneten der Regierungsmehrheit als auch jene der Opposition drohten mehrmals damit, dass jeden Moment Blut fließen werde.

Der parlamentarische Betrieb war fast vollends gelähmt, Debatten endeten zumeist schon beim ersten Tagesordnungspunkt – also bei der Annahme des Protokolls der letzten Sitzung, die zu Beginn jeder Sitzung von einem Parlamentssekretär verlesen wurde, woraufhin stets despektierliche Kommentare der Opposition folgten. Die immer aggressiver agierenden Abgeordneten der Bäuerlich-Demokratischen Koalition beanstandeten jedes belanglose Detail. Mit solchen Mitteln betrieben sie Obstruktionspolitik.[12]

Gegenstand politischer Auseinandersetzungen waren auch die verschiedenen Sprachen des Vielvölkerstaates Jugoslawien. So verlangte Pavle Radić am 12. Juni 1928, das im Protokoll verwendete serbische Wort für »Galerie« (*galerija*) durch die kroatische Entsprechung (*loža*) zu ersetzen; Sekula Drljević protestierte, weil der Vizepräsident der Skupština Halid Hrasnica im Protokoll als *Bey* bezeichnet hatte – die Verwendung des türkischen Adelstitels war durch die Verfassung verboten worden. Ivan Pucelj wies bereits zum vierten Mal darauf hin, dass entgegen den Bestimmungen der Verfassung bisher nur ein einziges Protokoll in slowenischer Sprache geführt worden war.[13] Gemäß der Geschäftsordnung antworteten der Präsident der Skupština und die Sekretäre auf diese Einwände, allerdings ausweichend. Die Opposition blieb hartnäckig und konnte im »Protokollkrieg« gelegentlich sogar Erfolge verzeichnen, ohne dass sich grundsätzliche Änderungen ergaben. So beispielsweise am 13. Juni 1928, als der Sekretär Andrej Bedjanič ein slowenisches Protokoll verlas, was Ivan Pucelj zu der Bemerkung veranlasste: »Hohes Haus! Heute ist endlich der freudige Tag gekommen, an dem in einer Sitzung der Skupština erstmals ein Protokoll in slowenischer Sprache verlesen wird.« Stjepan Radić pflichtete ihm lautstark mit den Worten bei: »Nach zehn Jahren!« Der Erfolg erschien Pucelj allerdings zwei-

---

[10] »Uporne poslance so znosili iz nar. skupščine!«, in: Slovenski gospodar, 14.6.1928.
[11] I. Ribar, Politički, 1948, S. 210 f.
[12] B. Gligorijević, Parlament, 1979, S. 256.
[13] SBNSKJ, »76. redovna sednica«, 12.6.1928, S. 320–328.

felhaft, galt doch slowenisch als gleichberechtigte Protokollsprache, zudem war das Protokoll nicht in slowenisch, sondern in serbisch verfasst und nachträglich übersetzt worden. Der diensthabende Beamte hatte das Protokoll von einem jungen Stenografen ins Slowenische übersetzen lassen, was eigentlich Aufgabe des gewählten Parlamentssekretärs gewesen wäre. Auf Franc Smodej's Replik gegen Pucelj fuhr ihn dieser an: »Schweigen Sie, Knecht!« Unter dem Applaus der Opposition setzte sich die langatmige Protokolldiskussion fort, was die ohnehin angespannte Stimmung zusätzlich steigerte.[14]

Zwei Tage nach dem ›Sprachenkampf‹ brachte der Abgeordnete Puniša Račić eine Gesetzesvorlage ein, die es Abgeordneten erlauben sollte, bei Ehrverletzungen ein Duell zu fordern. Unter den vorherrschenden Umständen eine weitere Eskalation der Situation, zumal einige Abgeordnete bereits bewaffnet waren.[15] Das Duell war noch in der Habsburgermonarchie praktiziert worden, in Erinnerung geblieben war die berühmte ›Abrechnung‹ zwischen Ministerpräsident Graf Kasimir von Badeni und dem alldeutschen Abgeordneten Karl Hermann Wolf im Jahr 1897. Badeni hatte Wolf, der ihn während einer Parlamentsdebatte beleidigt hatte, zum Duell aufgefordert und war dabei selbst verwundet worden.[16] Obwohl die Abgeordneten Račićs Duellvorlage ablehnten, kam es nur fünf Tage später zu einer Auseinandersetzung, deren Hauptakteur Puniša Račić selbst war, der so auf Beleidigungen während der ›Protokoll-Debatte‹ reagierte. Vorausgegangen war

ABBILDUNG 21   Die Steyr-Hahn-M1912-Pistole mit
der Puniša Račić im Jahr 1928 in der
Skupština auf kroatische Abgeordnete
schoss. © Muzej novejše zgodovine
Slovenije, Waffensammlung, Foto:
Sašo Kovačič

[14] SBNSKJ, »77. redovna sednica«, 13.6.1928, S. 359–378.
[15] B. GLIGORIJEVIĆ, Parlament, 1979, S. 256.
[16] J. CVIRN, Razvoj, 2006, S. 225–231; M. WLADIKA, Hitlers Vätergeneration, 2005, S. 373 f.

dieser Entwicklung wiederum eine Parlamentsdebatte am 19. Juni 1928, in der Oppositionsführer Radić die Abgeordneten der Regierungsmehrheit unter anderem als »ordinäres Vieh« und den Parlamentspräsidenten als »Viehhirten« beschimpfte. Račić und seinem Kollegen Toma Popović platzte daraufhin der Kragen. Der wütende Popović brüllte mit hochrotem Kopf: »Mit der Geduld muss es ein Ende haben! Sein [Radićs, J. G.] Kopf wird eines Tages rollen! Vieh kann man nur durch Schläge Vernunft lehren. Hier werden eines Tages die Köpfe rollen! Aber nicht die Serben sind schuld, sondern sie selbst!« Račić fügte hinzu: »Wir können das nicht länger hinnehmen! Radić braucht eine Abreibung!«[17] Noch am selben Abend, gegen elf Uhr, forderte Račić den Parlamentspräsidenten schriftlich dazu auf, Radić medizinisch auf seinen Geisteszustand untersuchen zu lassen.[18]

ABBILDUNG 22   Puniša Račić, montenegrinischer Abgeordneter, aufgrund Waffengebrauchs im Parlament im Jahr 1928 zu 20 Jahren Haft verurteilt © Muzej novejše zgodovine Slovenije, Fotothek, Inv.-Nr. SL 109/15

---

[17] Im allgemeinen Aufruhr war es den Parlamentsstenografen nicht möglich, jede Beleidigung, jeden Zwischenruf und andere Vorfälle zu dokumentieren. Detaillierte Berichte sind – das schrieb auch die Zagreber Zeitschrift Nova Evropa – in der Belgrader Zeitung Politika zu finden. Deren Berichterstatter Gojko Božović war auch Parlamentsstenograf und berichtete ausführlich.

[18] »Zločin Puniše Račića«, in: NOVA EVROPA, Nr. 2, 26.7.1928, S. 45 f.

Als die Sitzung am 20. Juni 1928 fortgesetzt wurde, war die Stimmung im Sitzungssaal spürbar aggressiv.[19] Während der Annahme des Protokolls stritten die Abgeordneten darüber, wer am Vortag wen am übelsten beschimpft hatte. Während der Debatte kam es zu neuerlichen Beleidigungen. Um halb zwölf meldete sich Puniša Račić zu Wort. »Meine Herren«, sagte er, »ich erkläre vor allen Anwesenden, dass serbische Interessen unter Gewehr- und Kanonenschüssen kaum größerer Gefahr ausgesetzt wären als hier im Parlament.« Teile der Opposition reagierten mit heftigem Protestgeschrei. Doch Račić provozierte weiter. Der Abgeordnete der Bäuerlich-Demokratischen Koalition Ivan Pernar soll vor Wut gezittert haben. Er sprang von seinem Platz nach vorne und fuhr den Redner an: »Du hast die *Beys* betrogen!« Woraufhin Račić, tödlich beleidigt, »erblasste«, dem Präsidenten zurief »Präsident, bestrafen Sie ihn! Wenn nicht Sie, dann werde ich es tun!«, um im nächsten Augenblick eine Pistole des Kalibers 9 mm Parabellum aus der Tasche zu ziehen.

Hektische Versuche von Abgeordneten ihn zu beruhigen schlugen ebenso fehl wie die Vermittlung durch Minister Vujićić. Račić zielte auf Pernar und in der Totenstille der sonst so lärmerfüllten Skupština drückte er schließlich ab. Die Kugel durchbohrte die linke Brust des Opfers. Sofort brach Panik aus, die Abgeordneten flüchteten zum Ausgang und auch auf der Galerie wurde es hektisch. Nur der Schütze Puniša Račić blieb ruhig. Er stützte sich auf das Rednerpult und zielte erneut, dieses Mal auf den Anführer der Opposition, Stjepan Radić. Die Kugel traf den Abgeordneten Ivan Granđa an der linken Hand und zertrümmerte einen Knochen. Er schoss ein weiteres Mal und traf Radić in den Bauch. Der kroatische ›Volkstribun‹ ging in die Knie und rief unter Qualen: »Ich bin schwer verletzt! Er hat mich umgebracht!« Dann wurde er ohnmächtig. Drei Abgeordnete lagen bereits auf dem Boden, doch Račić setzte seinen Amoklauf fort. Er sah sich nach neuen Opfern um, als sich der Abgeordnete Đuro Basariček auf ihn stürzte. Ohne Zögern drückte Račić erneut ab. Er traf Basariček am Hals und in die linke Brust. Der Mann fiel zu Boden, stand wieder auf, machte zwei Schritte und brach vor dem Stenografentisch blutend zusammen. Račićs letztes Opfer war Pavle Radić. »Dich erwische ich auch«, sagte er kaltblütig. Die Kugel traf Radić zwei Zentimeter unterhalb der linken Brust.

---

[19] Der Vorfall in der Skupština am 20. Juni 1928 wird in zahlreichen Quellen geschildert. Neben den stenografischen Aufzeichnungen und der Anklageschrift berichteten Medien und zahlreiche Augenzeugen: »Krvavi dan v narodni skupščini«, in: SLOVENEC, 21.6.1928; »Kako se je odigrala tragedija«, in: SLOVENEC, 22.6.1928; »Poslanca Pavle Radić in Dr. Basariček v Narodni skupščini umorjena«, in: JUTRO, 21.6.1928; »Ubistvo Pavla Radića i Đure Basaričeka«, in: POLITIKA, 21.6.1928; I. RIBAR, Politički, 1948, S. 211 f.; »Zločin Puniše Račića«, in: NOVA EVROPA, Nr. 2, 26.7.1928, S. 41–58.

Poštnina plačana v gotovini · Leto LVI. · V Ljubljani, v četrtek, dne 21. junija 1928. · Št. 140. · Posamezna številka 2 Din

Naročnina
Dnevna izdaja
za državo SHS
mesečno 120 Din
polletno 120 Din
celoletno 240 Din
za inozemstvo
mesečno 35 Din
nedeljska izdaja
celoletno v Jugoslaviji 120 Din, v inozemstvu 140 D

SLOVENEC

S tedensko prilogo »Ilustrirani Slovenec«

Uredništvo in Upravništvo v Kopitarjevi ulici št. 6 · Uredništvo

Političen list za slovenski narod

Krvavi dan v narodni skupščini

Ljubljana, 20. jun.

Brezpogojna hladnokrvnost! To je povelje vsakega rednega državnega življenja, ki se pa le posebej stopnjuje v trenutkih slučajih, kakršne je doživel naš parlament in naša politika sploh včeraj, ko so padali z govorniške tribune na poslance revolverski streli. Kakor se spozna v težkih trenutkih vrednost posameznika, se spozna tudi vrednost naroda in države, posebno pa zrelost naše politične presoje, ki mora ob takih doživljajih brezpogojno ločiti posamezniku od stranke, politiko od trenotnega razburjenja, na osli način in na demagogijo od kritike. Priznati dejstva in ne skrivati oči pred pogledom v realnost! Vse to na ljubo notranjemu miru in izpostaviti ugleda zunaj države! Ležiti dogodek sam na sebi je nad vse sposoben, da prikaže naše državno v zunanjem svetu v neugodni luči, zlasti še, če bomo podprali intrige in klevete nam sovražnega inozemstva — mi sami.

Dva momenta ne smemo pri presoji belgrajskih dogodkov spustiti izpred oči, če presojamo zadevo hladnokrvno, tremo in objektivno. Prvi je ta, da je poslanec Puniša Račič strelil dejanje kot oseba, kot Črnogorec, ki je po svoji preče.

Pavle Radić — mrtev.

Dr. Basariček — mrtev.

Stjepan Radić, ki je bil ranjen v trebuh.

Dr. Ivo Pernar, ki je bil ranjen v prsa.

Kako se je začelo

Belgrad, 20. junija. (Tel. »Slov.«) Današnja skupščinska seja ni dala nobenega znaka, da bi prišlo do krvavih dogodkov, ki so se pozneje odigrali. V dvorani je bilo okrog 150 poslancev. Galerije so bile polne, vendar ne prenatrpane. V diplomatski loži je bilo več tujih zastopnikov.

Račič govori . . .

Ko se je seja ponovno pričela, je dobil besedo Puniša Račič. Stopil je na desni govorniški oder. V svojem govoru pravi, da nikdar,

Kako je šlo hitro

V Belgrad, 20. jun. (Tel. »Slov.«) Z narodne skupščine plapolajo črne zastave. Dva odlična prvaka hrvatske HSS sta bila danes ustreljena v narodni skupščini, trije pa ranjeni.

Račič potegne revolver

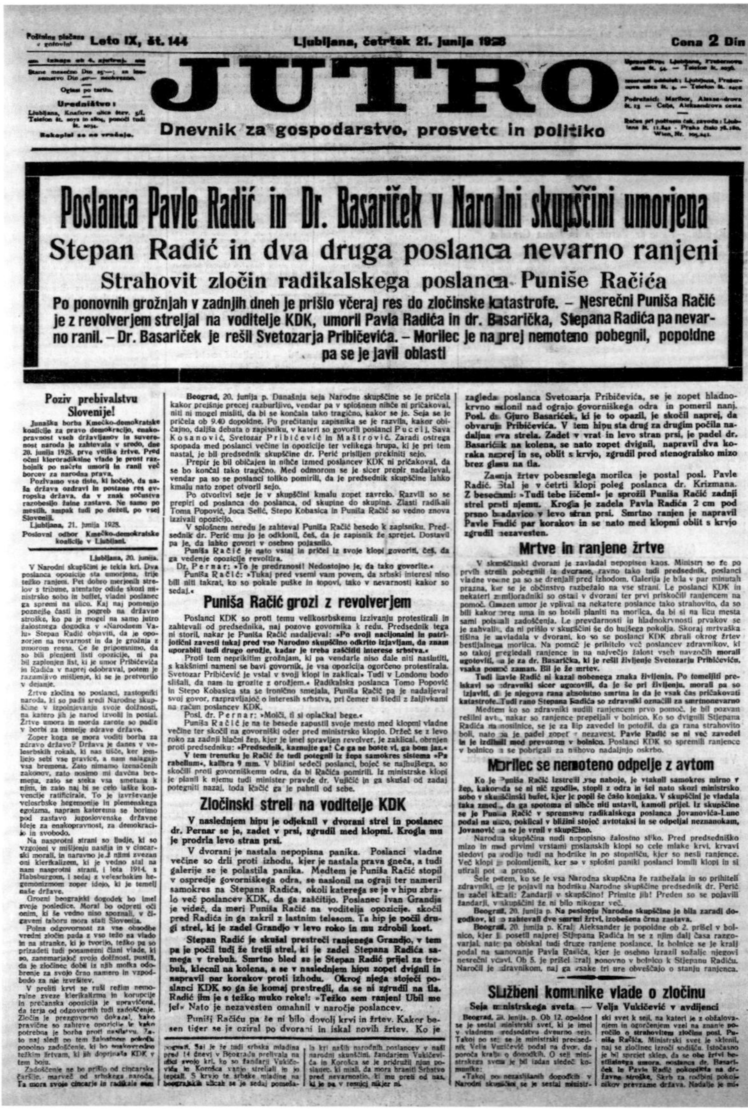

Poštnina plačana v gotovini! Leto IX, št. 144 Ljubljana, četrtek 21. junija 1928 Cena 2 Din

JUTRO

Dnevnik za gospodarstvo, prosveto in politiko

Oglasi po tarifu.

Uredništvo:

Rokopisi se ne vračajo.

Poslanca Pavle Radić in Dr. Basariček v Narodni skupščini umorjena

Stepan Radić in dva druga poslanca nevarno ranjeni

Strahovit zločin radikalskega poslanca Puniše Račića

Po ponovnih grožnjah v zadnjih dneh je prišlo včeraj res do zločinske katastrofe. – Nesrečni Puniša Račić je z revolverjem streljal na voditelje KDK, umoril Pavla Radića in dr. Basarička, Stepana Radića pa nevarno ranil. – Dr. Basariček je rešil Svetozarja Pribićevića. – Morilec je naprej nemoteno pobegnil, popoldne pa se je javil oblasti

Poziv prebivalstvu Slovenije!

Junaška borba Kmečko-demokratske koalicije za pravo demokracijo, enakopravnost vseh državljanov in suverenost naroda je zahtevala v sredo, dne 20. junija 1928. prve velike žrtve. Pred očmi kleroradikalne vlade je prost razbojnik po načrtu umoril in ranil več borcev za narodna prava.

Pozivamo vse tiste, ki hočejo, da naša država ozdravi in postane res evropska država, da v znak sočustva razobesijo žalne zastave. Ne samo po mestih, ampak tudi po deželi, po vsej Sloveniji.

Ljubljana, 21. junija 1928.

Poslovni odbor Kmečko-demokratske koalicije v Ljubljani.

Ljubljana, 20. junija.

V Narodni skupščini je tekla kri. Dva poslanca opozicije sta umorjena, trije težko ranjeni. Pet dobro merjenih strelov s tribune, atentator odide skozi ministrsko sobo in buffet, vladni poslanec ga spremi na ulico. Kaj naj pomenijo poznejše časti in pogreb na državne stroške, ko pa je mogel na samo jutro žalostnega dogodka v »Narodnem Valu« Stepan Radić objaviti, da je opozorjen na nevarnost in da je grožnja z umorom resna. Če še pripomnimo, da so bili plenjeni listi opozicije, ni pa bil zaplenjen list, ki je umor Pribićevića in Radića v naprej odobraval, potem je razumljivo mišljenje, ki se je pretvorilo v dejanje.

Žrtve zločina so poslanci, zastopniki naroda, ki so padli sredi Narodne skupščine v izpolnjevanju svoje dolžnosti, na katero jih je narod izvolil in poslal. Žrtve umora in morda zarote so padle v borbi za temelje zdrave države.

Zoper koga se mora voditi borba za zdravo državo? Država je danes v velesrbskih rokah, ki nas tišče, ker jemljejo sebi vse pravice, a nam nalagajo vsa bremena. Zato nimamo izenačenih zakonov, zato nosimo mi davčna bremena, zato se steka vsa smetana k njim, in zato naj bi se celo laške konvencije ratificirale. To je izvrševanje velesrbske hegemonije in plemenskega egoizma, napram kateremu se borimo pod zastavo jugoslovenske državne ideje za enakopravnost, za demokracijo in svobodo.

Na nasprotni strani so ljudje, ki so vzgojeni v mišljenju nasilja in v cincarski morali, in naravno je z njimi zvezan oni klerikalizem, ki je vedno stal na nam nasprotni strani, i leta 1914. s Habsburgom, i sedaj z velesrbskim hegemonizmom zoper idejo, ki je temelj naše države.

Grozni beograjski dogodek bo imel svoje posledice. Moral bo odpreti oči onim, ki še vedno niso spoznali, v čigavem taboru mora stati Slovenija.

Polna odgovornost za vse obsodbe vredni zločin pada z vso težo na vlado in na stranke, ki jo tvorijo, težko pa so prizadeti tudi posamezni člani vlade, ki so, zanemarjajoč svojo dolžnost, pustili, da je zločinec dobil iz njih molka odobrenje za svojo črno namero in vzpodbudo za nje izvršitev.

V preliti krvi se ruši režim nemoralne zveze klerikalizma in korupcije in prečanska opozicija je upravičena, da terja od odgovornih tudi zadoščenje. Zločin je prezgovorno dokazal, kako pravične so zahteve opozicije in kako potrebna je borba proti nasilstvu. Zato naj sledi po tem žalostnem dogodku popolno zadoščenje, ki bo enakovredno težkim žrtvam, ki jih doprinaša KDK v tem boju.

Zadoščenje ne bo prišlo od cincarske čaršije, marveč od srbskega naroda. **Ta mora svoje cincarje in radikale ...**

Beograd, 20. junija p. Današnja seja Narodne skupščine se je pričela kakor prejšnje precej razburljivo, vendar pa v splošnem nihče ni pričakoval, niti ni mogel misliti, da bi se končala tako tragično, kakor se je. Seja se je pričela ob 9.40 dopoldne. Po prečitanju zapisnika se je razvila, kakor običajno, daljša debata o zapisniku, v kateri so govorili poslanci P u c e l j, Sava K o s a n o v i ć, Svetozar P r i b i ć e v i ć in M a š t r o v i ć. Zaradi ostrega spopada med poslanci večine in opozicije ter velikega hrupa, ki je pri tem nastal, je bil predsednik skupščine dr. Perić prisiljen prekiniti sejo.

Prepir je bil običajen in nihče izmed poslancev KDK ni pričakoval, da se bo končal tako tragično. Med odmorom se je sicer prepir nadaljeval, vendar pa so se poslanci toliko pomirili, da je predsednik skupščine lahko kmalu nato zopet otvoril sejo.

Po otvoritvi seje je v skupščini kmalu zopet zavrelo. Razvili so se prepiri od poslanca do poslanca, od skupine do skupine. Zlasti radikali Toma Popović, Joca Selić, Stepo Kobasica in Puniša Račić so vedno znova izzivali opozicijo.

V splošnem neredu je zahteval Puniša Račić besedo k zapisniku. Predsednik dr. Perić mu jo je odklonil, češ, da je zapisnik že sprejet. Dostavil pa je, da lahko govori v osebno pojasnilo.

Puniša R a č i ć je nato vstal in pričel iz svoje klopi govoriti, češ, da ga vedenje opozicije revoltira.

Dr. P e r n a r: »To je predrznost! Nedostojno je, da tako govorite.«

Puniša R a č i ć: »Tukaj pred vsemi vam povem, da srbski interesi niso bili niti takrat, ko so pokale puške in topovi, tako v nevarnosti kakor so sedaj.«

Puniša Račić grozi z revolverjem

Poslanci KDK so proti temu velikosrbskemu izzivanju protestirali in zahtevali od predsednika, naj pozove govornika k redu. Predsednik tega ni storil, nakar je Puniša Račić nadaljeval: **»Po svoji nacionalni in patriotični zavesti tukaj pred vso Narodno skupščino odkrito izjavljam, da znam uporabiti tudi drugo orožje, kadar je treba zaščititi interese srbstva.«**

Proti tem neprikritim grožnjam, ki pa vendarle niso dale niti naslutiti, s kakšnimi nameni se bavi govornik, je vsa opozicija ogorčeno protestirala. Svetozar Pribićević je vstal v svoji klopi in zaklical» Tudi v Londonu bodo slišali, da nam tu grozite z orožjem.« Radikalska poslanca Tomo Popović in Stepo Kobasica sta se ironično smejala, Puniša Račić pa je nadaljeval svoj govor, razpravljajoč o interesih srbstva, pri čemer ni štedil z žaljivkami na račun poslancev KDK.

Posl. dr. P e r n a r: »Molči, ti si oplačkal bege.«

Puniša R a č i ć je na te besede zapustil svoje mesto med klopmi vladne večine ter skočil na govorniški oder pred ministrsko klopjo. Držeč se z levo roko za zadnji hlačni žep, kjer je imel spravljen revolver, je zaklical, obrnjen proti predsedniku: **»Predsednik, kaznujte ga! Če ga ne boste vi, ga bom jaz.«**

V tem trenutku je Račić že tudi potegnil iz žepa samokres sistema »Parabellum«, kalibra 9 mm. V bližini sedeči poslanci, boječ se najhujšega, so skočili proti govorniškemu odru, da bi Račića pomirili. Iz ministrske klopi je planil k njemu tudi minister pravde dr. Vujičić in ga skušal od zadaj potegniti nazaj, toda Račić ga je pahnil od sebe.

Zločinski streli na voditelje KDK

V naslednjem hipu je odjeknil v dvorani strel in poslanec dr. Pernar se je, zadet v prsi, zgrudil med klopmi. Krogla mu je prodrla levo stran prsi.

V dvorani je nastala nepopisna panika. Poslanci vladne večine so drli proti izhodu, kjer je nastala prava gneča, a tudi galerije se je polastila panika. Medtem je Puniša Račić stopil v ospredje govorniškega odra, se naslonil na ograji ter nameril samokres na Stepana Radića, okoli katerega se je v hipu zbralo več poslancev KDK, da ga zaščitijo. Poslanec Ivan Grandja je videč, da meri Puniša Račić na voditelja opozicije, skočil pred Radića in ga zakril z lastnim telesom. Ta hip je **počil drugi strel, ki je zadel Grandjo v levo roko in mu zdrobil kost.**

Stepan Radić je skušal prestreči ranjenega Grandjo, v tem pa je počil tudi že tretji strel, ki je zadel Stepana Radića samega v trebuh. Smrtno bled se je Stepan Radić prijel za trebuh, klecnil na kolena, a se v naslednjem hipu zopet dvignil in napravil par korakov proti izhodu. Okrog njega stoječi poslanci KDK so ga še komaj prestregli, da se ni zgrudil na tla. Radić jim je s težko muko rekel: »Težko sem ranjen! Ubil me je!« Nato je nezavesten omahnil v naročje poslancev.

Puniši Račiću pa še ni bilo dovolj krvi in žrtev. Kakor besen tiger se je oziral po dvorani in iskal novih žrtev. Ko je zagleda[l] poslanca Svetozarja Pribićevića, se je zopet hladnokrvno [n]aklonil nad ograjo govorniškega odra in pomeril nanj. **Posl. dr. Gjuro Basariček, ki je to opazil, je skočil naprej, da obvaruje Pribićevića. V tem hipu sta drug za drugim počila nadaljna dva strela. Zadet v vrat in levo stran prsi, je padel dr. Basariček na kolena, se nato zopet dvignil, napravil dva koraka naprej in se, oblit s krvjo, zgrudil pred stenografsko mizo brez glasu na tla.**

Za[d]nja žrtev pobesnelega morilca je postal posl. Pavle Radić. Stal je v četrti klopi poleg poslanca dr. Krizmana. **Z besedami: »Tudi tebe iščem!« je sprožil Puniša Račić zadnji strel proti njemu. Krogla je zadela Pavla Radića 2 cm pod prsno bradavico v levo stran prsi. Smrtno ranjen je napravil Pavle Radić par korakov in se nato med klopmi oblit s krvjo zgrudil nezavesten.**

Mrtve in ranjene žrtve

V skupščinski dvorani je zavladal nepopisen kaos. Ministri so že po prvih strelih pobegnili iz dvorane, ravno tako tudi predsednik, poslanci vladne večine pa so se drenjali pred izhodom. Galerija je bila v par minutah prazna, ker se je občinstvo razbežalo na vse strani. Le poslanci KDK in nekateri zemljoradniki so ostali v dvorani ter prvi priskočili ranjencem na pomoč. Grozen umor je vplival na nekatere poslance tako strahovito, da so bili kakor brez uma in so hoteli planiti na morilca, da bi si na licu mesta sami poiskali zadoščenja. Le prevdarnosti in hladnokrvnosti prvakov se je zahvaliti, da ni prišlo v skupščini še do hujšega pokolja. Skoraj mrtvaška tišina je zavladala v dvorani, ko so se poslanci KDK zbrali okrog žrtev bestijalnega morilca. Na pomoč je prihitelo več poslancev zdravnikov, ki so takoj pregledali ranjence in na največjo žalost vseh navzočih **morali ugotoviti, da je za dr. Basarička, ki je rešil življenje Svetozarju Pribićeviću, vsaka pomoč zaman. Bil je že mrtev.**

Tudi Pavle Radić ni kazal nobenega znaka življenja. Po temeljiti preiskavi so zdravniki sicer ugotovili, da je še pri življenju, morali pa so izjaviti, da je njegova rana absolutno smrtna in da je vsak čas pričakovati katastrofe. Tudi rano Stepana Radića so zdravniki označili za smrtnonevarno

Medtem ko so zdravniki nudili ranjencem prvo pomoč, je bil pozvan rešilni avto, nakar so ranjence prepeljali v bolnico. Ko so dvignili Stjepana Radića na nosilnice, se je za hip zavedel in potožil, da ga rana strahovito boli, nato pa je padel zopet v nezavest. **Pavle Radić se ni več zavedel in je izdihnil med prevozom v bolnico.** Poslanci KDK so spremili ranjence v bolnico in se pobrigali za njihovo nadaljnjo oskrbo.

Morilec se nemoteno odpelje z avtom

Ko je Puniša Račić izstrelil vse naboje, je vtaknil samokres mirno v žep, kakor da se ni nič zgodilo, stopil z odra in šel nato skozi ministrsko sobo v skupščinski bufet, kjer je popil še čašo konjaka. V skupščini je vladala taka zmeda, da ga spotoma ni nihče niti ustavil, kamoli prijel. Iz skupščine se je Puniša Račić v spremstvu radikalskega poslanca Jovanovića-Lune podal na ulico, poklical v bližini stoječ avtotaksi in se odpeljal neznanokam, Jovanović pa se je vrnil v skupščino.

Narodna skupščina nudi nepopisno žalostno sliko. Pred predsedniško mizo in med prvimi vrstami poslanskih klopi so cele mlake krvi, krvavi sledovi pa vodijo tudi na hodnike in po stopnišču, kjer so nesli ranjence. Več klopi je polomljenih, ker so v splošni paniki poslanci lomili klopi in si utirali pot na prosto.

Šele potem, ko se je vsa Narodna skupščina že razbežala in so prihiteli zdravniki, se je pojavil na hodniku Narodne skupščine predsednik dr. Perić in začel kričati: Žandarji v skupščino! Primite jih! Preden so se pojavili žandarji, v skupščini že ni bilo nikogar več.

Beograd, 20. junija p. **Na poslopju Narodne skupščine je bila zaradi dogodkov, ki so zahtevali dve smrtni žrtvi, izobešena črna zastava.**

Beograd, 20. junija p. Kralj Aleksander je popoldne ob 2. prišel v bolnico, kjer je posetil najprej Stjepana Radića in se z njim dalj časa razgovarjal, nato pa obiskal tudi druge ranjene poslance. Iz bolnice se je kralj podal na stanovanje Pavla Radića, kjer je osebno izrazil sožalje njegovi nesrečni vdovi. Ob 5. je prišel kralj ponovno v bolnico k Stjepanu Radiću. Naročil je zdravnikom, naj ga vsake tri ure obveščajo o stanju ranjenca.

Službeni komunike vlade o zločinu

Seja ministrskega sveta — Velja Vukičević v avdijenci

Beograd, 20. junija p. Ob 12. opoldne se je sestal ministrski svet, ki je imel v vladnem predsedstvu dveurno sejo. Takoj po seji se je ministrski predsednik Velja Vukičević podal na dvor, da poroča kralju o dogodkih. O seji ministrskega sveta je bil izdan sledeči komunike:

»Takoj po nezaslišanih dogodkih v Narodni skupščini se je sestal ministrski svet k seji, na kateri je z obžalovanjem in ogorčenjem vzel na znanje poročilo o strahovitem zločinu posl. Puniše Račića. Ministrski svet je sklenil, naj se zločinec izroči sodišču. Istočasno je bil sprejet sklep, da se obe žrtvi bestijalnega umora, poslanca dr. Basariček in Pavle Radić pokopljeta na državne stroške. Skrb za rodbini pokojnikov prevzame država. Nadalje je mi-

... Saj je že tudi srbska mladina pred 14 dnevi v Beogradu prelivala na ulici svojo kri, ko so žandarji Vukičevića in Korošca vanjo streljali in jo teptali. S krvjo te srbske mladine na beograjskih ulicah se je sedaj pomešala kri naših narodnih poslancev v naši narodni skupščini. Žandarjem Vukičevića in Korošca se je pridružil njun poslanec, ki misli, da mora braniti Srbstvo pred nevarnostjo, ki mu preti od nas, ki je pa v resnici nikjer ni.

Abbildungen 23, 24 Die Nachricht über die Schüsse im Parlament erschien auf den Titelseiten aller jugoslawischen Zeitungen, hier in den slowenischen Tageszeitungen *Jutro* und *Slovenec*. Die Zeitungsberichte trugen durch Aufrufe zu »entschlossenem Handeln« selbst zur Verschärfung der Krise des Parlamentarismus bei. Abgebildete Ausgaben: Jutro vom 21.6.1928 und Slovenec vom 21.6.1928 © Inštitut za novejšo zgodovino, Ljubljana

Nach vollbrachter Tat begab sich Račić in aller Ruhe in die Parlamentskantine, wo er noch einen Schluck Cognac getrunken haben soll. Von da aus verließ er in Begleitung des Abgeordneten ›Lune‹ Jovanović das Parlamentsgebäude, rief ein Taxi und verschwand in den Straßen von Belgrad. Niemand versuchte ihn aufzuhalten. Spät am Nachmittag bat er dann in Begleitung des Abgeordneten Dragan Bojević um eine ›Audienz‹ bei Innenminister Anton Korošec. Bojevićs beschwichtigende Worte – »Herr Minister, mein Bruder Puniša Račić, dem heute in der Skupština etwas Bedauerliches geschehen ist, bittet Sie, ihn zu empfangen« – werfen ein bezeichnendes Licht auf die Moralvorstellungen dieser Abgeordneten. Die groteske Inszenierung von Demut verfing bei einem erfahrenen Politiker wie Korošec allerdings nicht, denn ihm kam es nicht in den Sinn, den Attentäter zu empfangen. Er ordnete stattdessen an, Račić ins Gefängnis *Glavnjača* abzuführen. Dieser hatte zuvor noch mit Journalisten gesprochen, wobei er seine »heldenhafte« Tat rechtfertigte.[20] Pavle Radić und Đuro Basariček waren zu diesem Zeitpunkt bereits verstorben, Stjepan Radić erlag seinen Verletzungen einige Monate später.

ABBILDUNG 25 Dragutin ›Lune‹ Jovanović zählte zu den bekanntesten Gewalttätern der Skupština und war ein enger Kamerad des Attentäters Puniša Račić. © private Aufnahme

20 »Zločin Puniše Račića«, in: NOVA EVROPA, Nr. 2, 26.7.1928, S. 49.

Puniša Račić wurde zu 20 Jahren schwerer Haft im Gefängnis *Zabela* bei Požarevac verurteilt. Dessen Direktor trat ihm der ersten Stock seiner Villa ab und teilte ihm drei Wärter zu. Račić soll es nicht schlecht ergangen sein, nach dem Kriegsausbruch im Jahr 1941 »verließ« er sein Gefängnis und ging nach Belgrad. Dort wurde er kurz nach der Befreiung der Stadt im Jahr 1944 von Partisanen gefasst, vor ein Standgericht gestellt und erschossen.

Neben Račić saßen nach dem Attentat in der Skupština auch die für ihre Gewaltbereitschaft berüchtigten Abgeordneten Dragutin ›Lune‹ Jovanović und Toma Popović auf der Anklagebank, die ihm bei dem Verbrechen sekundiert und ihn dazu angestachelt haben sollen. Beide wurden aus Mangel an Beweisen freigesprochen.[21] *Četnik*-Führer ›Lune‹, ein Kriegsheld der Balkankriege und des Ersten Weltkriegs, fiel bald darauf selbst Revolverschüssen zum Opfer. Im Jahr 1932, als er mit seinem Kameraden Konstantin ›Kosta‹ Pećanac[22] nach Niš fuhr, hielt ihn auf dem dortigen Bahnhof der Polizeiagent Stevan Protić auf und wollte routinemäßig sein Gepäck kontrollieren. ›Lune‹ ließ das nicht zu, fing mit dem Polizisten Streit an und schlug so heftig auf ihn ein, dass er »ihn zu Boden stieß«. Wohl aus Notwehr zog der Agent seinen Revolver und drückte ab; er traf ›Lune‹ an der Hauptschlagader.[23] Über die Todesumstände kamen sofort Zweifel auf, man sprach von einem Attentat, das bis heute Anlass für Verschwörungstheorien ist.

Die Schüsse in der Skupština im Juni 1928 bedeuteten eine Zäsur: Erstmals wurde ernsthaft über notwendige Korrekturen des politischen Systems und auch über die Ursachen und Folgen der Bluttat nachgedacht. Die Resonanz in den Kaffeehäusern und Zeitungskolumnen war entsprechend groß. Die Zagreber Zeitschrift *Nova Evropa* leitete einen Artikel über Račićs Gräueltat[24] mit einem Monolog aus dem »Bergkranz« von Petar II. Petrović-Njegoš[25] ein:

»Denke ich der heutigen Versammlung,
Lodern in mir auf des Grauens Flammen:
Brüder sollen wild einander morden,

---

[21] »Puniša Račić obsojen na dvajset let«, in: Slovenski narod, 7.6.1929.
[22] Pećanac arbeitete in der Zeit des Zweiten Weltkriegs mit seinen Četnik-Einheiten mit den Deutschen zusammen und kämpfte gegen Partisaneneinheiten. Gleichzeitig war er der Konkurrent eines anderen Četnik-Kommandanten und Gegners der Partisanen, dem General Draža Mihailovićs.
[23] »Tragična smrt vojvode Lune«, in: Jutro, 3.7.1932.
[24] Nova Evropa, Nr. 2, 26.7.1928.
[25] Petar II. Petrović-Njegoš (1831–1851) war Fürstbischof von Montenegro und Dichter. Bis heute gilt er als der Begründer des modernen Montenegro, da das gebirgige Land unter seiner Herrschaft grundlegend modernisiert wurde (durch Straßenbau, die Gründung von Schulen, die Einführung von Steuern und zentralen Verwaltungsbehörden etc.). Sein Epos »Der Bergkranz« *(Gorski vijenac)*, das 1847 in Wien veröffentlicht wurde, ist eine umfangreiche Darstellung der Geschichte und Tradition von Montenegro (bzw. von Jugoslawien), in welcher die Nation als kollektiver Held glänzt. Das Epos galt bereits in den 1920er-Jahren als Klassiker der montenegrinischen und jugoslawischen Literatur.

Und der mächtige verruchte Blutfeind
Wird im Mutterleib die Frucht ausrotten.«
(Übersetzung von Alois Schmaus)[26]

2. Das Attentat auf Ministerpräsident Stojadinović

Frühling 1936. Seit Račićs Schüssen in der Skupština waren acht Jahre vergangen. Die politische Architektur des Staats war vollkommen verändert, nachdem der König die Diktatur ausgerufen, die alten Parteien verboten und seinem Land eine Verfassung oktroyiert hatte. Er selbst war schließlich in Marseille einem Attentat zum Opfer gefallen, woraufhin im Jahr 1935 Milan M. Stojadinović eine Regierung bildete.

Der ehemalige Finanzminister war ein »scharfsinniger, zynischer Realpolitiker« und »typischer Opportunist«.[27] Unter den vielen kontroversen jugoslawischen Politikern war er besonders umstritten. Seit er an der Macht war, kursierten Gerüchte über Stojadinović, der offenbar die politische Phantasie anregte. Stojadinović führte bis zu seinem politischen Absturz in den unsicheren Zeiten des Jahres 1939 eine vergleichsweise stabile Regierung, ehe er zur *Persona non grata* wurde. In der späteren südamerikanischen Emigration etablierte er sich als Wirtschaftsexperte im Argentinien Juan Perons. Er redigierte für verschiedene Wirtschaftszeitungen und vollendete nebenbei seine umfangreichen politischen Memoiren. Das Buch mit dem Titel: »Weder Krieg noch Pakt« (*Ni rat ni pakt*) wurde in Buenos Aires zwei Jahre nach seinem Tod im Jahr 1963 publiziert.[28] Das Kapitel ›Attentat in der Skupština‹ widmete er dem auf ihn als Ministerpräsidenten Jugoslawiens verübten Attentat, auf das im Folgenden näher eingegangen wird.

Stojadinovićs Beschreibungen der Hintergründe des Vorfalls sind drastisch und doch überzeugend. So schreibt er, dass die zwielichtigsten Gegner der Regierung im Parlament Vasilije Trbić, Dragiša Stojadinović und Tanasije Dinić am Vorabend seines Auftritts im Parlament, am 5. März 1936, ein »Trinkgelage« abgehalten hätten, das sich bis tief in die Nacht zog. Im Zentrum der Aufmerksamkeit der »alkoholisierten Runde« habe die ganze Zeit über der Abgeordnete Damjan Arnautović gestanden, ein Grundschullehrer, »dem es an Erziehung und noch mehr an Intelligenz mangelte, ein Alkoholiker von brutalem, explosivem Charakter«. Er sei bis zum Schluss bei dem Fest geblieben, bis sich die Gesellschaft auflöste. Arnautović sei jedoch nicht nach Hause gegangen,

---

[26] A. SCHMAUS, Bergkranz, 1963, S. 11.
[27] BIBER, Vorwort, XXXV, in: M. M. STOJADINOVIČ , Ni rat ni pakt, 1970.
[28] Das umfangreiche Vorwort zum Buch verfasste Dušan Biber; der Text bietet nach wie vor einen der besten Einblicke in die Zeit und die Persönlichkeit Milan Stojadinovićs.

sondern habe weitergezecht und sei von Lokal zu Lokal gezogen. In einem Café
am Stadtrand habe er den Morgen erwartet. Von dort aus habe er sich direkt in
die Skupština begeben, wo gerade der Arbeitstag begann.[29] Betrunken und un-
ausgeschlafen betrat er den Plenarsaal und begann, den Redner – Regierungschef Stojadinović – mit zahlreichen Zwischenrufen zu stören.[30]

ABBILDUNG 26   Auftritt des kontroversen Ministerpräsidenten Milan Stojadinović. Links von ihm
                sitzt Minister Anton Korošec und stützt den Kopf auf seine Hand. Fotografien,
                die nicht inszeniert waren und Politiker entweder bei der Arbeit oder in ihrem
                Privatleben zeigten, wurden in der Zeit zwischen den beiden Kriegen häufiger.
                © Muzej novejše zgodovine Slovenije, Fotothek, Inv.-Nr. SL 11971

An besagtem Tag präsentierte Stojadinović als Außenminister – diese Funktion
übte er gleichzeitig mit jener des Ministerpräsidenten aus – sein Exposé. Die
Abgeordneten riefen und klatschten wiederholt Beifall, nur von der Journalis-
tenloge auf den Galerien war bald nachdem Stojadinović begonnen hatte, Damjan Arnautovićs erster Zwischenruf zu hören. Der Abgeordnete Arnautović gehörte nicht zum Journalistenkorps, er saß dort deshalb, weil die Opposition

---

[29] M. M. STOJADINOVIĆ, Ni rat ni pakt, 1970, S. 347 f.
[30] Während Stojadinovićs Rede saßen auch die Minister seiner Regierung im Saal. Nach Arnautovićs
      Schüssen sollen sich alle unter ihren Pulten versteckt haben, nur der breitschultrige Anton
      Korošec blieb sitzen, weil er zu korpulent war, um sich in den engen Raum zu seinen Füßen zu
      zwängen. Vgl. ebd., S. 348–350. Schilderungen der Ereignisse auch in: SBNSKJ, »20. redovna
      sednica«, 6.3.1936, S. 119–123 und bei T. STOJKOV, Vlada, 1985, S. 131–134.

gerade aus der Obstruktion in die Phase des Boykotts übergegangen war. Daher nahmen die Abgeordneten nicht wie üblich auf ihren Bänken Platz, sondern ließen sich in den für Journalisten und Besucher bestimmten Galerien nieder, von wo aus sie dann die Arbeit des Parlaments störten.

Stojadinović antwortete Arnautović ruhig, dass »der Herr Abgeordnete« nur unten im Saal das Recht habe zu sprechen und setzte seine Rede fort. Arnautović schrie sofort: »Dann komme ich jetzt hinunter!« Er begab sich ins Parterre und beleidigte den Redner unaufhörlich. Der Vorsitzende Stevan Ćirić ermahnte ihn, Abgeordnete der Regierungsfraktion riefen ihm zu und Miloje Sokić forderte: »Hinaus mit ihm, Sie sehen, dass er betrunken ist!« Doch Arnautović, der sich plötzlich von seiner Bank erhob, zog im nächsten Moment einen Revolver aus der Innentasche seiner Jacke und schoss drei oder vier Mal. Der erste Schuss ging in Richtung des Rednerpults, hinter dem Stojadinović stand. Chaos brach aus, einigen Abgeordnete gelang es, Arnautović zu entwaffnen, worauf Ćirić die Sitzung unterbrach.

In der Folge wurden Arnautović, ein scharfer Opponent von Stojadinovićs Regierung, und seine Kameraden festgenommen, angeklagt und verurteilt – Arnautović, Dragiša Stojadinović und Trbić wurden zu jeweils fünfzehn, fünf und vier Jahren schwerer Haft verurteilt und ihnen wurden dauerhaft ihre Bürgerrechte entzogen. Milovanovićs Strafe umfasste eineinhalb Jahre schwere Haft und den Entzug seiner Rechte für die Dauer von zwei Jahren. Der mutmaßliche Plan der Attentäter war völlig misslungen: Es gelang ihnen nicht, die Regierung zu destabilisieren, vielmehr bewirkten sie das Gegenteil. Milan Stojadinovićs Position war durch die Schüsse in der Skupština deutlich gestärkt geworden. Nach der Schießerei gelang es ihm sogar, seinen schärfsten Gegner, General Petar Živković, den ersten Ministerpräsidenten der Königsdiktatur, aus dem Kabinett zu drängen. Das dilettantisch ausgeführte Attentat und dessen politische Folgen warfen bald jedoch Zweifel auf: Hatte Stojadinović es womöglich selbst inszeniert?

Dahingehende Spekulationen entstanden noch am Tag des misslungenen Attentats.[31] Laut Einschätzung des tschechoslowakischen Gesandten in Belgrad handelte es sich um ein gestelltes Schauspiel.[32] Für eine Verschwörungstheorie spricht dabei insbesondere die forensische Skizze des Attentats (siehe S. 80 Abbildung 17), die auf der Grundlage der Rekonstruktion der Ereignisse in der technischen Abteilung des Parlaments erstellt wurde. Der Skizze nach endete der einzige Schuss, der in Stojadinovićs Richtung abgefeuert wurde, 9 Meter über dem Boden auf der gegenüberliegenden Wand. Demzufolge flog die Pa-

---

[31] I. Ribar, Politički III, 1951, S. 118.
[32] T. Stojkov, Vlada, 1985, S. 133.

trone 2,1 Meter über den Kopf des Ministerpräsidenten hinweg, obwohl sie aus einer Entfernung von nur 5 Metern abgefeuert worden war.[33] Entweder war Arnautović zu betrunken oder – was angesichts der Skizze realistischer erscheint – er wollte das »Ziel« tatsächlich verfehlen.

Die Presse, die in den 1930er Jahren zensiert und im Zusammenhang mit dem Attentat besonders aufmerksam beobachtet wurde, lieferte prompt eine vermeintlich überzeugende Erklärung: In dem Moment, als Arnautović schießen wollte, sei der junge Abgeordnete Stojadin Dimitrijević herbeigeeilt und habe ihm von unten gegen den Unterarm geschlagen, so dass Arnautović in die Luft schoss. Diese Darstellung der Ereignisse vermag jedoch keine Antwort auf die Frage zu geben, warum der Attentäter dann zwei Mal in den Boden geschossen haben soll. Auch Stojadinović vergaß in seinen Memoiren nicht, Dimitrijevićs Einschreiten zu erwähnen, wobei er noch hinzufügte, dass ihn der Schuss um nur eineinhalb Meter verfehlt habe. In den stenografischen Aufzeichnungen hingegen fehlt von Dimitrijevićs Intervention jede Spur. Solche Details werfen Zweifel an der Glaubhaftigkeit der Darstellung auf. Hinzu kommt die Tatsache, dass die ganze Zeit über Stojadinovićs persönlicher Leibwächter Blažo Turčinović anwesend war. Laut dem Ministerpräsidenten befand er sich immer in seiner Nähe und nach montenegrinischem Brauch trug er stets einen Revolver im Gürtel.[34] Erst als Arnautović entwaffnet war, soll Turčinović auf einem Bein kniend auf diesen gezielt haben – die Frage, warum er nicht sofort intervenierte, bleibt unbeantwortet. Demnach hätte ein bewaffneter Leibwächter die Initiative den Abgeordneten überlassen, die unbewaffnet oder mit bloßen Händen eine ›Heldentat‹ vollbrachten.

3. In alle Richtungen wird geschossen

Schüsse auf politische Gegner waren im ersten Jugoslawien alles andere als selten. Bereits im Jahr 1921 erschoss der gerade einmal achtzehn Jahre alte Kommunist Alija Aliagić Innenminister Milorad Drašković. Der Minister, der ein energischer und skrupelloser Gegner der Kommunisten war, war zum Zeitpunkt seiner tödlichen Begegnung mit Aliagić in dem abgelegenen Bergdorf Delnice an der Eisenbahnstrecke Rijeka-Ogulin auf Urlaubsreise. In Begleitung seiner vier Kinder saß er auf einer Bank, als der Attentäter auf ihn zugestürzt kam, einen Browning-Revolver zog und ihm ins Herz schoss.[35] Nach dem Attentat auf

---

[33] AJ, »Narodna skupština« (72), f. 120/375, »Skica položaja atentatorja i govornika u momentu pucanja i pravci projektila u stvarnom i imaginarnom položaju, merilo 1:50«.

[34] M. M. STOJADINOVIĆ, Ni rat ni pakt, 1970, S. 349.

[35] »Atentat na ministra Draškovića v Delnicah«, in: SLOVENSKI NAROD, 23.7.1921.

Drašković wurde die kommunistische Partei endgültig kriminalisiert und damit politisch eliminiert. Ihre Mitglieder wurden zu Staatsfeinden erklärt.

ABBILDUNG 27 Innenminister Milorad Drašković fiel im Jahr 1921 in Delnice (Kroatien) den Schüssen eines Attentäters zum Opfer. © Muzej novejše zgodovine Slovenije, Fotothek, Inv.-Nr. SL 16/12

Die Kommunisten waren im Sommer 1921 sehr aktiv und bereiteten mehrere Attentate vor. Weniger als einen Monat vor der Ermordung Draškovićs, am Vortag der Verabschiedung der Veitstagsverfassung vom 28. Juni 1921, hatten sie einen Anschlag auf den höchsten Politiker im Staat, Aleksandar Karađorđević, verübt. Der Thronfolger hatte im Parlament einen Eid auf die Verfassung geleistet und war soeben in Begleitung des Ministerpräsidenten zu einer feierlichen Musterung der Belgrader Garnison am Königshof aufgebrochen. Als die Fahrzeugkolonne das neu erbaute Handelsministerium passierte, flog eine Bombe aus dem dritten Stock des Gebäudes auf den Konvoi. Zu Aleksandars Glück detonierte sie vorzeitig und niemand kam zu Schaden. Der Attentäter, der bald aufgespürt wurde, war der achtzehnjährige Kommunist Spasoje Stejić. Er wurde

zum Tode verurteilt, doch wurde die Strafe später in eine Freiheitsstrafe von
zwanzig Jahren umgewandelt. Bei Kriegsausbruch im Jahr 1941 gelang es ihm,
aus dem Gefängnis zu entkommen. Er schloss sich den Partisanen an und fiel
zwei Jahre später in der Schlacht an der Sutjeska.[36] Im Jahr 1942 traf er unter
den Partisanen bei Bosanski Petrovac auf Ivan Ribar, der zum Zeitpunkt von
Stejićs Attentat der Vorsitzende der Skupština gewesen war und mit König Aleksandar im Auto gesessen hatte. Laut eigenen Angaben hatte Ribar Stejić, der unter den Partisanen als ›Baća‹ bekannt war, zuvor nicht gekannt, doch »sie gaben
einander den Bruderkuss«.[37]

Etwas erfolgreicher im Sinne des Angreifers war das versuchte Attentat auf Ministerpräsident Nikola Pašić, welches auch eine ungleich größere mediale Resonanz erhielt. Als dieser am 27. Juni 1923 die Skupština in Richtung Hotel London verließ, feuerte Milutin Rajić aus einem Abstand von wenigen Metern Schüsse
auf ihn ab. Rajić soll seine Anstellung im Außenministerium verloren haben, was
ihn zu der Gewalttat »motivierte«. Der slowenische Abgeordnete Franjo Žebot
war »unmittelbarer Zeuge des Attentats« und schilderte den Hergang genau:

> »Wir waren etwa zehn bis fünfzehn Meter vom Eingang zum Hof (Garten) der Na-
> rodna Skupština entfernt, als wir hinter uns mehrere Schüsse fallen hörten. Im ersten
> Moment dachten wir, dass jemand einen Hunderevolver (Schreckschusspistole) abfeu-
> erte oder dass einem Radfahrer oder einem Automobil ein Reifen geplatzt war. Als wir
> uns umdrehten […] sahen wir, dass ein Mann, der vor dem Gebäude des Finanzmi-
> nisteriums stand […], auf ein Privatfahrzeug (einen Omnibus) schoss. Großer Tumult
> entstand und Leute kamen aus allen Richtungen herbeigelaufen […], erst dann be-
> merkten wir, dass in dem Automobil, das angegriffen worden war, Ministerpräsident
> Nikola Pašić saß […]. Beide Scheiben des Automobils waren durchlöchert. Teile der
> zerbrochenen Scheibe streiften Pašić an der Wange, ein Projektil verletzte ihn leicht
> an der linken Hand.«[38]

Über die schockierende Szene wurde bald im ganzen Königreich geredet. In
Žebots Bericht über den Vorfall, den er noch am selben Abend verfasste, ist von
»Tumult« und Geschrei die Rede. Plötzlich waren überall Gendarmen, Menschen sorgten sich um Pašićs Gesundheit, und Ausrufe wie »Hoch lebe Pašić!«
oder »Tod dem Attentäter!« waren zu hören. Der Attentäter ergriff die Flucht,
wurde jedoch bald von Passanten ergriffen, die ihn zu Boden stießen und fürch-
terlich zurichteten. Als ihn die Polizisten endlich vor der Menge in Sicherheit
brachten, war er nicht mehr in der Lage zu gehen. Sie trugen ihn auf den Hof

---

[36] Slobodan Kljakić, »Svi naši vidovdani (atentati na Aleksandra i Pašića)«, abrufbar unter: POLITIKA
ONLINE, http://www.politika.rs/ [21.3.2018].

[37] I. RIBAR, Politički, 1948, S. 43.

[38] F. Žebot, »Kako se je izvršil napad na Pašića«, in: SLOVENSKI GOSPODAR, 5.7.1923.

der Skupština, warfen ihn in ein altes Auto und brachten ihn später auf die Polizeiinspektion. Nur zwei Stunden darauf, um drei Uhr nachmittags, erschienen bereits Sonderausgaben der Zeitungen, welche reißenden Absatz fanden.

Dass in der Politik Jugoslawiens Blut floss, war nichts Ungewöhnliches, und erschütterte die Bürgerinnen und Bürger daher immer weniger. Eine Ausnahme blieb der tödliche Anschlag auf König Aleksandar am 9. Oktober 1934.

Aleksandar war im Oktober 1934 zu einem Besuch in das verbündete Frankreich aufgebrochen. Drei Tage nachdem der Zerstörer Dubrovnik die Bucht von Kotor verlassen hatte, lief er in Marseille ein. Gemäß Protokoll wurde Aleksandar um vier Uhr nachmittags von einem französischen Motorboot in den Hafen vom Marseille geleitet, wo er am *Quai des Belges* in Begleitung von Außenminister Louis Barthou in eine offene schwarze Limousine einstieg. Die Menschenmassen, die sich am Kai versammelt hatten, jubelten ihm zu und der König grüßte die Menge mit erhobenem Arm. Kaum hatte die Limousine einige hundert Meter zurückgelegt, sprang ein Unbekannter auf das Trittbrett des Fahrzeugs, zog eine Pistole und drückte mehrmals ab. Er zielte genau: beide Würdenträger, Aleksandar und Barthou, erlagen den Folgen ihrer Verletzungen.[39] Im darauffolgenden allgemeinen Tumult streckte ein französischer Offizier, der das Fahrzeug zu Pferd begleitet hatte, den Attentäter mit seinem Säbel nieder.[40]

Das tragische Ende des jugoslawischen Monarchen kam nicht gänzlich unerwartet. Die staatsfeindliche kroatische Ustaša-Bewegung[41], an deren Spitze Ante Pavelić und Gustav Perčec standen, hatte bereits zahlreiche terroristische Anschläge im Königreich verübt, erst im Dezember 1933 war ihr in Zagreb ein Attentat auf Aleksandar misslungen. Erneute Versuche waren also nur eine Frage der Zeit gewesen. Laut Unterlagen des jugoslawischen Geheimdienstes, der die Aktivitäten der Organisation wachsam verfolgte, wurde bereits Mitte September 1934 ein weiterer Anschlag prognostiziert. Der erfahrene Chef des Geheimdienstes Vladeta Milićević, der später in der Londoner Exilregierung als Minister für Innere Angelegenheiten und Justiz vertreten sein sollte, bekam wenige Stunden vor dem Attentat, am Morgen des 9. Oktober 1934, konkrete Details über den geplanten Ablauf. An Bord der Dubrovnik berichtete er dem König umgehend davon, doch dieser sagte nur: »Dafür ist es jetzt zu spät. Wir müssen uns an den Ablauf des Programms halten.«[42] Dessen Ende hatte er sich aber wohl anders vorgestellt.

---

[39] V. Milićević, Ubistvo, 2000, S. 64 f.
[40] Es existieren interessante Filmaufnahmen der Vorgänge, die auch über das Portal YouTube abrufbar sind.
[41] Ustaša: Kroatisch für »Aufständischer«.
[42] V. Milićević, Ubistvo, 2000, S. 11, 62 f.

ABBILDUNG 28   Vor Abfahrt der Dubrovnik nach Jugoslawien nehmen zahlreiche Menschen Abschied vom verstorbenen König Aleksandar in Marseille. Die Trauerfeier wurde
als Manifestation für Jugoslawien inszeniert. © Muzej novejše zgodovine Slovenije, Fotothek, Inv.-Nr. SL 10351

Die Untersuchung der Hintergründe des Attentats führte eindeutig in eine bestimmte Richtung. Die unmittelbar Verantwortlichen waren Pavelićs Ustaše
und deren enge Verbündete, die von Ivan Mihajlov angeführte makedonische
Terrororganisation VMRO. Die Auftraggeber und Unterstützer stammten aus
den höchsten politischen Kreisen von Budapest, Rom, Berlin, Wien und vermutlich sogar Moskau und London. Der Agent Milićević, der als bevollmäch-
tigter Vertreter der jugoslawischen Regierung gemeinsam mit französischen
Behörden das Verbrechen untersuchte, schrieb in seinen Memoiren, dass alle
Spuren zu Benito Mussolini höchstpersönlich führen. Trotz umfangreichen Be-
weismaterials blieb das Attentat ungesühnt. Bereits aufgrund der Tatsache, dass
der Mordprozess in Frankreich stattfand, war abzusehen, dass die Aufklärung
der Tatumstände von »höheren Interessen« der internationalen Politik bestimmt
sein würde. So erschien die Königin von Jugoslawien, Marija, »auf Anraten« der
französischen Regierung nicht als Belastungszeugin vor Gericht, weil Paris keinen Konflikt mit Rom und dem Duce riskieren wollte. Ergebnislos endete für
Jugoslawien auch die Klage gegen die italienische und die ungarische Regierung
vor dem Völkerbund. Angesichts der Verhältnisse im Donauraum und aufgrund
des akuten Problems in Österreich drängte Frankreich seinen Verbündeten auf
dem Balkan erneut, die Klage gegen Italien fallenzulassen. Sämtliche diploma-

tischen Bemühungen Jugoslawiens endeten somit am 10. Dezember 1934 mit der Verabschiedung einer Resolution des Völkerbundes, die in allgemeiner Form jeglichen Terrorismus verurteilte. Mit der Vorbereitung des Attentats auf Aleksandar wurde allerdings nur die ungarische Obrigkeit in Verbindung gebracht.[43]

4. Zusammemnfassung: Politische Gewalt als alltägliche Erfahrung und Akt der Kommunikation

Matija Škerbec war ein slowenischer Geistlicher und Anhänger der verbotenen Slowenischen Volkspartei, der bei Massendemonstrationen gegen das Regime im Jahr 1932 mitwirkte. Wegen Widerstands gegen die Staatsgewalt wurde er festgenommen und gemeinsam mit anderen Demonstranten vor Gericht gestellt. Im Buch »Die Ereignisse von Šenčur« (*Šenčurski dogodki*) beschrieb er detailliert und lebhaft seine Erfahrungen als verurteilter »politischer Verbrecher«. Beispielsweise notierte er, wie er auf die erschütternde Nachricht reagierte, dass er und seine Kameraden aus Ljubljana in das berüchtigte Polizeigefängnis *Glavnjača* nach Belgrad verlegt werden sollten. Als die Männer in Belgrad ankamen, wurden sie von Schaulustigen misstrauisch beäugt und als »katholische Pfaffen« diffamiert.

Dass ihm nach seiner Ankunft ein »außergewöhnlicher orthodoxer Serbe«, so Škerbec, Mut machte mit den Worten

> »Schämt euch bloß nicht! Bei uns gilt es als große Auszeichnung, ein politischer Häftling zu sein. Hier genießen diejenigen das höchste Ansehen, die im politischen Kampf jemanden umgebracht haben und dann in den Wald zu den Haiduken[44] gegangen sind oder aus politischen Gründen eingesperrt wurden. Dass Sie ein politischer Häftling sind, rechnen Ihnen unsere Leute als Verdienst an. Dadurch haben Sie viele für sich gewonnen.«[45]

ist dabei grundsätzlich interessant für die Bewertung politischer Gewalt im damaligen Jugoslawien. So lassen Škerbec's Notizen darauf schließen, dass er die Wahrnehmung teilte, ein politischer Häftling sei ehrenhaft und kein gewöhnlicher Verbrecher. Eine solche Geisteshaltung kann erklären, warum es im jugoslawischen Parlament – bzw. im politischen Raum – so häufig zu Gewaltausbrüchen kam, weshalb Schlagringe zum Einsatz kamen, Knochen gebrochen wurden und Blut floss.

---

[43] J. GAŠPARIČ, SLS, 2007, S. 225 f.
[44] Haiduken: Kämpfer gegen die osmanische Herrschaft in Südosteuropa.
[45] M. ŠKERBEC, Šenčurski, 1937, S. 80.

Das jugoslawische Parlament und die jugoslawische Politik dieses kurzen, für Gewalt und Brutalität berüchtigten Zeitraums stellte dennoch keinen Einzelfall dar. Im englischen Parlament sind seit jeher Opposition und die regierende Mehrheit durch zwei rote, längs durch den Plenarsaal verlaufende Linien voneinander getrennt. Die Entfernung zwischen den Linien beträgt dabei genau zwei Schwertlängen, da die Abgeordneten in den Anfangszeiten der Parlamente ein Schwert trugen. Diese symbolische Distanzierung von Gewalt zeigte keineswegs immer Wirkung, da es zu tätlichen Angriffen (wenn auch ohne Schwert) auch weiterhin kam und bis heute kommt. In den vergangenen Jahren gab es Vorkommnisse physischer Gewalt im Parlament außerdem in Makedonien, in der Ukraine, in den Vereinigten Staaten von Amerika, in Indien oder Venezuela.

Gewalt im Parlament war und ist eine eigenwillige Art, Interessenskonflikte und unterschiedliche Standpunkte zum Ausdruck zu bringen. Wenn politische Kontroversen eskalieren, können die Beteiligten den Einsatz physischer Gewalt bewusst einsetzen.[46] Das ideale Parlament ist schließlich idealerweise Repräsentant des Willens des gesamten Volkes und somit der gegensätzlichsten Vorstellungen. Daher ist es auch der naheliegende Schauplatz von Meinungsverschiedenheiten – die sich »normalerweise« im verbalen Schlagabtausch äußern, doch als Ausdruck extremer Kommunikation in Gewalt ausarten können. In diesem Sinne ist Gewalt im Parlament auch ein Beleg dafür, dass das Parlament ein umstrittener Kommunikationsraum ist. ›Ruhige‹ Parlamente gibt es nur in Diktaturen. Diese Überlegung mag zynisch klingen, doch ging tatsächlich nach der Einführung von Aleksandars Königsdiktatur im Jahr 1929 und der Oktroyierung der Verfassung die Gewalt im jugoslawischen Parlament zurück, was den Zusammenhang von diktatorischer Gewaltausübung und der Marginalisierung von Demokratie und Parlamentarismus verdeutlicht. Erst durch die politische Lockerung Mitte der 1930er-Jahre und dem darauffolgenden Regimewechsel wurden die ›Voraussetzungen‹ für verbale und körperliche Auseinandersetzungen im Parlament erneut geschaffen. Allerdings fielen sie dieses Mal weniger heftig aus als noch in den 1920er Jahren.

---

[46] Zum Thema Gewalt im Parlament als Extrem parlamentarischer Kommunikation: Vgl. T. Kaiser, »Brachialgewalt«, 2012, S. 195–226.

ABBILDUNG 29   Nikola Krasnovs Skizze der Büste des langjährigen serbisch-jugoslawischen
Ministerpräsidenten Nikola Pašić in der Skupština (später modelliert von Toma
Rosandić), 1935. © Arhiv Jugoslavije, »Narodna skupština« 72

Fünftes Kapitel

Die Abgeordneten und das Problem der Korruption

1. Die Praxis des Stimmenkaufs – Ein Beispiel

An einem lauen Frühlingsabend am 17. Mai 1922 genossen die Parlamentsabgeordneten Milan Mladenović und Vlada Savić im Hotel *Imperial* in Belgrad gemeinsam ein Abendessen. Gegen 20.30 Uhr setzte sich ihr Abgeordnetenkollege Stevan Benin, der ebenfalls im Hotel wohnte, gut gelaunt zu ihnen – ob er noch nüchtern war, lässt sich nicht rekonstruieren. Am nächsten Vormittag war er jedenfalls angetrunken. An besagtem Abend hatten die Kollegen über ihre finanzielle Lage und sonstige politische und alltägliche Schwierigkeiten des Abgeordnetenlebens gesprochen. Dieses gewöhnliche ›Kaffeehausgespräch‹ bei einem Glas Wein hätten wohl alle bald vergessen, wenn Benin seinen Kollegen dabei kein unlauteres Angebot unterbreitet hätte: Er schlug vor, sich die enorme Summe von 250 000 Dinar zu teilen und dafür im Parlament für eine bestimmte Anleihe zu stimmen, über welche der verarmte Staat gerade verhandelte. Mladenović und Savić verließen daraufhin, eigenen Aussagen zufolge, den Tisch und machten den Vorfall später publik.[1] Die Affäre »Benin – Savić – Mladenović« war geboren.

Im Herbst 1922 befasste sich ein parlamentarischer »Sonderausschuss der Neun« mit der Angelegenheit. Er hörte Savić und Mladenović an, welche den Vorfall zuvor »angezeigt« hatten, forschte nach, von welcher Anleihe die Rede gewesen war und konfrontierte Benin mit den gesammelten Erkenntnissen. Dieser blieb gelassen und behauptete, er habe mit Savić und Mladenović oft zu Abend gegessen, so auch an diesem Abend. Es sei durchaus möglich, dass er mit einem Augenzwinkern ausgesprochen hätte, was ihm vorgeworfen werde. Jedenfalls, so behauptete er, habe er die Sache auf keinen Fall ernst gemeint, zumal er niemanden aus dem Bankenmilieu kenne. Vielmehr hätten Savić und Mladenović an besagtem Abend über ihre Armut geklagt und gleichzeitig ihre Ehrenhaftigkeit betont. Er habe die beiden damit aufziehen wollen, und deshalb angedeutet, dass sie doch »auch zaubern könnten«.[2]

Ob die Aufforderung zur Vorteilnahme ernst gemeint war, konnte der Ausschuss letztlich nicht feststellen. Auch nachdem sie vom Finanzminister zu-

---

[1] SBNSKSHS, »108. redovna sednica«, 18.10.1922.
[2] Bericht des Ausschusses, präsentiert bei der Sitzung vom 18.10.1922. Vgl. ebd., S. 1193–1196.

sätzliche Informationen über die Verhandlungen mit einem Konsortium von Kreditgebern erhalten hatten, waren sie der Antwort nicht nähergekommen. Der Minister hatte erklärt, zum Zeitpunkt des Vorfalls mit zwei Banken verhandelt zu haben: Die erste war *Hallgarten & Company*, eine der bedeutendsten New Yorker Investitionsbanken mit Geschäftsstellen in Amsterdam, Rom und Berlin. Die zweite Bank hieß *Blair & Company*, eine noch bedeutendere und angesehenere Institution. Weil die Verhandlungen noch liefen, war nicht bekannt, wer als Kreditgeber ausgewählt, dem Parlament vorgeschlagen und mit hohen Zinsen die Staatskasse des jungen Jugoslawiens belasten werden würde. Erst am 5. Juni 1922 fiel die Entscheidung für *Blair & Company*, woraufhin die Bank dem Land einen Staatskredit bei einem Zinssatz von 8 % Kapital gewährte.[3]

Die Schlussfolgerungen der Ausschussmehrheit waren erwartungsgemäß uneindeutig. Eine Bestechungsabsicht ließ sich angeblich nicht beweisen, lediglich Benins Benehmen wurde beanstandet, weil es dem Ansehen und der Akzeptanz des Parlaments geschadet habe.

In der auf die Präsentation des Ausschussberichts folgenden Debatte warfen die Abgeordneten sich gegenseitig Korruption vor. Es wurde über zahleiche weitere Affären gestritten. So stand beispielsweise die Behauptung im Raum, dass bei der Abstimmung über die jugoslawische Verfassung Stimmen für 50 000 bis 100 000 Din verkauft worden seien. Benin beklagte, dass man ihn mithilfe der Boulevardpresse vernichten wollen. Schließlich stimmten die Abgeordneten mit dem Ergebnis ab, dass die Angelegenheit von der Tagesordnung gestrichen wurde.[4] Damit war die Affäre formal beendet und der Kampf gegen Korruption wurde vertagt.

2. Korruption als Thema der zeitgenössischen Literatur: Miroslav Krležas Roman *Banket u Blitvi*

Im November 1938 und im Februar 1939 veröffentlichte Miroslav Krleža, der zweifellos bedeutendste *Homo politicus* unter den jugoslawischen Literaten, die ersten beiden Bände seiner Romantrilogie »Bankett in Blitwien« (*Banket u Blitvi* – der dritte Band erschien erst 1962).[5] Die Hauptfigur des in kroatischer

---

[3]   Detailreiche Einblicke in die Kreditvergabe bietet die Korrespondenz zwischen dem amerikanischen Außenministerium, potenziellen kreditgebenden Banken, der amerikanischen Botschaft in Belgrad und dem jugoslawischen Ministerium, abrufbar unter: http://digicoll.library.wisc.edu/cgi-bin/FRUS/FRUS-idx?type=turn&id= FRUS.FRUS1922-02&entity=FRUS. FRUS1922v02.p1128&isize=text [21.3.2018].

[4]   SBNSKSHS, »108. redovna sednica«, 18.10.1922, S. 1196–1201.

[5]   M. KRLEŽA, Banket, 2013.

Sprache verfassten politischen Romans, der in den späten 1920er Jahren in der fiktiven Küstenrepublik Blitwien am nordöstlichen Rand Europas spielt, ist der nervöse Intellektuelle und Humanist Niels Nielsen. Im rückständigen Blitwien, zwischen dem strategischen Hafen Ankersgaden und der Hauptstadt des Landes, stellt er sich mit der Leidenschaft eines Idealisten und der Macht des geschriebenen Wortes dem Alleinherrscher Blitwiens, Lordprotector Oberst Christian Barutanski, entgegen. Der Diktator Barutanski, durch einen Staatsstreich an die Macht gekommen, regiert seither mit harter Hand als skrupelloser Tyrann von seinem prunkvollen Schloss *Beauregard* aus. Der junge Staat Blitwien, der sowohl innen- als auch außenpolitische Schwierigkeiten hat und mit all seinen Nachbarländern im Clinche liegt – insbesondere mit Blatwien –, ist vom Tritt der Militärstiefel und den Umzügen paramilitärischer Organisationen geprägt. Krležas *Commoedia Blithuanica*, die sich als Politthriller und zugleich als philosophischer Essay über den Gegensatz von Moral und Politik liest, ist oft als Allegorie auf das erste Jugoslawien interpretiert worden.[6]

In seiner Trilogie reflektiert er sowohl über die politische Situation Jugoslawiens als auch Europas. Besonderes Augenmerk legt er dabei unter anderem auf das Thema Korruption. Für Krleža nicht nur ein Kennzeichen diktatorischer Systeme. Über das »parlamentarische und verfassungsmäßige Regime des Präsidenten Muschikowski« liest man denn auch Folgendes:

> »Während der Regierungszeit des Ministerpräsidenten Muschikowski konnte man den Verwaltungsbehörden für tausend blitwische Lei jedes Dokument abkaufen, für fünftausend Lei ein zahnärztliches Diplom oder einen städtischen Gewerbeschein erwerben und für zehn- bis fünfundzwanzigtausend Lei jede Staatsbeamtenstellung, ein Doktordiplom, ja selbst ein republikanisches Majorspatent.«[7]

Tatsächlich gibt es in Blitwien eine unüberschaubare Vielzahl an »Lupis-Massnoffs«, ein Politiker ohne Moral und Überzeugungen, der am Ende des Buches bis zum Interims-Innenminister aufsteigt und an nichts außer sein »Konto bei der ›Blitwischen Escompte-Bank‹«[8] glaubt; ein Staatsamt also nur aus Eigennutz bekleidet und darin eine Chance auf einen gut dotierten Posten sieht. Dass Krleža von diesen Lupis-Massnoffs, die in Blitwien wie Pilze aus dem Boden schossen, nichts hielt, zeigt dabei klar deren Charakterisierung als »Knäuel von

---

6 Einige Kritiker waren der Ansicht, dass es sich bei dem Roman um eine konkrete Allegorie des ersten Jugoslawiens handelt; doch Krleža wies diese Interpretation mit der Erklärung, das Königreich Jugoslawien sei nicht der einzige undemokratische Staat mit ungelösten nationalen Fragen gewesen, zurück. Vgl. dazu das Vorwort von Krešimir Nemec zur letzten Ausgabe der Roman-Trilogie.

7 M. KRLEŽA, Banket, 2013, S. 44 f.

8 Ebd., S. 784.

Gedärmen und Nieren in Hosen«.[9] Sein Held Niesen dagegen zieht sich letztlich resigniert aus der Politik zurück und widmet sich allein der Schriftstellerei, die ihm das Einzige bleibt, »was der Mensch bis heute als Waffe zur Verteidigung seiner Menschenwürde erfunden hat.«[10]

Korruption ist in Blitwien ein alltägliches Phänomen, ein funktionales Element des Staatswesens und gängige Praxis in allen Gesellschaftsschichten. Angesichts der Rückständigkeit der blitwinischen Gesellschaft ist sie ein kulturell bedingtes, sozialpathologisches Phänomen. Dass bereits in der zeitgenössischen Rezeption ein Zusammenhang zwischen den Zuständen in Blitwien und den realen Zuständen in Jugoslawien hergestellt wurde, liegt nahe. Schließlich ist das Thema in zeitgenössische Quellen wie Zeitungen, politischen Korrespondenzen aber auch der Memoiren-Literatur ubiquitär. Angesichts dieses ›Korruptionssumpfes‹ mussten nicht nur Idealisten am Staatswesen verzweifeln. Gleichzeitig stellt sich die Frage, warum so selten und/oder so erfolglos dagegen vorgegangen wurde.

3. Exkurs: Was ist Korruption, und muss sie bekämpft werden?

Der Historiker Jens Ivo Engels schlägt vor, das Phänomen Korruption in historischer Perspektive[11] mithilfe eines »methodischen Dreiecks« zu erforschen, das erstens zeitgenössische Definitionen von Korruption, zweitens zeitgenössische Debatten und Texte über Korruption und dritten konkrete Korruptionspraktiken in den Blick nimmt. Dabei sei es am schwierigsten, eine allgemeingültige Definition von Korruption zu finden, denn, so Engels, »im Alltagsverständnis glaubt jeder, eine klare Vorstellung von ihr zu haben« (und ist überzeugt, dass sie zu bekämpfen sei), doch »bei genauerem Hinsehen erweist sie sich als dehnbare Kategorie«. Auch wenn in vielen Fällen gesetzlich geregelt ist, wie Korruption jeweils definiert wurde, sagt dies noch wenig über die öffentliche Akzeptanz oder Ablehnung von Korruption aus.[12] Dass die Definition von Korruption zudem zeit- und ortsabhängig ist, macht die Sache nicht einfacher. Arnold Heidenheimer widmet sich der Thematik deshalb mittels Farbgebung. In seiner viel beachteten Farbentypologie unterscheidet er zwischen »weißer«, »grauer« und »schwarzer Korruption«. »Weiße Korruption« wird demnach von der Mehrheit der Gesellschaft toleriert, über »graue Korruption« besteht kein breiter Konsens – manche Gruppen der Gesellschaft halten sie für legitim, andere nicht (ein Beispiel hierfür wäre die ›kreative Buchhaltung‹) –, dagegen verstößt »schwarze

---

[9] Ebd.
[10] M. Krleža, Banket, 2013, S. 793.
[11] J. I. Engels, Geschichte der Korruption, 2014.
[12] J. I. Engels, Politische Korruption, 2006, S. 315 f., 320 f.

Korruption« so schwer gegen geltende ethische Normen, dass die Mehrheit der Gesellschaft sie ablehnt.[13]

Bezüglich der politischen Korruption im ersten Jugoslawien kann festgestellt werden, dass sie – zumindest was die bedeutenderen Affären anbelangt – als »schwarz« wahrgenommen wurde. Die Mehrheit der Gesellschaft verurteilte sie als etwas Unzulässiges. Für die angeführten Beispiele von Korruption war charakteristisch, dass öffentliche Ämter und Funktionen missbraucht wurden, um einen privaten Vorteil zu erzielen.[14]

Zahlreiche publizistische und historiografische Analysen geben dabei Aufschluss über konkrete Korruptionspraktiken.[15] Mechanismen korrupten Machtmissbrauchs im Amt, das gesellschaftliche Klima der Ermöglichung von Korruption, Typen von korrumpierten Politikern etc. ergeben ein Bild, das an die Verhältnisse im fiktiven Blitwien erinnert. Was die Korruptionshäufigkeit anbelangt, unterschieden sich der auf der Veitstagsverfassung basierende Parlamentarismus, die Zeit der Königsdiktatur und die zweite Hälfte der 1930er Jahre nicht erheblich voneinander. Unter den korrupten Politikern gehörten besonders viele der serbischen Radikalen Partei an – einfach deshalb, weil sie am längsten an der Macht war. Höhere Staatsbeamte wie subalterne Funktionäre, Minister und Abgeordnete, Verwaltungsangestellte und einfache Beamte – alle konnten sich bereichern. Am stärksten von Korruption geprägt waren Geschäfte, die Militärgüter und Infrastruktur jeglicher Art betrafen.

Das Ausmaß der Affären blieb den Zeitgenossen nicht verborgen, denn die Presse berichtete regelmäßig darüber, es gab parlamentarische Interpellationen und sogar einen Sonderausschuss zur Korruptionsermittlung, der neben der »Wiener Affäre« über die Anschaffung von Militärgütern auch die »Omnium-Serb-Affäre« um den Bau einer Waffenfabrik, die »Teokarević-Affäre«, bei der es um Kriegsschäden-Anleihen ging, die die Eisenbahn betreffende »Adamstahl-Affäre« und die »Našice-Affäre« untersuchte. In einer ganzen Reihe von Affären war der Sohn des langjährigen Parteiführers der »Radikalen« Nikola Pašić, Radomir Pašić, involviert[16].

Korruption galt als allgemeines Übel, über das sich auch die politischen Parteien in jedem Wahlkampf ausließen. Korruptionsbekämpfung war hingegen

---

[13] Zu den theoretischen Zugängen zur Korruption vgl. die Einführung zu der Schwerpunktausgabe der Zeitschrift Forum Historiae, in welcher die Korruption in der Slowakei behandelt wird: L. Vörös, Úvod. Korupcia, 2011, abrufbar unter: http://www.forumhistoriae.sk/FH2_2011/texty_2_2011/voros.pdf [21.3.2023].

[14] J. I. Engels, Politische Korruption, 2006, S. 315–319.

[15] Vgl. Z. Kulundžić, Politika, 1973; U. Šuvaković, Korupcija, 2011; A. Bulatović / S. Korać, Korupcija, 2006.

[16] Radomir Pašićs Affären analysierte Mojca Šorn im Kontext des erfolglosen Kampfs gegen die Korruption im ersten Jugoslawien minutiös. Vgl. M. Šorn, Rasputin, 2013, S. 16–27.

kein relevantes Thema in den Parteiprogrammer.[17] Offenbar diente der Vorwurf der Korruption vor allem als Waffe gegen der politischen Gegner, eine entschlossenere Bekämpfung derselben folgte daraus nicht. Einige Affären wurden zwar durch den Sonderausschuss untersucht,[18] im Korruptionsfall der Aktiengesellschaft *Našice* fand auch ein vielbeachtetes Gerichtsverfahren statt, doch abgesehen von einigen subalternen Beamten wurde im ersten Jugoslawien niemand wegen korrupter Praktiken verurteilt.[19]

Entsprach demnach die Art des Umgangs mit und die Berichterstattung über Korruption den allgemeinen Erwartungen der Öffentlichkeit – abgesehen von den wenigen »Nielsens«-Idealisten in der Politik? Eine Antwort darauf kann die untypische, aber gerade deshalb womöglich aufschlussreiche »Korruptionsaffäre« des Abgeordneten Rašović geben – eine Affäre, die es eigentlich gar nicht gab, und über die in der Literatur zur Korruption in Jugoslawien auch nichts zu finden ist.

Am Morgen des 4. März 1938 setzten die Abgeordneten der jugoslawischen Skupština routiniert die am Vortag unterbrochene Haushaltssitzung fort. Auf der Tagesordnung stand der Haushaltsentwurf des Heeres- und Marineministeriums, der vom zuständigen Minister, General Ljubomir Marić, präsentiert wurde.[20] Nur eine Stunde später trat der Ministerpräsident der mit Jugoslawien verbündeten Tschechoslowakei, Milan Hodža, in deren Hauptstadt vor die versammelten Abgeordneten und Senatoren und hielt eine vielbeachtete Rede, in der er Adolf Hitler unmissverständlich mitteilte, dass die Tschechoslowakei eine Einmischung in ihre Innenpolitik nicht zulassen und ihre Freiheit verteidigen werde. Die Auftritte von Marić und Hodža waren nicht aufeinander abgestimmt, und so sprach ungeachtet der zugespitzten Lage der jugoslawische Kriegsminister Marić nur in gewöhnlichem Vortragston die »Erfahrungen« Abessiniens, Spaniens und Chinas an.[21] Die jugoslawischen Politiker – oder zumindest der Großteil von ihnen – kehrte ihrem bedrohten Verbündeten Tschechoslowakei den Rücken zu.

---

[17] U. Šuvaković, Korupcija, 2011, S. 64 f. Zu den Verhältnissen in Slowenien vgl. B. Balkovec, »Vsi na noge«, 2011, S. 237–286 (über die Wahlpropaganda), und J. Perovšek, Programi, 1998.

[18] AJ, »Narodna skupština« (72), f. 110.

[19] Im Prozess über die Našice-Affäre wurden der ehemalige Minister Nikola Nikić und der Abgeordnete Dragoljub Jevremović in erster Instanz verurteilt, aber im Berufungsverfahren freigesprochen. In der Teokarević-Affäre wollte die Skupština die politische Verantwortung des Ministers Lazar Marković prüfen, aber trotz überzeugender Beweise stimmte sie zu dessen Gunsten ab (Marković gehörte den »Radikalen« an).

[20] SBNSKJ, »27. redovna sednica«, 4.3.1938, abrufbar unter: Zgodovina Slovenije – SIstory, http://sistory.si/publikacije/?menu=402 [21.3.2023].

[21] Vgl. folgende Zeitungsberichte: »Naša državna obramba«, in: Jutro, 5.3.1938; »Seja Narodne skupščine«, in: Slovenec, 5.3.1938.

Auf Marićs Exposé folgte eine ebenso unspektakuläre Debatte. Im Wesentlichen lösten die Abgeordneten einander darin ab, dem Minister zuzustimmen. Gegen 13 Uhr, kurz bevor der Oppositionspolitiker Miloš Rašović zu Wort kommen sollte, wurde es in der Skupština unruhig. Rašovićs Abgeordnetenkollegen verbreiteten eilig die Nachricht, dass der Mann verschwunden war. Eine Intrige schien ihren Lauf zu nehmen – auch angesichts dessen, was Rašović am Vortag in ganz Belgrad »verkündet« hatte. Er hatte angemeldet, als Redner und Repräsentant der Opposition durch die Offenlegung belastenden Materials Korruptionsaffären im Kriegsministerium aufzudecken. Die Erwartungen waren ohne Zweifel hoch, doch von dem beschuldigten Abgeordneten fehlte jede Spur. Über sein »Verschwinden« entwickelten sich sogleich die skurrilsten Spekulationen, bis Rašović plötzlich in der Skupština erschien.[22] Es war 13.30 Uhr und die Nervosität erreichte ihren Höhepunkt, doch der Abgeordnete trat nicht ans Rednerpult.

Der Vorsitzende seines Abgeordnetenklubs, Janko Baričević, teilte den Anwesenden mit, dass Rašović auch beim besten Willen nicht sofort mit seiner Rede beginnen könne, weil er am Vormittag Opfer eines Überfalls geworden sei. Vier »Banditen« hätten ihn umzingelt, einer habe ihm »die Faust in den Magen gerammt«, und der andere hätte »von hinten auf ihn eingeschlagen«. Er habe das Bewusstsein verloren, worauf die Banditen ihm das Kuvert mit den Notizen für seine Rede in der Skupština samt einem »Originaldokument, mit dem er seine Ausführungen stützen wollte« abnahmen.[23] Ein beispielloser Skandal um eine Verschwörung in Militär- und Polizeikreisen war losgetreten, der auch den diplomatischen Vertretern aus dem Ausland nicht entging. So berichtete der tschechoslowakische Diplomat Josef Körbel ausführlich über den Vorfall, der ganz Belgrad in Aufregung versetzte.[24]

Die jugoslawische Regierung musste reagieren, Innenminister Anton Korošec ergriff sofort nach Baričevićs Auftritt das Wort. Die Galionsfigur der Slowenischen Volkspartei begann langsam, aber bestimmt zu sprechen: »Als ich von der Angelegenheit erfuhr, habe ich den Belgrader Polizeichef umgehend angewiesen, eine Untersuchung einzuleiten. Die Untersuchung hat ergeben: [...]«[25] Die Stimmung im bereits sehr unruhigen Plenarsaal wurde noch hitziger, die Oppositionsabgeordneten tobten. Für den Tumult gab es sachliche Gründe: War

---

[22] »Seja Narodne skupščine«, in: SLOVENEC, 5.3.1938.
[23] SBNSKJ, »27. redovna sednica«, 4.3.1938, abrufbar unter: Zgodovina Slovenije – SIstory, http://sistory.si/publikacije/?menu=402 [21.3.2023].
[24] AMZV PZ, »Beograd«, Bericht vom 5.3.1938.
[25] Für die Zusammenfassung von Korošecs Bericht wurde die in der Zeitung Jutro veröffentlichte slowenische Übersetzung herangezogen. Das serbische Original, das in den Stenografischen Aufzeichnungen der Narodna Skupština abgedruckt wurde, unterscheidet sich nur geringfügig von der Übersetzung.

Korošecs rasche Entgegnung an sich nicht ungewöhnlich, so war es seine Mitteilung doch umso mehr. Nur wenige Stunden nachdem die Abgeordneten gerade erst offiziell über den Vorfall unterrichtet worden waren, hatte der Innenminister bereits einen Polizeibericht über dessen Untersuchung parat – als wäre er darauf vorbereitet gewesen. Korošecs Ausführungen waren detailliert und vorhersehbar:

>In der Nähe des Hauses des Abgeordneten Rašović befindet sich ein kleines Café namens *Malo Dedinje*. Rašović verließ gegen halb zehn das Haus. Er ging auf seinem gewohnten Weg am Café vorbei in Richtung der Artilleriebaracken. Der Abgeordnete wurde vom Kaffeehausbesitzer Živan Sremčević und von dem Kellner Milan Petrović gesehen. Gemäß der Schilderung hätte sich der Vorfall vor dem Café ereignet, wo ein Gendarm stationiert ist. Der Gendarm, der auch zum betreffenden Zeitpunkt dort stand, hat nichts gehört oder gesehen, er hat überhaupt nichts bemerkt.«

In der Umgebung des Cafés befragte die Polizei die Bevölkerung, fand dabei aber nichts heraus. Korošec hielt deshalb fest, dass zwischen den Erkenntnissen der Polizei und Rašovićs Worten »Widersprüche« bestünden. Er mache sich daher Sorgen, ob »hier nicht eine Mystifizierung im Spiel ist«. Auf jeden Fall betont er im Namen der Regierung abschließend, »dass uns viel daran liegt, dass die Sache bereinigt und aufgeklärt wird und dass, schon im Interesse dieses hohen Hauses, der ganzen Wahrheit auf den Grund gegangen wird«. Abgeordnete begannen zu schreien, einige klatschten, andere kritisierten Korošec, und der Vorsitzende unterbrach die Sitzung. Erst am Abend wurde sie fortgesetzt.

Gegen sieben Uhr trat endlich der Abgeordnete Rašović ans Rednerpult. Seine Rede war eine lange Anklage, blieb Belege allerdings schuldig. Angeblich hatten ihm die vier Angreifer die zum Beleg seiner Vorwürfe erforderlichen Dokumente gestohlen. Er warf dem Minister Missbrauch vor, behauptete, dass dieser »aus dem Ministerium ein Geschäft gemacht« habe und wiederholte allgemein bekannte Vorwürfe. Wegen des allgemeinen Tumults und wegen der Unterbrechungen konnte Rašović seine Rede kaum zu Ende bringen.

Einen Monat später, als die Aufregung bereits am Abklingen war, schrieb der gut informierte Diplomat Körbel – als enger Mitarbeiter von Edvard Beneš wurde er nach dem Zweiten Weltkrieg der erste tschechoslowakische Botschafter in Belgrad –, dass der ganze Vorfall vermutlich inszeniert und Rašović nur das Opfer eines »Cliquenkampfs« gewesen sei. Allerdings erzählte man sich auch, dass es sehr wohl Affären gegeben hätte.[26] Bedeutender ist, dass alle politischen Beteiligten die Angelegenheit zu ihren Zwecken instrumentalisierten. Die Opposition bekam nützliches Material für Attacken auf die Regie-

---

[26] AMZV PZ, »Beograd«, Bericht vom 22.3.1938.

rung, den Medien wurde eine interessante Geschichte geliefert und der regierenden Jugoslawischen Radikalen Union sowie dem Innenminister bot sich die Gelegenheit, ihre Hände in Unschuld zu waschen und zu beteuern: »Uns liegt viel daran, dass die Sache aufgeklärt wird.« Allgemein war der Politik dadurch gedient, dass die Affäre die Aufmerksamkeit von der internationalen Krise ablenkte. Als die Tschechoslowakei bedroht wurde und die Verpflichtungen aus der Kleinen Entente für Jugoslawien immer unvorteilhafter wurden, war es einfacher, sich damit zu beschäftigen, wer mit einem Schlagring auf einen Abgeordneten losgegangen war. Nicht zuletzt profitierte auch Rašović selbst von der Affäre. Falls die Dokumente wirklich nicht existierten, entging er so, wenn auch auf eine ungeschickte Art, einer Blamage. Wurden sie hingegen gestohlen, konnte er die Gelegenheit nutzen, aus seiner Stellung als politisches Opfer Kapital zu schlagen. Am Ende war selbst die breite Öffentlichkeit zufrieden, hatte die Affäre doch einen vermeintlichen Beweis geliefert, dass sich jemand des Problems der Korruption annahm. Das allein schon war ein – wenn auch trügerischer – positiver Umstand. Denn der echte Wille, die Korruption entschieden zu bekämpfen, fehlte im ersten jugoslawischen Staat meistens.

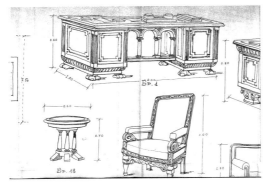

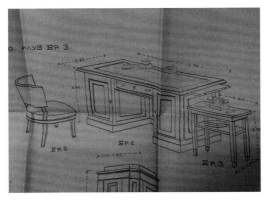

ABBILDUNGEN 30–32   Die Hierarchie unter den Abgeordneten spiegelte sich deutlich in der Ausstattung der einzelnen Räume wider. Der Architekt Nikola Krasnov ent-
warf u. a. auch besondere Schreibtische. Oben ist der luxuriöseste
Schreibtisch zu sehen – der für den Präsidenten der Nationalversammlung, darunter der Schreibtisch des Sekretärs der Versammlung und dann
der einfachste und kleinste – der Abgeordnetenschreibtisch. Skizze von
Nikola Krasnov, 1935. © Arhiv Jugoslavije, »Narodna skupština« 72

Sechstes Kapitel

Beamte, Stenografen und andere Bedienstete

1. Der Staatsdienst in Belgrad

Dragica Hribar war 1919 ein junges Mädchen, das aus einer vornehmen Industriellenfamilie aus Ljubljana kam. Ihr Vater Dragotin war der Gründer der Fabrik *Pletenina*, Zeitungsverleger und später Vorsitzender der Börse von Ljubljana und der Bank *Kranjska hranilnica*. Dragicas Mutter Evgenija entstammte der Familie Šumi, welche die heute noch bestehende Bonbonfabrik gegründet hatte.[1] Dragica hatte zu Zeiten des Ersten Weltkriegs noch von einem Studium an einer grafischen Lehranstalt in Wien geträumt, doch änderten der Zerfall der Habsburgermonarchie und die Gründung Jugoslawiens die Pläne der 22-Jährigen: Sie bewarb sich um eine Anstellung in Belgrad und schrieb deshalb an Fran Mayer, der mit den dortigen Verhältnissen vertraut war, und ihr bald darauf antwortete:

»Hochgeschätztes Fräulein, wie versprochen habe ich mich in Belgrad hinsichtlich Ihrer Wünsche erkundigt; willkommen wären Sie bei Dr. Korošec, in dessen Ministerium Sie als Sekretärin arbeiten könnten. Beim demokratischen Klub würde man sie ebenfalls sofort als Sekretärin aufnehmen. – Die Arbeit dort wäre sehr interessant [...]. Nehmen Sie in jedem Fall etwas Konzeptpapier zum Schreiben mit, denn das gibt es in Belgrad nicht, und besseres Papier für die Maschine, dort gibt es nur ungeleimtes Papier, und Federn, Bleistifte etc. [...]. Ich hoffe, Ihnen damit gedient zu haben, und Sie, wenn ich in absehbarer Zeit wieder nach Belgrad komme, bereits als Ministerialsekretärin begrüßen zu dürfen.«[2]

Dragicas Briefe aus Belgrad an ihre Mutter waren anfangs voller Begeisterung. Belgrad fand sie, obwohl die Stadt stark vom Krieg zerstört war, schön und mit ihrer Arbeit war sie überaus zufrieden:

---

[1] Vgl. A. HRIBAR, Rodbinska, 2008. Dragicas Bruder Rado kaufte im Jahr 1936 das Schloss Strmol, wo er mit seiner extravaganten Gattin Ksenija lebte. Auf der Geschichte des Paares basiert Drago Jančars Roman Die Nacht, als ich sie sah. Übersetzung von Daniela Kocmut und Klaus Detlef Olof, Originaltitel: To noč sem jo videl.

[2] A. HRIBAR, Rodbinska, 2008, S. 130 f.

»Gestern [...] hatte ich eine Audienz beim Minister [...] ich werde keine Hilfskraft sein, sondern Beamtin [...]. Darüber hinaus habe ich den Auftrag, mich im Ministerium umzusehen und dort anzupacken, wo es am nötigsten ist; einen streng eingegrenzten Arbeitsbereich habe ich nicht. Etwas Besseres und Angenehmeres kann ich mir gar nicht vorstellen.«

Sie bat ihre Mutter noch, ihr per Kurier umgehend folgende Dokumente zu schicken: »1/meine Geburtsurkunde, 2/das Abschlusszeugnis vom Lyzeum, 3/das Reifezeugnis, 4/das Zeugnis über die staatl. Prüfung für Stenografie«. Bis dahin hatte man sich diesbezüglich einfach auf ihr Wort verlassen.[3]

Die anfängliche Freude wich jedoch bald der Indignation über die Verhältnisse in der Hauptstadt. »Jetzt sind es genau 12 Tage, dass ich nichts arbeite, davor habe ich es zumindest dem Anschein nach getan, aber jetzt, ein Umzug nach dem anderen ...«, klagte sie und bemühte sich um eine Versetzung. Der Vorsteher des Pressebüros empfing sie freundlich und versprach ihr, sie in 10 bis 20 Tagen »einzustellen«. »So befinde ich mich jetzt nachmittags in der misslichen Lage, nicht zu wissen, zu wem ich gehöre und wo ich hingehöre, in die Verpflegung oder in die Verwaltung oder gar ins Pressebüro.« Mit der Zeit wurde sie regelrecht sarkastisch:

»Dieses Jugoslawien, das sich einen ›Staat‹ nennt, aber noch lange kein richtiger Staat ist, soll der Teufel holen; ich wäre beim Zusammenbruch gerne dabei, ich hege den Verdacht, dass ich beim Warten nicht alt werde. [...] Jetzt gehe ich noch ein wenig in den Zirkus, der sich stolz ›Volksvertretung‹ nennt. Dort werde ich zuerst mit dem Orang-Utan, der jetzt als Minister für innere Angelegenheiten fungiert und den stolzen Namen Dr. Pribičević trägt, kokettieren. Dann werde ich die kleine Chinesin (so sieht sie nämlich aus, eigentlich ist sie in Šumadija geboren) in große Bedrängnis bringen, indem ich sie zwinge, zu sagen, dass Korošec schöner ist als der eine Clown, pardon, Abgeordnete, für den ihr Herz brennt; dann gehe ich ins Couloir, um mich zu unterhalten und zu erfahren, was es Neues gibt, und dann werde ich in einem slowenischen Gasthaus nobel zu Abend speisen.«[4]

Der Staat *in statu nascendi* war offensichtlich von administrativem Chaos, ständigen Büroumzügen, Materialmangel, unklaren Zuständigkeiten und Nepotismus im Amt geprägt – viel Gewicht hatten beispielsweise die Empfehlungen von Minister Korošec. War Dragica Hribar als Beamtin der ersten Stunde sozusagen noch Mädchen für alles, professionalisierte sich der Parlamentsbetrieb in den folgenden Jahren, wie das Beispiel der Einstellung Stanko Mencingers zeigt.

---

[3] Ebd., S. 132 f.
[4] Ebd., S. 136–138.

Im Jahr 1935 gab es in Belgrad schon lange keinen Materialmangel mehr und auch alle staatlichen Institutionen arbeiteten mit voller Leistung. Die Beamten, Arbeiter und Gewerbetreibenden eilten jeden Morgen routiniert zu ihren Arbeitsplätzen, unter ihnen befanden sich auch 10 000 in Belgrad wohnhafte Slowenen. Diese hatten drei eigene Kulturvereine und in den Jahren 1933 und 1934 sogar eine eigene Zeitung (»Slowenische Belgrader Wochenzeitung« – *Slovenski beograjski tednik*). Von der zweiten Ausgabe an wurde sie von Vladimir Bartol redigiert, nur für die Erstausgabe waren der Literat Slavko Savinšek aus dem Savinja-Tal in Slowenien und der junge Stanko Mencinger verantwortlich gewesen.[5] Auch Mencinger war Schriftsteller und Gelegenheitsdichter, seine politischen Zeitungsartikel waren scharfe Analysen. Ende Mai 1935 trat Mencinger die Anwartschaftsprüfung auf eine Beamtenstelle in der Narodna Skupština an. Eine Anstellung im Parlament stand kurz bevor.

Die Fachprüfung dauerte drei Tage – sie bestand aus einem schriftlichen und einem mündlichen Teil –, und die Kandidaten wurden der strengen Beurteilung einer Kommission unter Vorsitz des Vorstehers der Verwaltungsabteilung des Parlaments Mihajlo Jovanović unterzogen. Stanko Mencinger musste im Zuge des schriftlichen Teils zwei Aufgaben lösen, wobei die erste Aufgabenstellung beinahe eine Seite lang war. Sie illustriert nicht nur die administrative, sondern auch die mentale Welt des ersten Jugoslawiens:

»Der Inspektor der Finanzdirektion in Novi Sad prüfte die Geschäftstätigkeit des Kassiers der Steuerbehörde in Vršac und gab einen Bericht ab, laut dem er keine Unregelmäßigkeiten gefunden hatte. Später führte das Finanzministerium eine Revision durch und stellte fest, dass 100 000 Din fehlen. Der Inspektor wurde gemäß der Entscheidung des Disziplinarorgans zwangspensioniert. In seinem Dossier stand: Geboren am 1.1.1880, am 5.1.1897 wurde er Tagelöhner bei der Post, was er bis zum 31.12.1899 blieb, als er seinen Militärdienst antrat. Am 1.1.1901 wurde er als Schreiber des Ministeriums angestellt. In dieser Position arbeitete er bis zum 1.1.1920. Zwischen dem 1.2.1929 und dem 1.5.1932 war er Inspektor der Direktion. Am 1.1.1932 wurde er wiedereingesetzt, und blieb bis zum 1.4.1935 in dieser Position. Als Soldat nahm er vom 1.10.1912 bis zum 1.6.1913 am Ersten Balkankrieg teil.«

Der Kandidat musste sämtliche Stationen der Karriere des Inspektors rekonstruieren, dabei alle Vorschriften und einzelnen Beförderungen skizzieren (Befragungen, Protokolle, Bescheide, Urteile, Berufung usw.) und am Ende einen Pensionierungsbescheid ausstellen. Die zweite Aufgabe war nicht einfacher, nur die Angaben dazu waren kürzer: Der Kandidat musste das gesamte Gesetzgebungs-

---

[5]   Die erste Ausgabe des *Slovenski beograjski tednik* wurde am 15.10.1933 publiziert.

verfahren in der Volksvertretung beschreiben. Auf den schriftlichen Teil folgte
noch der mündliche, und Mencinger absolvierte beide mit sehr gutem Erfolg.
Er besaß in der Tat eine Begabung für den Staatsdienst. Neben ihm waren noch
weitere 20 Kandidatinnen und Kandidaten zum Maitermin angetreten. Acht
von ihnen waren erfolgreich, die meisten erlangten die Note »Gut«.[6]

Innerhalb der 16 Jahre, die seit Dragica Hribars Ankunft in Belgrad vergangen waren, hatten sich offensichtlich sowohl die Kriterien für die Einstellung von Beamten als auch deren Arbeitsbedingungen, Zuständigkeiten und
deren Zahl verändert. Der Staat hatte einen funktionierenden Beamtenappa-
rat aufgebaut.

2. Die Parlamentsbediensteten

Auch wenn vordergründig die Abgeordneten den Stoff für die Parlamentaris-
musgeschichtsschreibung liefern, agierten diese weder ohne Beratung noch
ohne einen sie unterstützenden Verwaltungsapparat. Zahlreiche Verwaltungs-
mitarbeiterinnen und -mitarbeiter sorgten im Hintergrund dafür, dass die Gesetzgebungsverfahren und alle anderen parlamentarischen Vorgänge reibungslos
funktionierten. Das Parlament des ersten Jugoslawiens unterschied sich in dieser
Hinsicht nicht von anderen vergleichbaren Volksvertretungen dieser Zeit. Die
Parlamentsdienste in ganz Europa waren bereits damals zu komplexen Fachorga-
nismen angewachsen, die das Grundgerüst für die Parlamentsarbeit bildeten. In
der jugoslawischen Narodna Skupština waren während des ersten Mandats nach
dem Inkrafttreten der oktroyierten Verfassung (einschließlich der Parlamentspolizei) bereits 231 reguläre Mitarbeiter und Honorarkräfte sowie die 50-köp-
fige Brigade der Parlamentsfeuerwehr mit ihrem Kommandanten im Einsatz.[7]

Die Organisation der Dienste der Skupština veränderte sich im Laufe der
Zeit, doch blieb die Einteilung in die vier Bereiche Verwaltung, Stenografenbüro, Buchhaltung/Kasse sowie Bibliothek im Großen und Ganzen bestehen.[8]
Untergliedert waren diese Abteilungen wiederum etwa in Personalwesen, Tech-
nik, Beschaffung und Archiv. Die Verwaltung stellte das administrative Grundgerüst des Parlaments dar; ihre Bediensteten verwalteten Dokumente, erstellten
Statistiken oder die vom Präsidenten der Skupština benötigten Fachunterlagen
gen und setzten Tagesordnungen auf. Die Stenografen, Revisoren und Anwär-

---

[6] AJ, »Narodna skupština« (72), f. 129/396–398, »Zapisnik o polaganju državnog stručnog ispita [...]«.

[7] AJ, »Narodna skupština« (72), f. 130, »Spisak razvrstanog osoblja Narodne skupštine«.

[8] AJ, »Narodna skupština« (72), f. 73/280–282, »Naredba o rasporedu rada u Narodnoj skupštini«; »Nacrt pravilnika o organizaciji službe u Narodnoj skupšini i skupštinskim službenicima«.

ter schrieben eifrig und genau jedes einzelne gesprochene Wort nieder, redigierten und druckten die Protokolle, bereiteten Abstimmungen vor und schrieben Zusammenfassungen der Arbeit des Parlaments. Zusammen mit den Parlamentsbuchhaltern und Bibliothekaren sowie den zahlreichen Angestellten der Abteilung für Ordnung und Reinigung und den nicht weniger zahlreichen Mitarbeitern der technischen Abteilungen – Schreiner, Heizer, Elektriker, Parkettleger, Maschinenmeister, Mechaniker, Chauffeure –, bildeten sie das Rückgrat des Regierungssystems. Sie waren für alles zuständig, was nicht die inhaltliche Arbeit des Parlaments betraf.

Alle, die – wie Mencinger – als Beamte arbeiten wollten, mussten hierfür eine staatliche Fachprüfung absolvieren, die mit Ausnahme der Stenografen für alle Bereiche die gleiche war. Nicht zuletzt zählte ein Universitätsdiplom zu den Antrittsvoraussetzungen. Die Kandidaten der höheren Laufbahn im stenografischen Dienst mussten ihre Kenntnisse beispielsweise in den Bereichen Rechts- und Staatswissenschaften unter Beweis stellen und zwei zehnminütige Diktate in mittlerer Geschwindigkeit (100 bis 120 Wörter pro Minute) sowie zwei zehnminütige Durchläufe im Mitschreiben einer Rede während einer Parlamentssitzung absolvieren.[9]

Der Dienst in der Skupština war ein Vollzeitjob. Arbeitszeit an sitzungsfreien Tagen war von 8 bis 12.30 Uhr und von 15.30 bis 18 Uhr und während der Sitzungswochen entsprechend der jeweiligen Sitzungsdauer.[10]

Wie die Vielzahl an Bewerbungen in diesem Zeitraum zeigt, war die Arbeit in der Parlamentsverwaltung inbesondere in den 1930er Jahre eine begehrte Beschäftigung. Üblicherweise waren den Bewerbungen Empfehlungsschreiben hoher Parlamentsbeamter, Abgeordneter oder Minister beigefügt. Besonders gern sprach der slowenische Abgeordnete Režek Empfehlungen aus: als Parlamentsdiener empfahl er Valentin Urbanc, als Schreibkräfte Ksenija Ferjančič und Valentina Jeraj und als Reinigungskraft Angela Vrečar, wobei er grundsätzlich nur Slowenen empfahl.[11]

Die Löhne der Parlamentsbediensteten waren im europäischen Vergleich eher durchschnittlich. Dafür handelte es sich um sichere Arbeitsplätze. Je nach Position und Ausbildung variierten die Gehälter stark: Im Jahr 1932 verdienten die Revisoren im Stenografenbüro, die zu den Bestverdienern gehörten, monatlich 3000 Din, während das Garderoben- und Reinigungspersonal etwas weniger als 1000 Din erhielt. Stenografen-Anwärter wurden mit 1500 Din entlohnt, Par-

---

[9] AJ, »Narodna skupština« (72), f. 129/396–398, »Zapisnik II. sednice ispitne komisije za polaganje državnog stručnog ispita […]«.
[10] AJ, »Narodna skupština« (72), f. 118/371, »Radno kancelarisko vreme«.
[11] AJ, »Narodna skupština« (72), f. 130, »Spisek prosilcev«.

lamentsdiener mit knapp 1200 Din. Verhältnismäßig gut bezahlt wurden auch dienstältere Chauffeure, sie erhielten monatlich 2000 Din.[12]

Zieht man die Vorfälle im Parlament in der zweiten Hälfte der 1920er Jahre und der zweiten Hälfte der 1930er Jahre in Betracht, wurden die Stenografen und das Reinigungspersonal wohl am stärksten beansprucht. Erstere mussten unter oftmals unmöglichen Bedingungen und unerträglichem Geschrei den Wortlaut der Parlamentssitzungen protokollieren, letztere die Folgen der Tumulte, Schlägereien und anderer Gewaltausbrüche im Parlament beseitigen. Zudem waren die Hausregeln für Reinigungskräfte sehr detailliert und ihre Arbeit wurde streng kontrolliert. Der Parkettboden in den Gängen war mindestens zwei Mal im Monat zu schrubben und wachsen sowie jeden Morgen zu wischen. Ein Mal wöchentlich war der Parlamentssaal zu reinigen und sein Boden zu ölen; außerdem mussten ein Mal pro Monat die Fenster geputzt und musste täglich staubgewischt werden.[13] Daneben waren die Reinigungskräfte gemeinsam mit den Hausmeistern, Schlossern und Schreinern des Parlaments dafür verantwortlich, die Schäden zu beseitigen, die durch die lebhafte Debattenkultur der Abgeordneten verursacht wurden.

3. Intrigen, Lügen, Zwischenmenschliches

Tratsch im Foyer, der Vergleich von Ministern mit Orang-Utans, verärgerte Kollegen: Dragica Hribars Aufzeichnungen von 1919 beschreiben auch den zwischenmenschlichen Alltag der Parlamentsbediensteten. So gab es unzählige Gerüchte über romantische Beziehungen innerhalb der Parlamentsverwaltung, von denen nur einige wenige ans Tageslicht und vor die Disziplinarorgane des Parlaments kamen. Weil sie einen Blick auf das Parlament aus einer anderen, alltagsgeschichtlichen Perspektive ermöglichen, werden ihnen an dieser Stelle einige Zeilen gewidmet.

Die Palette moralischer Disziplinarvergehen in der Skupština war groß. Von Banalitäten – wie beispielsweise der Geschichte um den Hilfssekretär Aleksandar Stanković, der den Parlamentsdiener Ljubomir Marković aufs Derbste beleidigte und gegen den deshalb ein Disziplinarverfahren eingeleitet wurde –[14] bis hin zu waschechten Intrigen, die im Fall der Schreibkraft Rafaela Varšek an eine Seifenoper erinnern.

---

[12] AJ, »Narodna skupština« (72), f. 130, »Evidencija platne pripadljnosti«.

[13] AJ, »Narodna skupština« (72), f. 73/280–282, »Naređenje Otseku za red i čistoću«; f. 118/371, »Privremeni kućni red Narodne skupštine«.

[14] AJ, »Narodna skupština« (72), f. 129/396–398, »Izveštaj [...]«.

Varšek fand sich im Jahr 1935 schlagartig mitten in einem Netz von Gerüchten und Verleumdungen. Als sie eines Morgens zur Arbeit im Finanzausschuss der Skupština erschien, sprach sie eine Parlamentsbedienstete in vertraulichem Ton darauf an, ob sie in den vergangenen Tagen vielleicht »gezecht« hätte. Varšek antwortete, sie sei am Wochenende im Kino gewesen, falls man das als »zechen« bezeichnen könnte. Sie tat das Gespräch als gewöhnliches Geplauder ab, bis ihr am nächsten Tag der Beamte Dragović eine ähnliche Frage stellte: Er wollte wissen, ob sie vielleicht in Gesellschaft der Parlamentsbediensteten Jelena Listratova ein Lokal besucht und sich dort bis vier Uhr morgens aufgehalten habe. Eine »Meldung« sei eingegangen, wonach Listratova in Gesellschaft »einer Slowenin gezecht« habe. Die Bezichtigte glaubte, »ihre Ehre verteidigen« zu müssen, stürmte auf Listratova zu und verlangte eine Erklärung. Die Antwort der Kollegin lautete:

> »Bitte beunruhige dich nicht. Es handelt sich um anonyme Verleumdungen an die Narodna Skupština. Außer mir haben sie auch dich in die Angelegenheit hineingezogen. Die Sache ist die: Herr Aca Stanković, Beamter der Skupština der Stufe VII, hat mir vor zwei Wochen gesagt, dass er eine Information über mich habe, in Gesellschaft einer Slowenin gezecht zu haben. Ich bräuchte mir jedoch keine Sorgen machen, weil er die Notiz in seiner Schublade verwahre.«

Listratova sagte noch, sie nehme an, dass es sich um anonyme Beschuldigungen der Beamten Stanković und Sokolović handele, da die beiden ihr nicht wohlgesinnt seien. Varšek blieb trotz dieser Erklärung beunruhigt. Sie war Zielscheibe einer Verleumdung geworden.

Nach zwei Tagen voller Anspannung wurde sie plötzlich vom Kabinettchef des Präsidenten der Skupština persönlich zu sich gerufen. Dieser war ein distinguierter Herr, der sie rücksichtsvoll und freundlich, aber doch dringlich ermahnte. Sie sei eine Staatsbeamtin, deren Privatleben von öffentlichem Interesse sei, und stehe deshalb unter besonderer Beobachtung. »Bestimmte Personen«, so deutete er an, »sind mit dieser Beobachtung beauftragt«, und kam dann sofort auf den Punkt: »Waren Sie in Begleitung im Café Orač, und haben Sie sich dort bis in die Morgenstunden aufgehalten?« Die Beamtin unterbrach den Kabinettchef und erklärte, dass die Vorhaltungen gegen sie falsch seien und sie mit Listratova überhaupt nicht verkehre. Daraufhin versicherte ihr der Kabinettsekretär, ihr zu glauben und die Angelegenheit für abgeschlossen zu erklären.

Das Gerede verhallte mit der Zeit, und die Beamtin setzte ihre Arbeit im Finanzausschuss mit Fleiß und Überstunden fort. Der Vorsitzende des Ausschusses, der Abgeordnete Marko Kožul, beantragte beim Präsidenten der Skupština sogar eine Sonderzahlung für eine seiner besten Mitarbeiterinnen. Der Präsident der Skupština kam seinem Antrag wie gewohnt nach, allerdings nicht vollständig: Er strich Varšek von der Liste der Empfängerinnen von Sonderzahlungen mit dem Verweis auf den angeblichen Besuch bestimmter Lokale zu später Stunde. Der Präsident der Skupština schrieb dem Abgeordneten Kožul, dass er nur aufgrund seines Empfehlungsschreibens von einer eigentlich geplanten Entlassung der Beamtin Abstand genommen habe. Für diese brach daraufhin eine Welt zusammen. Sie hatte sich nichts zuschulden kommen lassen, war immer ausgezeichnet beurteilt worden und wurde nun für ein ›leichtes Mädchen‹ gehalten, das in seiner Freizeit in Nachtlokalen verkehre.

Varšek entschloss sich, die Sache schriftlich aufzuklären und dem Präsidenten der Skupština vorzulegen,[15] in der berechtigter Annahme, dass dieser keine umfassende Kenntnis der Angelegenheit hatte – oder haben wollte. Nach dem Erhalt von Varšeks Brief entschied sich der Parlamentspräsident für die Einleitung einer Untersuchung durch die Skupština, bei der alle Beteiligten angehört werden sollten.[16] Aufklärung lieferte schließlich – zumindest zum Teil – die Anhörung Aleksandar Stankovićs: »Das Datum weiß ich nicht mehr«, so seine Aussage, »aber es war im Büro des Chefs der Parlamentspolizei, mit dem ich von früher her befreundet bin.« Dieser habe ihm beim Kaffee von der »Meldung« eines Mitarbeiters berichtet, wonach zwei Beamtinnen des Parlaments, die Russin Listratova und eine Slowenin, sich betrunken im *Café Orač* in Gesellschaft von Abgeordneten aufgehalten hätten. Stanković riet dem noch unerfahrenen Sicherheitschef daraufhin, die Sache auf sich beruhen zu lassen, erzählten doch Agenten manchmal »aus Bosheit« mehr als nötig. In diesem Fall sei das auch gar nicht unwahrscheinlich, sei doch einer der Agenten in ein Fräulein Varšek verliebt.

Es bleibt offen, ob eine junge slowenische Beamtin aufgrund einer unerwiderten Liebe beinahe ihren Arbeitsplatz verloren hätte. Die Angelegenheit blieb weiter ohne Konsequenzen, hatte aber doch verhältnismäßig große Kreise gezogen. Jedenfalls gibt sie Auskunft über die moralischen Verhaltensnormen der Skupština sowie ein angestrebtes institutionelles Selbstbild.

4. Die Parlamentspolizei

Života Milutinović arbeitete als Maschinenmeister für die Skupština. An einem Morgen Ende Mai 1933 kam er kurz vor acht Uhr zur Arbeit, ging in sein Büro, nahm den Telefonhörer in die Hand und wählte die Nummer der Parlamentskantine. Es war Zeit für einen Kaffee und ein Frühstück. In der Kantine wurde

---

[15] AJ, »Narodna skupština« (72), f. 129/398, Brief von Rafaela Varšek an den Präsidenten der Skupština vom 6.12.1935.

[16] AJ, »Narodna skupština« (72), f. 129/396–398, Offizielle Notizen der Vernehmungen.

bereits mit Hochdruck gearbeitet, aber – anders als sonst – hörte an diesem Morgen niemand Milutinovićs Anruf, weil das Telefon gar nicht erst klingelte. Der erfahrene Maschinenmeister stellte umgehend fest, dass es einen Defekt in der Telefonzentrale des Parlaments gab. Sofort sah er sich die Lage vor Ort an und erkannte, dass der Motor der Anlage durchgeschmort war. Es folgten die Untersuchung und die Reparatur der Anlage, im Zuge derer noch ungewöhnlichere Tatsachen zutage traten. Der Schaden war durch »eine kleine Weintraube« verursacht worden, die offenbar absichtlich zwischen die Relais geworfen und so einen Kurzschluss verursacht hatte. Gleichzeitig hatte jemand die Bürsten des Automaten verbogen. Um die Zentrale wieder zum Laufen zu bringen, arbeitete der Maschinenmeister Milutinović vier Tage lang unermüdlich und musste zusätzlich noch 250 Din an einen externen Auftragnehmer bezahlen.[17]

Vielleicht hatte Jemand geschlampt oder sich einen Streich erlaubt. Das Parlamentspräsidium beurteilte den Sachverhalt jedenfalls anders und wollte Sabotage ausschließen. Der stellvertretende Parlamentspräsident, Avdo Hasanbegović, gab dem Chef des Sicherheitsdienstes des Parlaments im Sinne »der Arbeit, der Ordnung und der Sicherheit« deshalb einige Tage darauf die Anweisung, eine strenge Untersuchung vorzunehmen. Die beiden Gendarmen, welche die Räumlichkeiten der Zentrale bewachten, wurden verhört und die Ermittler suchten nach dem ominösen dritten Schlüssel zu den Räumlichkeiten. Eine kriminalistische Untersuchung wurde durchgeführt, die ergebnislos blieb – Sabotage ließ sich nicht nachweisen.[18]

So trivial die Geschichte der Sabotage an der Telefonzentrale auch erscheinen mag, so offenbart sie doch ein bedeutsames Detail des jugoslawischen Parlamentarismus: Während der gesamten Zeit des Bestehens des ersten jugoslawischen Staates galt der in der Verfassung festgeschriebene Grundsatz, dass das Parlament innerhalb seiner Liegenschaften die Polizeigewalt durch dessen Präsidenten ausübt.[19] So wurde die Untersuchung nicht vom Chef der Belgrader Polizei, sondern durch den stellvertretenden Präsidenten der Skupština angeordnet; durchgeführt wurde sie vom Sicherheitsdienst des Parlaments und nicht von einer regulären Polizeieinheit, wobei die Zuständigkeiten der Ermittler dieselben waren. Darüber hinaus waren zwei Gendarmen – also Mitglieder der Ordnungsdienste des Innenministeriums – mit der Angelegenheit betraut.

Die Zuständigkeit der staatlichen Exekutive mit Polizei und Gendarmerie durfte nicht in die Skupština hineinreichen, weil dies einen Verstoß gegen die dreigliedrige Gewaltenteilung dargestellt hätte. Wenn reguläre Polizeieinheiten das Parlament bewacht hätten, wäre das Parlament nicht nur symbolisch, son-

---

[17] AJ, »Narodna skupština« (72), f. 127/392.
[18] Ebd.
[19] Zur Parlamentspolizei vgl. T. Kaiser, »Brachialgewalt«, 2012, S. 197–203.

dern auch de facto der Regierung untergeordnet gewesen. Diese Ansicht hatte sich seit der Französischen Revolution Schritt für Schritt durchgesetzt. Am 25. Juni 1789 forderte die französische Nationalversammlung den König erstmals auf, seine Einheiten, die – offiziell zum Schutz der *Assemblée Nationale* – den Sitzungssaal umstellten, zu entfernen.

Abgesehen vom Geleit des Königs, dem Kriegsminister und anderen Angehörigen des Militärs durften im ersten Jugoslawien bewaffnete Personen das Parlament nicht betreten. Die Skupština war also auch in Sicherheitsbelangen unabhängig, was natürlich nicht bedeutet, dass ihr die Regierung mit ihrer Gendarmerie im Notfall nicht zur Hilfe eilen durfte – etwa bei Unruhen in der Skupština. Die Regierung durfte in solchen Fällen helfend einschreiten, jedoch erst, nachdem der Präsident der Skupština sie ausdrücklich darum ersucht hatte.[20] Streng genommen gab es der Verfassung nach nur einen Parlamentspolizisten: den jeweiligen Präsidenten der Skupština. Um seine Polizeigewalt wirksam ausüben zu können, verfügte dieser über einen eigenen Sicherheitsdienst mit Sonderagenten, daneben auch über einen Gendarmerieposten, also über bewaffnete Kräfte des Innenministeriums. Obwohl beim Ministerium angestellt, unterstanden diese, sobald sie die Skupština betraten, ausschließlich dem Präsidenten und durften nur dessen Befehle und Anweisungen befolgen. Von ihren Kollegen, die in Belgrad patrouillierten, unterschieden sie sich äußerlich durch einen Aufnäher mit der Aufschrift Narodna Skupština.[21]

Außerdem war die Polizeigewalt des Präsidenten der Skupština ungeteilt: Er durfte in der Ausübung seiner Polizeigewalt durch kein anderes Staatsorgan ersetzt werden. Wenn es in den Räumlichkeiten des Parlaments zu einem Zwischenfall kam, siehe das Beispiel Telefonzentrale, lag die Entscheidung über eine Untersuchung beim Präsidenten. Dasselbe galt, wenn im Parlament Verbrechen begangen wurden. Auch wenn Blut floss, durften Ermittler nicht eigenmächtig die Skupština betreten, die Spuren sichern und Verdächtige verhaften. Zuständig war allein der Präsident, der forensische Aufgaben der technischen Abteilung übertrug.

Sicherheitstechnisch gesehen war das Parlament von der Regierung also unabhängig, wobei sich in der Praxis manchmal herausstellte, dass diese Unabhängigkeit nur auf dem Papier bestand. Die Gendarmen blieben Gendarmen, obwohl sie dem Präsidenten der Skupština unterstellt waren, und das Präsidium war auch Teil der sogenannten Regierungsmehrheit – und damit oft genug nur der verlängerte Arm der Regierung im Parlament.

---

[20] S. Jovanović, Ustavno, 1924, S. 197 f.
[21] Ebd.

Im Krisenjahr 1928, als die Polizisten der Skupština sehr fragwürdige Dienste leisteten, war genau dies der Fall. Als der Abgeordnete des Bauernbunds Kokanović am Vormittag des 29. Februar 1928 unerwartet eine Tür eines Klubraums öffnete, ertappte er einen Kommissar der Parlamentspolizei namens Montanija beim Belauschen der Sitzung. Ein Parlamentsgendarm, ein Hüter des Parlaments, spionierte also für die Regierung. Kokanović soll darüber so erbost gewesen sein, dass er auf den Polizisten losging und ihm »ein paar schallende Ohrfeigen verpasste«. Die Abgeordneten des Clubs der Bäuerlich-Demokratischen Koalition entschlossen sich daraufhin, vor ihren Räumlichkeiten eine »Sonderwache« aufzustellen.[22] Der Missbrauch der Parlamentspolizei als ›Parteipolizei‹ – damit schien das parlamentarische System dabei zu sein, seine verfassungsmäßigen Kompetenzen selbst zu zerstören.

Die Sicherheitsvorschriften der jeweiligen Parlamentspräsidenten waren stets streng dogmatisch. Kosta Kumanudi, der Präsident der ersten Skupština nach ihrer Wiedereinsetzung in den 1930er Jahren, behandelte im Herbst 1932 mit der Verordnung Nr. 1[23] sicherheitstechnische Fragen. Auf vier Seiten wurde in 27 Artikeln ein Regelwerk aufgeführt, das ein lebendiges Bild des Parlamentarismus entwirft.

Als erstes widmete sich Kumanudi den Automobilen. Davon gab es in Belgrad bereits so viele, dass geregelt werden musste, wer in den Innenhof der Skupština fahren und wer direkt beim Gebäude an der Straße parken durfte. In den Hof gelassen wurden nur die Fahrzeuge des Parlamentspräsidiums, des Senatspräsidiums und der Regierungsmitglieder; die anderen Parlamentsangehörigen benötigten dafür Sondergenehmigungen. Vor dem Gebäude durften Fahrzeuge nur halten, um Personen ein- und aussteigen zu lassen. Bei längeren Aufenthalten konnten Chauffeure in den Straßen der näheren Umgebung warten. Chauffeure, die in den Hof fuhren, mussten auf die Lautstärke ihrer Fahrzeuge achten, in den 1930er Jahren waren vorwiegend Autos der amerikanischen Marke *Chrysler* gefragt. Im Jahr 1936 zählte der Siebensitzer *Plymouth P2 Deluxe Passenger*, schwarz lackiert und luxuriös ausgestattet, zu den neuesten technischen Errungenschaften. Er kostete 107 000 Din, hatte sechs Zylinder und 78 PS, ein Getriebe mit drei Vorwärtsgängen und einem Retourgang, ein eingebautes Radio und einen elektrischen Zigarettenanzünder.[24]

In der unmittelbaren Umgebung des Parlamentsgebäudes war nicht nur das Abstellen von Autos verboten, auch der Aufenthalt oder gar Versammlungen von Personen waren untersagt. Umso lebhafter ging es im Inneren des Parlamentsbaus zu. Abgeordnete, Journalisten, Personal und Diplomaten betraten

---

22 »S policijo in špijoni …«, in: SLOVENSKI NAROD, 1.3.1928.
23 AJ, »Narodna skupština« (72), f. 127/392, »Naredba 1 z dne 22.11.1932«.
24 AJ, »Narodna skupština« (72), f. 127/394.

das Gebäude durch den Haupteingang, die Präsid en der Skupština und des Senats durch den linken und die Besucher durch den rechten Seiteneingang. Pa-
kete und Gegenstände jeglicher Art mussten von der Polizei sorgfältig durch-
sucht werden. Noch mehr Vorsicht galt bei säm lichen Nahrungsmitteln, die
nicht nur sicherheitspolizeilich, sondern auch in hygienischer Hinsicht geprüft
wurden. Dem Buffet wurde in der Verordnung besondere Aufmerksamkeit ge-
schenkt. Kumanudi legte jedes Detail fest, unter anderem auch, dass der Genuss von Alkohol nur dort, und sonst nirgends in der Skupština gestattet war.

ABBILDUNG 33   Der Rechtsprofessor Ko ta Kumanudi
war Präsident der ersten Skupština
nach der Wiedereinführ ng des Parlamentarismus im Jahr 1931. Die
parlamentarischen Leitu gsfunktio-
nen und Ausschussvorsi ze wurden
damals hauptsächlich von Juristen
übernommen. © Muzej novejše zgodovine Slovenije, Fototh k, Inv.-
Nr. SL 78/3

Die Gänge der Skupština blieben die meiste Zeit über leer. Die Bediensteten durften ihre Büros nicht verlassen und Gäste nur zwischen 10 und 12 sowie
zwischen 17 und 18 Uhr empfangen werden. Einige Bedienstete der Skupština
wohnten im Parlamentsgebäude selbst. Sie durften jedoch keinen privaten Besuch empfangen und benutzten einen separaten Eingang. Außer den Abgeordneten mussten alle, die sich in der Skupština aufhielten, eine Zugangskarte bei
sich tragen. Die Karten wurden vom Sicherheitsdienst ausgegeben: Das Personal
und dienstliche Besucher erhielten blaue, Diplomaten rote, Journalisten grüne
und alle anderen Besucher weiße Zugangskarten. Diese Ausweise galten entweder für einen Tag oder für ein ganzes Jahr. Besucher der Galerie hatten auf ihrer
Zugangskarte die genaue Sitzplatznummer zu vermerken. Diplomaten saßen in
einer für diese vorgesehenen Loge, und Journalisten nahmen in der Presseloge
Platz. Die Garderobe stand allen kostenlos zur Verfügung; dem dort arbeitenden
Personal war das Annehmen von Trinkgeld untersagt.

ABBILDUNG 34   Eintrittskarte für Parlamentsbesucher, ausgestellt vom
                Sicherheitsdienst der Skupština. Die Karte wurde für
                eine bestimmte Person und für eine bestimmte Zeit
                ausgestellt. Das Interesse an den Sitzungen war groß,
                das Parlament erregte trotz seines schlechten Images
                Aufmerksamkeit. © Arhiv Jugoslavije, »Narodna
                skupština« 72

Umfassende Kontrollen der eintreffenden Personen waren nicht vorgesehen. Es
ist verständlich, dass auch die Abgeordneten von niemandem kontrolliert wurden, wenn sie zur Arbeit erschienen. Und das, obwohl es, wie bereits gezeigt
werden konnte, wiederholt vorkam, dass einige von ihnen Waffen bei sich trugen und damit auf Kollegen schossen. Jede Person, die sich im Parlament befand – Besucher eingeschlossen – unterstand letztendlich der parlamentspoli-

zeilichen Gewalt. Wenn jemand Unruhe auslöste, war der Sicherheitsdienst der Skupština befugt, den Störer gewaltsam aus dem Gebäude zu entfernen. Manchmal mussten die Sicherheitsleute gleich eine ganze Galerie räumen, weil es anders nicht möglich war, die für die Arbeit der Abgeordneten erforderliche Ruhe und Ordnung zu gewährleisten.[25]

---

[25] S. Jovanović, Ustavno, 1924, S. 202.

ABBILDUNG 35   »Gipfeltreffen« an der Eisenbahnhaltestelle (unbekannter Fotograf, 1939/40).
Von links nach rechts: Anton Korošec, der einflussreichste slowenische Politiker
im Königreich Jugoslawien, der Ban des Draıbanats (ıeutige Slowenien) Marko
Natlachen, der Anführer der Jugoslavischen Muslimischen Organisation Mehmed
Spaho und Ministerpräsident Dragiša Cvetković. Politiker, die aus unterschiedli-
chen religiösen, sozialen, wirtschaftlichen, kulturellen Hintergründen und ver-
schiedenen Landesteilen stammten, inszenierten vor Journalisten oft entspannte
Gespräche miteinander. © Muzej novejše zgodovine Slovenije, Fotothek, Inv.-
Nr. SL 138/1

Siebtes Kapitel

Die soziale Zusammensetzung des Parlaments

Die Vielzahl der Belgrader Abgeordneten lässt sich, wenn auch unbeabsichtigt, in zwei Gruppen nach englischem Vorbild aufteilen: die sogenannten *Front- und Backbencher*. In der Praxis saßen die *Frontbencher* zwar nicht immer in der ersten Reihe, unzweifelhaft stachen sie jedoch deutlich aus der Menge der Abgeordneten heraus und sammelten wesentlich mehr Medienvertreter um sich. Vor allem die serbischen *Frontbencher* waren der Öffentlichkeit mit ihren Spitznamen und einer Vielzahl an Anekdoten, die man sich über sie erzählte, bekannt.[1] Politik war im ersten Jugoslawien immer noch ein öffentliches Gut und ein beliebtes Thema für Kaffeehausdebatten.

Der bedeutendste Politiker war anfangs der langjährige Ministerpräsident Nikola Pašić alias Baja. Aus der Politik zurückziehen wollte er sich auch dann noch nicht, als er angeblich immer schlechter mit Kritik an seiner Person und vor allem mit jener an seinem fortgeschrittenen Alter umgehen konnte. Engen Mitarbeitern, die ihm das nahelegten, ignorierte er mit den Worten: »Das geht nicht! Ich habe eine Ewigkeit in der Politik verbracht. Eher hört ein Säufer auf zu trinken, als dass ein wahrer Politiker die Politik aufgibt.«

Angeblich soll ihn König Aleksandar zu überzeugen versucht haben, Anton Korošec, den ersten slowenischen Politiker Jugoslawiens, in die Regierung aufzunehmen.

> »Warum nehmen Sie ihn nicht? Sie sehen doch, dass er ständig in Belgrad ist. Schauen Sie, wie er nur serbische Spezialitäten isst. Man wird kaum einen Serben finden, der sie mit solchem Genuss isst.«

Pašić lehnte ab:

> »Ich werde ihn nicht nehmen, und zwar, weil er mit dem Bauch wohl in Belgrad ist, mit dem Kopf aber im Vatikan. Sollte ihn der Kopf leiten, dann werde ich ganz tief in dem sitzen, was sein Bauch so genüsslich verdaut hat.«

---

[1]   M. Vitezović, Nikola Pašić, 2002.

Korošec folgte nicht dem Vatikan, sondern seinem politischen Pragmatismus. Er war zweifellos ein ausgesprochener *Policy Maker,* der insbesondere in der zweiten Hälfte der 1930er Jahre alle anderen slowenischen Politiker gegeneinander ausspielte.

Abbildung 36   Innenminister Božidar Maksimović, dem nicht von ungefähr der Spitzname *Kundak* (»Gewehrkolben«) anhaftete. © priva

Die kursierenden Spitznamen, Anekdoten und Lieder über Abgeordnete enthielten viel Polemik und Fiktion, aber gerade das macht sie als Quellen interessant. Der Präsident der ersten jugoslawischen Regierung, Stojan Protić, trug beispielsweise den Spitznamen *Stole* oder *Stokan*, wobei die Opposition jeweils den letzten Buchstaben wegließ, was dann »Tisch« respektive »Vieh« bedeutete. Der Minister und Abgeordnete Milenko Vesnić wurde *Čobanče* (wörtlich »kleiner Hirte«, abwertend auch »Hinterwäldler« oder »Rüpel«) genannt, der Demokrat Ljubomir Davidović *Mrav* (»Ameise«) und Innenminister Božidar Maksimović *Kundak* (»Gewehrkolben«). Seinen Spitznamen zu gebrauchen ließ Maksimović allerdings polizeilich verbieten, woraufhin in Belgrad bald das Epigramm entstand: »Horch, was raschelt da so sehr? Es kommt der Halter vom Gewehr!« Slowenische Politiker hatten – bis auf Korošec – keine nennenswerten Spitznamen, ebenso wenig ihre kroatischen Kollegen.

Trotz der vielen einflussreichen und eigenständig agierenden Abgeordneten bildeten die Parteien das politische Zentrum des ersten Jugoslawiens. Parteien galten als organisierte Gesinnungsvereinigungen programmatisch und politisch ähnlich denkender Staatsbürger, die bei Wahlen um parlamentarische Mandate und politische Mehrheiten konkurrieren sollten. Das Parlament stellte – wie der scharfsinnige slowenische Politiker Albin Ogris in den 1920er Jahren schrieb – das »Aktionsorgan« der Parteien dar. Es war konzipiert als

> »Vollzugsorgan parteipolitisch-sozialer Anliegen und darin liegt seine Bedeutung; ohne programmatische Festlegungen, besser gesagt: durch die parteipolitische Zielbestimmungen wäre das Parlament arbeitsunfähig, es wäre kein soziales Mittel; das parlamentarische System steht und fällt mit dem Prinzip Mehrheit – Minderheit, mit der Existenz politischer Parteien«.[2]

Und genau deshalb war die »Arbeitseinheit« im Parlament nicht der einzelne Abgeordnete, sondern die Partei und konkreter der Parlamentsklub.

Die parlamentarischen Klubs waren der parlamentarische Arm der Parteien im Parlament, die durch ihre Tätigkeit dem politischen Raum Struktur und Transparenz verliehen. In der Geschichte des Parlamentarismus bildeten sich politische Klubs oder Fraktionen auf verschiedene Weise – also nicht nur als funktionale Variablen von Parteisystemen – heraus, aber letztendlich verfolgten sie immer das Ziel der Durchsetzung einer bestimmten Politik respektive sozialer und manchmal auch persönlicher Partikularinteressen. So gab es (und gibt es noch heute) im Wiener Parlament verschiedene Klubs mit einem jeweiligen Obmann, und in der Belgrader Skupština existierten die sogenannten Gruppen (oder Klubs) ebenfalls mit jeweils einer leitenden Person.

Die Slowenische Volkspartei bildete mit einem kleineren Verbündeten den Jugoslawischen Klub, die Demokratische Partei den Demokratischen Klub, die Selbstständige Demokratische Partei SDS den Selbstständigen Demokratischen Klub – im Fall der SDS entstand der Klub vor der Partei, da die Abgeordneten, die sich von den Demokraten abgespalten hatten, zuerst den Klub und erst danach die Partei gründeten – und die Radikale Partei bildete den Radikalen Klub. Auch Radić' Kroatische Bauernpartei hatte ihren eigenen Klub, ebenso die Jugoslawische Muslimische Organisation, der Bauernbund und zahlreiche andere Parteien in den 1920er Jahren.

In den 1930er Jahren gab es weniger Klubs, da die politische Ausdifferenzierung, gemessen an der Anzahl der Parteien und anderen politischen Vereinigungen, abnahm. Nicht zuletzt waren auch Demokratie und Parlamentarismus geschwächt, da das Wahlgeheimnis aufgehoben wurde. Namen und politische Ansätze der Klubs variierten in bunter Vielfalt. Als die Abgeordneten in der un-

---

[2] A. Ogris, Politične, 1926, S. 212 f.

sicheren Zeit nach der Wahl von 1935 anfangs nicht genau wussten, wem sie sich anschließen oder wen sie unterstützen sollten, gründeten sie den »Klub der Mehrheit in der Skupština«. Innerhalb dieses Klubs bildeten slowenische Abgeordnete dann noch die Landsmannschaft slowenscher Abgeordneter. Für die Mitgliedschaft in einem Klub war ein Mitgliedsbeitrag zu zahlen, der in der Regel 100 Din betrug und dem Betrieb eines Sekretariats zugedacht war. Organisatorisch waren dadurch die Voraussetzungen gegeben, dass alle Abgeordneten sich am »parlamentarischen Spiel« beteiligen konnten.

1. Das Erlernen des politischen Spiels

Im Jahr 1919 publizierte der britische *Labour*-Politiker und spätere Premierminister Ramsay MacDonald ein Buch mit dem Titel *Parliament and Revolution,* das sich aktuellen Fragen über Gegenwart und Zukunft der parlamentarischen Demokratie widmete. So fragte er ganz konkret: »In what sense has representative democracy failed? Why has it failed?« Eine Antwort, die der ehemalige schottische Zeitungsausträger fand, waren die sozialen Lebensumstände der Arbeiterklasse. In deren Wahrnehmung erschienen die Debatten im Parlament realitätsfern und ineffizient, zumal sie ihre Interessen nicht vertreten sah. Für MacDonald lag das Problem aber in der mangelnden Bildung und politischen Schulung der arbeitenden Bevölkerung – auch die Abgeordneten der *Labour*-Partei sollten sich seiner Ansicht nach in politischer Pädagogik unterrichten lassen. Um die »Parlamentsmaschinerie« zu bedienen, sei nämlich nicht nur Wissen erforderlich, sondern auch die richtige Einstellung, ein »Teamspirit«, den die Gewählten keineswegs mit ihrer Wahl erlangten, sondern in der Praxis erlernen mussten. Vorbildlich empfand MacDonald in dieser Hinsicht die britischen *Tories*. Diese waren seiner Meinung nach hervorragend für den Beruf des Abgeordneten ausgebildet und träten in der Öffentlichkeit als Gemeinschaft auf:

> »Es genügt, die Beifallsrufe der *Tories* in der Abgeordnetenkammer zu hören, um ihre Macht als dominierende Partei zu erkennen. Sie vereint die gleiche Einigkeit im Geiste, die ein Rudel Hunde auf der Fuchsjagd auszeichnet. Sie lieben das Spiel.«

Im Parlament seien sie zu Hause. Neuankömmlinge hingegen, insbesondere Abgeordnete aus den Reihen der *Labour Party*, benähmen sich dagegen wie Fremde.[3] MacDonalds Perspektive auf Westminster war – bei aller politischen Befangenheit – auf die Person des Abgeordneten gerichtet, dessen Position seiner Mei-

---

[3] J. R. MacDonald, Parliament, 1920, v. a. S. 84–92.

nung nach die jeweilige Erziehung, Ausbildung und Herkunft bestimmte. Auch Max Weber interessierte sich für die Erfolgsbedingungen politischer Karrieren und die erforderlichen persönlichen Qualitäten eines Berufspolitikers, den idealerweise Leidenschaft, Verantwortungsgefühl und die Fähigkeit, pragmatisch zu urteilen, auszeichnen sollte.[4]

Am »westlichen« Parlamentarismus orientierte Vorstellungen existierten in den 1920er Jahren also längst.[5] Abgeordnete sollten politisch sozialisiert, professionell ausgebildet und sachkompetent sowie mit den parlamentarischen Spielregeln vertraut sein und sich im Parlament wie zu Hause fühlen. Mit anderen Worten: Der ideale Abgeordnete werde – bis auf seltene Ausnahmen – nicht als Politiker geboren, sondern erlerne diesen Beruf auf verschiedene Weisen. Wie auch der slowenische Politiktheoretiker Albin Ogris in seinem Standardwerk »Politische Parteien« (*Politične stranke*) feststellte, gab es auch in England und in anderen »westlichen« Demokratien unter den Politikern nur wenige »große Tribune« und geborene Politiker.[6]

Im ersten jugoslawischen Staat, der sich verfassungsrechtlich eng an dem als Vorbild geltenden westlichen Modell der parlamentarischen Demokratie orientierte, stellten sich die gleichen Fragen und akuten Probleme. Der Bedarf an geeigneten Politikern – im Sinne der durch MacDonalds und Weber definierten Voraussetzungen – war im ersten Jugoslawien nicht geringer als im ›Westen‹. Auch in Jugoslawien wurde die Leidenschaft für Politik als zentrale Voraussetzung erachtet. Politik sei »ein Komplex aller Leidenschaften, ihre Synthese, genau wie die Oper eine Kombination aller Künste ist«, so der serbische Schriftsteller und Politiker Dragoljub Jovanović.[7]

Auch ein jugoslawischer Politiker musste Freude am »Spiel« zeigen, um Erfolg zu haben, was etwa bei Anton Korošec zweifellos zutraf. Der »Pfaffe« bewegte sich auf dem Belgrader Parkett geradezu meisterhaft. Auch der Anwalt Vladimir Ravnihar stellte mit seiner politischen Erfahrung aus der untergegangenen Habsburgermonarchie ein weiteres herausragendes Beispiel dar. Dabei soll ihm das Spiel der Politik wenig Freude, aber so manches Leid bereitet haben. Oder wie er es selbst formuliert haben soll: »Ein politisch' Lied, ein garstig' Lied.«[8]

---

[4] M. Weber, Politik als Beruf, 2013, S. 49 f.
[5] S. Jovanovič, Ustavno, 1924, S. 57–59.
[6] A. Ogris, Politične, 1926, S. 167 f.
[7] D. Kalajdžić, Razgovori, 1980, S. 85, Interview mit Dragoljub Jovanović.
[8] V. Ravnihar, Mojega, 1997, S. 256.

2. Die beruflichen Hintergründe der Abgeordneten

Die Motive für einen Eintritt in die Politik bzw. für eine Kandidatur als Abgeordneter sind vielfältig: Gestaltungswillen, Idealismus, das Verlangen nach Macht, der Wunsch zu dienen, gute Verdienstmöglichkeiten oder eine hohe Altersvorsorge sind sicher nur einige Möglichkeiten. Andererseits entscheidet in einer Parteiendemokratie die Zugehörigkeit zu einer politischen Partei über die Auswahl geeigneter Kandidaten und Kandidatinnen und legt die Maßstäbe dafür fest, wer als angemessen ausgebildet und ausreichend erfahren für ein Amt gilt. Im ersten Jugoslawien gingen aus vier Wahlen in den 1920er Jahren jeweils mehr als 300 Abgeordnete bzw. gut bezahlte Berufspolitiker hervor.

Die Frage nach den beruflichen Tätigkeiten und der sozialen Herkunft der Kandidaten ist ein wichtiger Faktor bei der Beurteilung der Funktionsweise parlamentarischer Demokratien.[9] Eine soziologische Analyse lässt aber einen weiten Interpretationsspielraum zu: Besteht eine Korrelation zwischen einem hohen Anteil an »Gebildeten« und »Professionellen« unter den Abgeordneten und der Effizienz eines Parlaments? Welche Erwartungen hat die Wählerschaft an die Abgeordneten, welche Vorstellungen von parlamentarischer Kultur? Wie weit entsprach die Zusammensetzung des Parlaments der Bevölkerungsstruktur? Aus welchen beruflichen und sozialen Milieus rekrutierten sich also die Abgeordneten des ersten jugoslawischen Staates?

Die Berufe der Abgeordneten der Nationalversammlung (1920–1935)[10]

	1920[11]	1923[12]	1925[13]	1927[14]	1931[15]	1935[16]	Gesamt
Bauern	10	62	48	37	19	40	**216**
Realitätenbesitzer	–	18	14	10	21	19	**82**

---

9 Eine Analyse der beruflichen Struktur der Abgeordneten der Nationalversammlung des Königreiches SHS/Jugoslawien wurde vom Autor gemeinsam mit Mojca Šorn angestellt und in Auszügen in der Zeitschrift *Prispevki za novejšo zgodovino* veröffentlicht (2013, Nr. 2, S. 37–47).

10 Die Angaben in der Tabelle stellen die Anzahl der verteilten Mandate dar, wobei zu berücksichtigen ist, dass ein einzelner Abgeordneter bei den Wahlen mehrere Mandate erzielen konnte, was im Besonderen für ehemalige Minister und Abgeordnete galt.

11 AJ, »Narodna skupština« (72), f. 12/23, »Spisak Narodnih Poslanika Ustavotvorne Skupštine«.

12 Statistika izbora narodnih, 1924; AJ, »Narodna skupština« (72), f. 75, »Spisak narodnih poslanika izabranih 18 marta 1923 godine«, S. 163–167.

13 AJ, »Narodna skupština« (72), f. 75, »Spisak poslaničkih kandidata, izabranih za narodne poslanike 8. februara 1925«.

14 AJ, »Narodna skupština« (72), f. 75, »Spisak poslaničkih kandidata, izabranih za narodne poslanike na izborima od 11. Septembra 1927. g. po izbornim okruzima, sastavljen na osnovi čl. 83 izbornog zakona«.

15 Statistika izbora narodnih, 1935, S. 289–294.

16 Statistika izbora narodnih, 1938; AJ, »Narodna skupština« (72), f. 75, »Spisak narodnih poslanika izbranih 5. maja 1935«, S. 258–261.

	1920[11]	1923[12]	1925[13]	1927[14]	1931[15]	1935[16]	Gesamt
Händler	8	20	21	22	30	35	**136**
Industrielle, Bankiers	2	4	–	5	12	12	**35**
Gewerbetreibende	1	3	2	3	3	7	**19**
Ingenieure	–	7	1	4	6	11	**29**
Ärzte, Veterinärmediziner, Apotheker	14	8	4	15	16	27	**84**
Professoren/Lehrer/ Direktoren	15	32	29	19	5	3	**103**
(Hohe) Staatsfunktionäre und -beamte	67	54	104	131	64	60	**480**
Anwälte, Richter, Notare	29	47	50	42	60	58	**286**
Journalisten/Schriftsteller	6	14	8	8	10	11	**57**
Privatbeamte	3	–	–	–	2	2	**7**
Geistliche	9	20	10	10	22	18	**89**
Arbeiter	–	1	–	–	2	3	**6**
Pensionisten	2	9	5	8	28	58	**110**
Rentenempfänger	10	5	–	–	3	1	**19**
Sonstige	16	8	19	9	3	5	**60**
Gesamt	**192**[17]	**312**[18]	**315**[19]	**323**[20]	**306**	**370**	**1818**

[17] Die Zahl der nationalen Abgeordneten, die im Jahr 1920 gewählt wurden, ist nicht vollständig, da die handschriftlichen Aufzeichnungen mit entsprechenden Angaben nicht zur Gänze erhalten sind.

[18] Beim Vergleich der Angaben in der *Statistika* 1923 mit Materialen aus dem *Arhiv Jugoslavije* (AJ, »Narodna skupština« (72), f. 75, »Spisak narodnih poslanika izabranih 18. marta 1923. godine«) und mit Angaben aus: B. GLIGORIJEVIĆ, Parlament, 1979, S. 319, werden Abweichungen deutlich. Die Angaben zu den zahlenmäßig stärker vertreten Gruppen stimmen zur Gänze überein – z. B. zu den Bauern, (hohen) Staatsfunktionären und -beamten, Anwälten und Journalisten –, größere Unstimmigkeiten bestehen lediglich bei den Kategorien der Realitätenbesitzer (32) und der Pensionisten.

[19] B. GLIGORIJEVIĆ, Parlament, 1979, S. 321, »Zanimanja poslanika izabranih 8. februara 1925. godine«, sind in einigen Berufskategorien erneut Abweichungen festzustellen, z. B. bei den Bauern (53), den Realitätenbesitzern (25), Industriellen (7), Journalisten (12), Geistlichen (14), Pensionisten (11) und der Kategorie »Sonstige« (4).

[20] Beim Vergleich mit den Zahlen in: B. GLIGORIJEVIĆ, Parlament, 1979, S. 320, »Zanimanja poslanika izabranih 11. septembra 1927. godine«, werden ebenfalls Abweichungen deutlich, vor allem bei den Kategorien der Realitätenbesitzer (20), Händler (31), Professoren (45) und Anwälte (71), die größte Abweichung ist jedoch bei der Angabe der (hohen) Staatsfunktionäre und -beamten zu erkennen, wo Gligorijević 25 Personen anführt.

Querschnitt der Kategorie der (hohen) Staatsfunktionäre und -beamten

	1920	1923	1925	1927	1931	1935	**Gesamt**
Abgeordnete/	1	9[21]	24	33	8	9	**84**
Minister	27	28	48	76	27	21	**227**
Sonstige (hohe) Staats-funktionäre und Beamte	39	17	32	22	29	30	**169**
Gesamt	**67**	**54**	**104**	**131**	**64**	**60**	**480**

Die Berufe der Abgeordneten der Nationalversammlung (1920–1935)

	1920	1923	1925	1927	1931	1935
Bauern	5,21 %	19,87 %	15,24 %	11,45 %	6,21 %	10,81 %
Realitätenbesitzer	–	5,77 %	4,44 %	3,1 %	6,86 %	5,14 %
Händler	4,17 %	6,41 %	6,67 %	6,81 %	9,80 %	9,46 %
Industrielle, Bankiers	1,04 %	1,28 %	–	1,54 %	3,92 %	3,24 %
Gewerbetreibende	0,52 %	0,96 %	0,63 %	0,93 %	0,98 %	1,89 %
Ingenieure	–	2,24 %	0,32 %	1,24 %	1,96 %	2,97 %
Ärzte/Veterinärmediziner/Apotheker	7,29 %	2,56 %	1,27 %	4,64 %	5,23 %	7,30 %
Professoren/Lehrer/Direktoren	7,81 %	10,26 %	9,21 %	5,88 %	1,63 %	0,81 %
Abgeordnete und Staatssekretäre	0,52 %	–	7,62 %	10,22 %	2,61 %	2,43 %
Minister	14,06 %	8,97 %	15,24 %	23,53 %	8,82 %	5,68 %
Staatsbeamte	20,31 %	5,45 %	10,16 %	6,81 %	9,48 %	8,11 %
Gesamt	**34,89 %**	**14,42 %**	**33,02 %**	**40,56 %**	**20,91 %**	**16,22 %**
Anwälte, Richter, Notare	15,10 %	15,06 %	15,87 %	13,00 %	19,61%	15,68 %
Journalisten, Schriftsteller	3,13 %	4,49 %	2,54 %	2,48 %	3,27 %	2,97 %
Privatbeamte	1,56 %	–	–	–	0,65 %	0,54 %
Geistliche	4,69 %	6,41 %	3,17 %	3,1 %	7,19 %	4,86 %
Arbeiter	–	0,32 %	–	–	0,65 %	0,81 %
Pensionisten	1,04 %	2,88 %	1,59 %	2,48 %	9,15 %	15,68 %
Rentenempfänger	5,21 %	1,60 %	–	–	0,98 %	0,27 %
Sonstige	8,33 %	2,56 %	–	2,77 %	0,98 %	1,35 %
Gesamt	**100 %**	**100 %**	**100 %**	**100 %**	**100 %**	**100 %**

---

[21] Nur zur Illustrierung zur Liste der Abgeordneten: In der *Statistika* 1923 findet sich beim Namen
Dr. Anton Korošecs der Vermerk, er sei Professor der Theologie; die Berufe der slowenischen
Abgeordneten wurden aufgrund der genaueren Darstellung der beruflichen Struktur abgestimmt
mit den Angaben aus: B. Balkovec, »Vsi na noge«, 2011, S. 176–204, »Kandidati na volitvah«.

Wie die obigen Tabellen illustrieren, war die Sozialstruktur der Abgeordneten der Skupština über den gesamten Untersuchungszeitraum hinweg sehr heterogen und integrierte nahezu alle vorhandenen sozialen Milieus. Auch wenn die tatsächlichen Anteile einzelner Berufsgruppen fluktuierten, zählten zu den über den gesamten Zeitraum hinweg zahlenmäßig stark vertretenen Berufsgruppen die Apotheker, Ärzte, Veterinärmediziner, Professoren, Lehrer, Direktoren, Richter, Anwälte und Notare – also Gebildete –, die insgesamt mindestens ein Viertel der Parlamentsabgeordneten stellten. Besonders tritt hierbei die Gruppe der Juristen hervor, die durchschnittlich einen 15-prozentigen Anteil erreichte. Sie waren auch in allen westlichen Parlamenten stark vertreten, was laut Max Weber kein Zufall war. Parteipolitik bedeute vor allem das Durchsetzen von Interessen und gerade diese wirkungsvolle Durchsetzung einer Agenda für ein bestimmtes Klientel sei »das Handwerk des geschulten Advokaten«. Zudem könne der Jurist eine »›schlechte‹ Sache technisch ›gut‹ umsetzen«.[22]

Die im Parlament am stärksten vertretene Berufsgruppe bildeten die (hohen) Staatsbeamten, also Politiker, die zumindest theoretisch die fachlich versiertesten und somit ideale Volksvertreter waren. Ihr Anteil sinkt nach der Wahl im Jahr 1931, welches eine Zäsur darstellte, die sich leicht erklärt. Im Zuge der Einführung der Königsdiktatur Aleksandars und ihrer immer rigideren Durchsetzung kam es zu einem Wechsel der politischen Eliten. Bis dahin war die Zahl der (hohen) Staatsfunktionäre und -beamten kontinuierlich angewachsen, bereits nach der Wahl von 1927 stellen sie fast 40 % der Abgeordneten. Ein genauerer Querschnitt zeigt, dass vor allem die Zahl derjenigen Abgeordneten zunahm, die schon einmal als Abgeordnete oder Minister fungiert hatten. 1927 gingen so ganze 76 Mandate an ehemalige Minister ohne Ressort. In den 1930er Jahren sank der Anteil der hohen Staatsbeamten, er blieb aber dennoch weiterhin der größte unter allen Gruppierungen.

Das Bild der slowenischen Abgeordneten stellt sich dabei etwas anders als das des gesamtstaatlichen Durchschnitts dar, denn es fanden sich unter den stärker vertretenen Gruppen auch Grund- und Immobilienbesitzer. Bis 1927 wuchs auch hier die Zahl der hohen Staatsfunktionäre an, 1931 folgte eine Zäsur und anschließend ein erneutes Wachstum. Ein ähnlicher Trend ist beim Anteil der wiedergewählten Abgeordneten zu erkennen: Ihre Zahl wuchs bis zur Diktatur und erreichte bei den letzten Wahlen vor deren Beginn einen außerordentlich hohen Prozentsatz, worauf sie 1931 einbrach und erst 1935 wieder leicht anstieg. Die Wahlen vom Dezember 1938 stellen in diesem Hinblick eine Ausnahme dar: Nur drei Abgeordnete wurden unmittelbar wiedergewählt, allerdings befanden sich unter den Abgeordneten zwölf ehemalige Parlamentarier und ein ehemaliger Minister. In diesem Fall ging es um Angehörige des slowe-

---

[22] M. Weber, Politik als Beruf, 2013, S. 49 f.

nischen Teils der Jugoslawischen Radikalen Union, Mitglieder der ehemaligen Slowenischen Volkspartei, die in der Zeit vor der Diktatur Abgeordnetenmandate innehatten und nach einem Jahrzehnt ins Parlament zurückkehrten. Unter ihnen befand sich auch Janez Brodar, einer von zwei Slowenen, die bei sieben Wahlen im ersten Jugoslawien fünf Mal als Abgeordnete gewählt worden waren. Der andere war Ivan Pucelj aus dem liberalen Lager. Die durchschnittliche Mandatszeit der slowenischen Abgeordneten war zu kurz, um sich in Belgrad »wie zu Hause« zu fühlen. Damit fehlte eine wichtige Voraussetzung, um in MacDonald's Worten, am politischen »Spiel« teilnehmen zu können.

Die Berufe der slowenischen Abgeordneten der Nationalversammlung (1920–1938)[23]

	1920	1923	1925	1927	1931	1935	1938	**Insgesamt**
Bauern	5	–	–	1	1	–	1	**8**
Realitätenbesitzer	8	9	7	3	10	7	2	**46**
Händler	–	–	–	–	–	1	–	**1**
Industrielle, Bankiers	–	–	–	–	1	2	–	**3**
Handwerker	–	–	–	–	–	–	–	**–**
Ingenieure	–	–	–	–	–	1	–	**1**
Ärzte/Veterinärmediziner/ Apotheker	1	–	–	–	–	2	3	**6**
Professoren/Lehrer/ Direktoren	3	5	5	3	1	2	1	**20**
(Hohe) Staatsbeamte/	9	1	–	1	2	6	12	**31**
Abgeordnete/	–	5	7	13	–	–	–	**25**
Minister	5	2	2	–	3	1	1	**14**
Anwälte/Richter/ Notare	1	–	1	–	1	5	6	**14**
Journalisten/Schriftsteller	1	2	2	4	2	–	–	**11**
Privatbeamte	2	–	–	–	1	–	–	**3**
Geistliche	1	1	1	1	1	–	1	**6**
Arbeiter	–	–	–	–	–	–	–	**–**
Im Ruhestand/	1	1	1	–	2	1	1	**7**
Rentenempfänger	–	–	–	–	–	–	–	**–**
Sonstige	1	–	–	–	–	1	–	**2**
Gesamt	**38**	**26**	**26**	**26**	**25**	**29**	**28**	**198**

---

[23] Die Tabelle wurde auf Grundlage der Angaben in B. BALKOVEC, »Vsi na noge«, 2011, S. 176–204, »Kandidati na volitvah« erstellt. Diese Liste umfasst Kandidaten, die bei den Wahlen 1920, 1923, 1925, 1927, 1931, 1935 und 1938 kandidierten. Bei den sieben Wahlen zwischen 1920 und 1938 wurden 126 Slowenen als Abgeordnete gewählt, davon 87 ein Mal, 19 zwei Mal, 9 drei Mal, 9 vier Mal und 2 fünf Mal (Janez Brodar, Angehöriger der SLS aus Hrastje pri Kranju: 1920, 1923, 1925, 1927 und 1938, Ivan Pucelj, Landwirt aus Velike Lašče: 1920, 1923, 1925, 1927 und 1931).

Wiederwahl slowenischer Abgeordneter der Nationalversammlung im Zeitraum 1920–1938

Legislaturperiode	Anzahl der im Anschluss an eine Mandatszeit wiedergewählten Abgeordneten
1920	–
1923	11
1925	16
1927	21
1931	4
1935	7
1938	3

Was sagt die Berufsstatistik der Skupština des ersten jugoslawischen Staats über den Parlamentarismus dieser Zeit aus? Besteht eine Korrelation zwischen der sozialen Zusammensetzung und der parlamentarischen Kultur? Bedeutete der hohe Anteil an Juristen und Beamten höhere Effizienz des parlamentarischen Betriebs? Entstand dadurch eine dem britischen Vorbild vergleichbare parlamentarische Praxis der *Gentlemen's Agreements* unter rhetorisch versierten *Frontbenchers,* die mit gelegentlicher Unterstützung der *Backbencher* miteinander disputierten? Wie stand es um das öffentliche Ansehen der Skupština? Betrachtet man die Analyse der beruflichen Struktur im Kontext der zahlreichen polit- und kulturhistorischen Studien über das erste Jugoslawien, so erübrigen sich weitreichende Schlussfolgerungen. Es geht zwar zu weit, »die besondere Form unseres königlichen SHS-Parlamentierens« als die »Negation« eines Parlaments zu bezeichnen, wie es ihr scharfer Kritiker Miroslav Krleža formulierte. Dennoch unterschied sich die Arbeitsweise des jugoslawischen Parlaments deutlich von den »Musterparlamenten« in Paris und London. Trotz zahlreicher Abgeordneter, die über politische Erfahrung und Sachverstand verfügten, gab das Parlament in den Augen seiner Kritiker zeitweise ein beklagenswertes Bild ab, wie es in einem Satz von Krleža pointiert zum Ausdruck kommt:

»Kalte Fleischer in Gamaschen, Barbiere mit beschmutzten Kragen und Mützen, wucherische Missgestalten, Zöllner und zünftige Masken mit Schleifen und Krawatten á la La Valliére, Milchmänner in Opanken, Bozaverkäufer, Pferdehändler und Losverkäufer, seidene Zieraffen, Pariser Studenten und noch die Herren Doktoren der königlichen Universität Franz Josefs I. (wie Herr Doktor Janko von B.), und dazu die durchlauchtigsten und erhabenen Bane mit dem Polizeiminister, dem Pfaffen Korošec an der Spitze – all dies stellte einander Fallen, all dies suchte ständig nach Möglichkeiten, wie sie den anderen zugrunde richten und hinters Licht führen konnten, all dies drängte sich in Hauskleidung und römisch-katholischen Soutanen um das Dach des

Heiligen Franjo und um die Abgeordnetendiäten und war nur darauf aus, den anderen zu brechen, ihm Blei in die Kehle zu treiben, um der führende Lakai zu werden und Geld zu verdienen, und wenn es kein Dinar sein mochte, dann wenigstens einen Groschen herauszuschlagen.«[24]

Die Berufsstatistik stand eben nicht immer in Korrelation mit der erdachten und erwünschten Form der Parlamentskultur.

---

[24] M. KRLEŽA, Deset, 1962, S. 322 f.

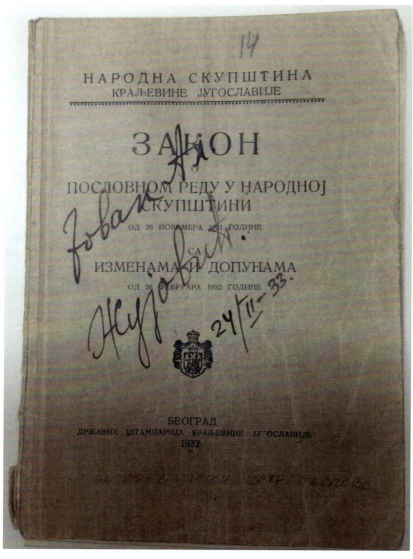

ABBILDUNG 37 Die Geschäftsordnung der Nationalversammlung des Königreichs Jugoslawien (1932) kannte jeder Abgeordnete genau, denn sie war ein unverzichtbares Hilfsmittel bei parlamentarischen Obstruktionen. Im Detail darin geregelt waren auch Diäten und Immunität als wichtigste Privilegien der Abgeordneten. © Arhiv Jugoslavije, »Narodna skupština« 72.

Achtes Kapitel

Die Diätenfrage und die Immunität der Abgeordneten

1. Wozu werden Abgeordnete bezahlt?

> *Die Politik verhält sich so*
> *das Volk, das in Parteien ruht*
> *und der Herr, so munter, froh*
> *nur zum eig'nen Wohle tut.*
> *Boshaftigkeit, die wird geweckt,*
> *nährt Hass sowohl als auch Begehren*
> *das Volk aber im Elend steckt*
> *und stirbt! Doch wem zu Ehren?*
>
> *So ist es überall schon heut*
> *Parteien bringen alles Leid*
> *nur Arbeitern und Bauersleut'*
> *dem Herrn hingegen Heiterkeit*
> *Ganz ohne »Krise« oder »Buße«...*
> *Ein armer, unbedarfter Mann*
> *kennt niemals diese Muße*
> *ein jeder sie ihm nehmen kann ...*
>
> *Die unwissenden Massen*
> *ihre Arbeit, ihr Verdruss*
> *sind »Schatz« der hohen Klassen*
> *voll von Macht und Überfluss.*
> *Wähler gibt's ein ganzes Heer*
> *Arbeitsleute zu Unzahlen*
> *den Parteien dient als Speer*
> *im Kampf um Macht und Wahlen.*[1]

Das in der politischen Wochenzeitung *Ljudska pravica* unter der Herausgeberschaft von Miško Kranjec im Februar 1935 veröffentlichte, parlamentarismuskritische Gedicht von Franc Beltram zielte auf die vermeintliche Neigung von Politikern, nicht dem Wohle der Nation, dem Staat und der Bevölkerung zu

---

[1] Auszug aus: F. Beltram, »Zakaj je zlo v politiki«, in: Ljudska pravica, 22.2.1935.

dienen, sondern nur an sich selbst und an ihren finanziellen sowie machtpoliti-
schen Vorteil bzw. die eigene »Klasse« zu denken. Vorgeworfen wird den Parlamentariern u. a. Arroganz und Entfremdung von den Wählern, Gesinnungslo-
sigkeit und Korruption.[2]

Der Zeitpunkt der Veröffentlichung von Beltrams Gedicht war sorgfältig
gewählt: Er erschien, als im Königreich Jugoslawien die Nachricht kursierte,
dass der Regentschaftsrat, der seit dem Tod König Aleksandars im Jahr 1934
die Staatsgewalt ausübte, die immer unbeliebter gewordene Nationalversammlung vom 8. November 1931 aufgelöst hatte. Presseberichten zufolge verbreitete
sich die Neuigkeit »wie ein Lauffeuer«. In Belgrad stürmten Menschen aus den
Kaffee- und Wohnhäusern auf die Straße, um ihre Zufriedenheit kundzutun.
Glaubt man der Berichterstattung des oppositionellen *Slovenec,* war auch man-
cher Abgeordneter darunter, der die Neuigkeit von der positiven Seite zu betrachten wusste: »Ach, was soll's, immerhin vier Jahre haben wir geschafft, und
dabei 7500 Din pro Monat verdient«.[3]

Der Bericht des *Slovenec* bließ also ins selbe Horn wie Beltrams Gedicht.
Auch er warf den Abgeordneten, die zwar bei öffentlichen Wahlen gewählt
worden waren, wobei nur Kandidaten einer gesamtstaatlichen Liste des Ministerpräsidenten zur Wahl standen, vor, sie hätten sich vier Jahre lang auf Kosten der Bevölkerung bereichert. Dass sie nach allgemeiner Überzeugung »eher
ernannt als von der Bevölkerung gewählt« waren, trug ebenfalls nicht zu ihrer
Beliebtheit bei.[4]

Ende des Jahres 1934 begannen sich die politischen Verhältnisse spürbar zu
verändern. Das öffentliche Anprangern und die Thematisierung der Abgeordnetengehälter waren Anzeichen einer nach der Durchsetzung der Diktatur König Aleksandars vorsichtigen Liberalisierung der Politik. Dass Parlamentarier für
ihre Arbeit verhältnismäßig gut bezahlt wurden, war dabei nicht neu. Die Abgeordnetendiäten hatten eine lange, über die Gründung des Königreichs SHS hi-
nausreichende Tradition.

Auf slowenischem Staatsgebiet hatten sich Abgeordnetengehälter bereits zu
Zeiten der Doppelmonarchie etabliert. Die Diäten des Wiener Reichsrats, die
1918 zum letzten Mal ausgezahlt wurden, gingen auf das Jahr 1861 zurück. Ein
Abgeordneter hatte laut diesem Gesetz Anspruch auf ein Tagegeld in Höhe von
20 Kronen, zudem wurden ihm die Reisekosten zwischen Wien und der Hauptstadt seines Wahlbezirks mit einer Entfernungspauschale von zwei Kronen pro
Meile vergütet. Außerdem hatten die Abgeordneten Anspruch auf Entschädigungszahlungen während der gesamten Sitzungsperiode des Reichsrates, also

---

[2]   Vgl. »Volitve«, in: Ljudska pravica, 22.2.1935.
[3]   »Skupščina razpuščena«, in: Slovenec, 7.2.1935.
[4]   T. Stojkov, Opozicija, 1969, S. 290.

auch an sitzungsfreien und an Urlaubstagen.[5] Diese Diätenpraxis war nicht nur in der Habsburgermonarchie, sondern auch in einigen anderen Parlamenten Europas etabliert. Tagegelder im engeren Wortsinn wurden beispielsweise auch in Bosnien, Kroatien, Serbien, Bulgarien, der Schweiz, den Niederlanden (Zweite Kammer), Dänemark sowie in einigen deutschen Einzelstaaten ausgezahlt. In Ungarn, Frankreich, England, Belgien, Italien, Griechenland, der Türkei, der Ersten Kammer des niederländischen Parlaments, Norwegen sowie in den USA, Australien und Japan kam dagegen das sogenannte Pauschalsystem zur Anwendung: Die Abgeordneten erhielten Pauschalbeträge für einen bestimmten Zeitraum, sei es für einen Monat, ein Jahr oder – was seltener vorkam – für eine einzelne Sitzung.[6] Neben diesen gängigen Besoldungssystemen gab es mancherorts auch eine Kombination aus beiden Systemen, wie beispielsweise in Russland, Schweden, Finnland und einigen deutschen Einzelstaaten sowie im deutschen Reichstag.[7]

Anfang des 20. Jahrhunderts war es also durchaus üblich, dass Abgeordnete für ihr Mandat Diäten erhielten. Gleichwohl war die Diätenfrage keineswegs unumstritten. Neben zahlreichen Befürwortern gab es auch ›Gegner dieses Systems‹, wobei sich beide Lager einig waren, dass die (Nicht-)Einführung von Abgeordnetendiäten eine der »einschneidendsten Maßnahmen der staatlichen Verfassungsordnung« war.[8] Ein Argumente gegen die Einführung von Diäten war die Sorge vor einer Kosten-Nutzen-Kalkulation der Parlamentarier. Befürchtet wurde, dass nicht mehr politische Ambitionen, sondern ausschließlich Einkommenerwartungen die Kandidatur für einen Sitz im Parlament motivieren könnten, worunter der Parlamentarismus sicherlich leiden werde. Kritisch gesehen wurde auch die daraus resultierende Enstehung einer Klasse von Berufspolitikern. Mit den Worten des deutschen Reichskanzlers Otto von Bismarck, der ein strikter Gegner von Abgeordnetendiäten war,[9] hätte dies bedeutet, dass »eine Art von berufsmäßiger Volksvertretung, eine andere Art von Beamten« entstanden wäre. Diese »Abgeordneten-Beamten« wären womöglich nur daran interessiert, die Parlamentssitzungen so in die Länge zu ziehen, dass sie in den Genuss höherer Diäten kämen. Obgleich die von Bismarck öffentlich gegen Abgeordnetendiäten vorgebrachten Bedenken teilweise berechtigt sein mochten, verschleierten sie das eigentliche Motiv: Bismarcks Erwartung, dass ein unbezahltes Mandat die Auswirkungen des allgemeinen und gleichen Wahlrechts deutlich

[5] J. Cvirn, Razvoj, 2006, S. 237–239.
[6] Vgl. P. Seaward, Financing, 2014.
[7] L. Pitamic, Recht, 1913, S. 36–38.
[8] Ebd., S. 27.
[9] Zu Bismarcks Antiparlamentarismus vgl. A. Biefang, Die andere Seite der Macht, 2012, S. 265–277.

abzuschwächen vermochte.[10] Kandidaten ohne ausreichendes Vermögen würde dadurch der Zutritt zum Parlament erschwert.

Dieses verdeckte politische Interesse der deutschen Reichsregierung spielte bei der Einführung von Abgeordnetendiäten schließlich eine überaus wichtige Rolle. So behielten die Gegner der Diäten ihre eigentliche Intention für sich, während ihre Befürworter mit dem Argument dafür warben, dass das allgemeine und gleiche Wahlrecht erst dann vollständig verwirklicht sei, wenn die Gewählten die Mandate auch annehmen und an Parlamentssitzungen teilnehmen konnten. Die Ablehnung von Diäten engte also nicht nur die Handlungsspielräume der Abgeordneten ein, sondern auch die freie Wahl der Wähler. Diese Ansicht setzte sich 1906 auch im deutschen Parlamentarismus durch, als die Abgeordneten zum ersten Mal eine Alimentation erhielten.[11] Ihre österreichischen Kollegen bezogen zu diesem Zeitpunkt bereits seit 45 Jahren Diäten und befanden sich somit schon lange Zeit in einer wesentlich besseren finanziellen Lage als ihre deutschen Pendants.[12]

2. Die Regelung der Diätenfrage

Nach dem Zerfall Österreich-Ungarns und der Gründung des Königreichs der Serben, Kroaten und Slowenen wurde in der neu geschaffenen Belgrader Skupština ein System der Abgeordnetenschädigung eingeführt, das demjenigen in der Habsburgermonarchie ähnlich war. Im Gesetz über die Wahl der Abgeordneten der Verfassunggebenden Versammlung des Königreichs SHS vom September 1920 war in § 88 festgelegt, dass denjenigen

> »Abgeordneten der Skupština, deren Wohnsitz nicht dem Tagungsort der Verfassunggebenden Versammlung entspricht, aus der Staatskasse die Kosten für die An- und Rückreise erstattet werden, und zwar in einer Höhe, die das Parlament bestimmt. Alle Abgeordneten erhalten für die gesamte Dauer ihrer Tätigkeit in der Verfassunggebenden Versammlung Diäten, die vom Parlament festgelegt werden.«[13]

Die Kandidaten bei der ersten Wahl des neuen Staats im November 1920 – den Wahlen zur Verfassunggebenden Versammlung – hatten also allen Grund zur Annahme, dass sie für ihre Arbeit auch in Zukunft bezahlt werden würden. Die

---

[10] L. Pitamic, Recht, 1913, S. 28–30.
[11] Ebd., S. 31 f.
[12] J. Cvirn, Razvoj, 2006, S. 238. Mehr Informationen über die Abgeordnetengehälter im 19. Jahrhundert bei J. Cvirn, Zborniki, 2002, S. 59–76.
[13] *Uradni list dežele vlade za Slovenijo*, 106/1920, »Zakon o volitvah narodnih poslancev za ustavotvorno skupščino kraljevine Srbov, Hrvatov in Slovencev«.

genaue Höhe des Tagegeldes wurde kurz vor der Eröffnungssitzung der Verfassunggebenden Versammlung am 12. Dezember 1920[14] in der von der Regierung erlassenen Geschäftsordnung bestimmt: es betrug 120 Din pro Tag. Dieser
Betrag blieb jedoch keineswegs unverändert, es kam mehrmals zu Diätenerhö-
hungen. Bis 1924 wurden die Diäten auf Beschluss des Parlaments zwei Mal an-
gehoben; beim ersten Mal auf 180 Din, danach noch einmal um fast 70 % auf
niederregende 300 Din. Mitglieder der Ausschüsse für Gesetzgebung und Finanzen erhielten neben diesem Betrag noch zusätzliche 60 Din, wenn sie zu tagungsfreien Zeiten arbeiteten.[15] Der Anspruch auf Diäten war an bestimmte
Bedingungen geknüpft: Erstens wurden Diäten nur für die Sitzungstage der
Skupština gewährt. Die Voraussetzung eines Anrechts auf Ausbezahlung der Tagegelder war zweitens die Anwesenheit des Abgeordneten.[16]

Diese Regelungen relativieren zwar die materielle Bedeutung der Abgeordnetendiäten, doch zeigt eine genauere Analyse, dass sie in der Praxis überaus
großzügig ausgelegt wurden. Nach Auffassung des Staatsrechtlers Slobodan
Jovanović, der maßgebenden verfassungsrechtlichen Autorität im ersten Jugoslawien, erstreckte sich die Sitzungsperiode der Skupština über die gesamte Legislatur, umfasste also auch die tagungsfreien Zeiträume. Den Anspruch auf Auszahlung von Sitzungsgeldern erwarb der Abgeordnete nicht durch das Mandat,
sondern durch die Anwesenheit bei den Sitzungen der Skupština.[17] Zudem hatten ausnahmslos alle gewählten Abgeordneten Anspruch auf Diäten, also auch
Minister, die zugleich ein Mandat hatten.

Mit den Diäten waren die materiellen Annehmlichkeiten des Abgeordnetenlebens jedoch nicht erschöpft. Zusätzlich hatten sie laut Wahlgesetz während der
Mandatsdauer einen Anspruch auf kostenlose Bahnfahrten auf allen Strecken
sowie auf kostenlose Schifffahrten staatlich lizensierter Schiffsunternehmen.
Diejenigen Abgeordneten, die ihren Wohnsitz nicht am Sitz der Skupština –
also in Belgrad – hatten, konnten sich sämtliche Reisekosten erstatten lassen,
die ihnen bei der An- und Abreise zu Beginn und am Ende einer Sitzungsperiode entstanden.[18]

Ein ähnliche Diätenordnung wie in der Belgrader Skupština trat in der zweiten Hälfte der 1920er Jahre auch auf Ebene der sogenannten *Oblasti* (territoriale Verwaltungseinheiten) in Kraft. 1927 wurden erstmals die in der Verfassung
vorgesehenen Regionalparlamente gewählt, die »gemäß den Prinzipien parla-

---

[14] »Otvoritev konstituante«, in: SLOVENEC, 14.12.1920.
[15] S. JOVANOVIĆ, Ustavno, 1924, S. 184.
[16] Ebd.
[17] Trotz Abwesenheit bestand ein Anspruch auf Diäten im Falle einer Erkrankung oder während
einer von der Skupština genehmigten bezahlten Abwesenheit, die nicht länger als 15 Tage andau-
ern durfte. Vgl. ebd.
[18] Ebd.

mentarischer Vertretungen« funktionierten.[19] Die Abgeordneten der *Oblasti* hatten, genau wie ihre Belgrader Kollegen, ein demokratisches Mandat und damit verbunden die in der Geschäftsordnung verankerten Rechte und Pflichten. Sie mussten an den Sitzungen teilnehmen, wofür sie eine angemessene finanzielle Entschädigung erhalten sollten. Die Abgeordneten der beiden slowenischen Regionalparlamente in Ljubljana und Maribor beispielsweise erhielten während der Sitzungsperioden ein Tagegeld von 150 Din, darüber hinaus bekamen auch sie die Anfahrtskosten zu den Sitzungen erstattet, die dem Reisekostensatz für Lokalbeamte des höchsten Dienstgrades entsprachen. Wenn das Parlament mehr als fünf Tage nicht tagte, bestand kein Anspruch auf Diäten, allerdings wurden die Reisekosten für die erneute Anreise zum Parlamentssitz erstattet.[20]

Die Verabschiedung der Geschäftsordnungen vollzog sich in beiden Regionalparlamenten unter scharfen parteipolitischen Konflikten. Die Abgeordneten waren sich der Bedeutung der Geschäftsordnung für die parlamentarische Arbeit bewusst. Um Einfluss auf sie nehmen zu können, trat die Opposition für eine proportionale Besetzung der gewählten Exekutivorgane der Regionalparlamente – der Regionalausschüsse – ein. Diese Initiative war um so wichtiger, als die Slowenische Volkspartei SLS in beiden Regionalparlamenten mit absoluter Mehrheit vertreten war. Um die Diätenfrage »entfachte sich eine hitzige Diskussion«, bei der die Opposition, entgegen der in der Belgrader Skupština gängigen Praxis, sowohl den Abgeordneten aus Ljubljana als auch denjenigen Mitgliedern des Regionalausschusses, »für die besondere Honorare vorgesehen waren«, das Recht auf Diäten absprach. Ihre »Sparvorschläge« wurden aber mit der absoluten Mehrheit der SLS in den Regionalparlamenten abgelehnt.[21]

Mit Beginn der Diktatur König Aleksandars im Januar 1929 entfielen sämtliche Kosten für Volksvertretungsorgane, denn es gab nunmehr weder eine Nationalversammlung noch Regionalparlamente. Für die gewählten Volksvertreter mit erloschenem Mandat waren keinerlei Entschädigungen vorgesehen. Erst mit der Wiedereinführung eines eingeschränkten Parlamentarismus im Jahre 1931 und der Wahl einer Volksvertretung bestehend aus Senat und Skupština änderte sich dies erneut. Die Bezahlung der Abgeordneten und Senatoren wurde in bei-

---

[19] M. Stiplovšek, Slovenski parlamentarizem, 2000, S. 345.
[20] Die Geschäftsordnungen der Parlamente in Ljubljana und Maribor waren einander inhaltlich sehr ähnlich. So bestanden auch in beiden Paragraphen, die Rechte und Pflichten der Abgeordneten bestimmten, keine grundlegenden Abweichungen. Die Geschäftsordnung des Parlaments von Maribor zeigte sich indes großzügiger, da sie festschrieb, dass Mitglieder von Abteilungen ihre Diäten auch zu jenen Zeiten erhalten sollten, in denen das Parlament zwar tagungsfrei war, die Ausschüsse jedoch arbeiteten. Vgl. »Poslovnik ljubljanske oblastne skupščine, sprejet na seji 28. Februarja 1927«, § 14 und § 15 (Dokument Nr. 3), in: M. Stiplovšek, Slovenski parlamentarizem, 2000, S. 399.
[21] M. Stiplovšek, Slovenski parlamentarizem, 2000, S. 144.

den Häusern völlig identisch geregelt und entsprach im Wesentlichen der Praxis der 1920er Jahre. Beide Gruppen hatten Anspruch auf eine finanzielle Entschädigung, die in den Wahlgesetzen in den §§ 68 und 40 für die Abgeordneten der ersten[22] und zweiten Kammer[23] verankert war. Bedingungen und Höhe der Diäten bestimmten die jeweiligen Geschäftsordnungen der beiden Kammern genauer. Beide sahen vor, dass Abgeordnete respektive Senatoren ein Tagegeld von 200 Din bezogen, auf das sie auch in Zeiten krankheitsbedingter Abwesenheit und während kürzerer Urlaube von bis zu 15 Tagen Anspruch hatten. Mit Ausnahme der neu festgelegten Höhe der Diäten trat somit eine den 1920er Jahren vergleichbare Diätenordnung in Kraft, die auch das Recht auf Reisekostenerstattung und kostenlose Benutzung öffentlicher Verkehrsmittel beinhaltete.[24] Außerdem war in beiden Geschäftsordnungen festgeschrieben, dass der jeweilige Präsident Zulagen, »wie sie der Präsident des Ministerrats bezieht« und dass »die beiden Vizepräsidenten […] monatlich jeweils 1500 Din und die Sekretäre 1000 Din«[25] erhalten sollten.

Die Praxis der Diätenzahlung und Reisekostenerstattung galt in den 1930er Jahren nicht nur in den Volksvertretungsorganen. Nach der administrativen Neugliederung des Staats in Banate wurde sie bereits vor Inkrafttreten der neuen Verfassung 1930 in den Banatsräten angewandt. Auch wenn diese nur ernannte Beratungsorgane der Bane mit bescheidenen Zuständigkeiten waren, stellten sie doch eine Art Volksvertretung dar. So fanden im Rat des Draubanats reihenweise hitzige Diskussionen statt, weshalb Marko Natlačen diesem Parlamentscharakter zuschrieb.[26] Zuständigkeiten, Geschäftsordnung und Finanzierung waren im »Regelwerk über Organisation und Arbeit der Banatsräte« genauer definiert. Dieses bestimmte auch, dass den Banatsräten dieselben Diäten wie den Beamten der ersten Gehaltsstufe und eine Erstattung der Reisekosten zustanden.[27]

---

[22]　*Službeni list kraljevske banske uprave Dravske banovine*, 55/1931, »Zakon o volitvah narodnih poslancev za narodno skupščino«, § 68.

[23]　Ebd., 61/1931, »Zakon o volitvi senatorjev«, § 40.

[24]　In den Genuss von Annehmlichkeiten bei der Benutzung staatlicher Eisenbahn- und Schiffslinien kamen auch die Familienmitglieder der Abgeordneten, diese erhielten einen 50-prozentigen Rabatt. Vgl. – AJ, »Narodna skupština« (72), f. 118/371, Schreiben des Vizepräsidenten der Skupština an den Verkehrsminister.

[25]　*Službeni list kraljevske banske uprave Dravske banovine*, 80/1931, »Zakon o poslovnem redu v narodni skupščini«, §§ 111, 113, 114; 82/1931, »Zakon o poslovnem redu v senatu«, §§ 111, 113, 114.

[26]　Ausführlichere Informationen zu den Banatsräten in: M. STIPLOVŠEK, Banski svet Dravske banovine 1930–1935, 2006. Zum Regelwerk: S. 41–45.

[27]　Službeni list kraljevske banske uprave Dravske banovine, 19/1930, »Pravilnik o organizaciji in delu banskih svetov«, § 21.

3. Für die Politik oder von der Politik leben?

Die Abgeordnetengehälter des ersten jugoslawischen Staats basierten auf einer
bewährten Regelung, die vor allem den Argumenten der Diäten-Befürworter
Rechnung trug. Finanzielle Gründe hinderten wohl keinen Kandiaten daran,
sich zur Wahl zu stellen, da jeder Abgeordnete beträchtliche Diäten erwarten
konnte und in aller Regel keine negativen finanziellen Auswirkungen bei einer
Mandatsübernahme zu befürchten hatte. Dies beantwortet aber noch nicht die
Frage, ob die Diäten der eigentliche Anreiz für Kandidaturen waren?

Bei der Vielfalt möglicher Motive, die individuell zu einer Entscheidung für
eine Kandidatur führten, hatte das Gehalt sicherlich keine Priorität, aber durchaus einen nicht zu unterschätzenden Einfluss auf die Lebensverhältnisse. Als
am 6. Januar 1929 das Mandat eines Angehörigen der Slowenischen Volkspartei, Franjo Žebot aus Maribor, der seit 1922 ein umtriebiger Abgeordneter in
der Belgrader Skupština gewesen war,[28] erlosch, fand sich der Vater von sechs
Kindern im Alter zwischen 7 und 18 Jahren plötzlich ohne jeglichen Verdienst
wieder. Zuerst bewarb er sich erfolglos bei der Zeitung *Slovenec*, um schließlich beim Versicherungsunternehmen *Vzajemna zavarovalnica* anzuheuern. In
einem Brief an den Verwaltungsrat der Versicherung schrieb Žebot, dass er
sich »der Einrichtung dauerhaft widmen [werde] da die Politik nicht besonders verlockend ist«.[29] In ein ähnlich schlechtes Licht rückte er seine vorherige
Beschäftigung auch gegenüber dem Generalvertreter der Versicherung, Franc
Pograjc, dem er zu versprechen bereit war, »dauerhaft im Dienste der Versicherung zu bleiben sowie von der Politik abzulassen« und sich »lieber diesem Geschäft und der Familie zu widmen«.[30] Diese Präferenz von Familie und Beruf gegenüber einem politischen Mandat sollte jedoch offensichtlich nur sechs Jahre
lang währen, da er Anfang des Jahres 1935 bei der Ersatzwahlen zum Senat erneut kandidierte.

Žebots Politikverdrossenheit resultierte also mehr aus akuten Existenzängs-
ten. Die Gründe für seine Distanzierung von der Politik sind wohl in erster Linie in der Enttäuschung über den Verlust seines Mandats sowie im Bemühen
um eine neue Anstellung zu suchen. Zweifellos stellten die Diäten für ihn einen zentralen Aspekt der Annahme seines Abgeordnetenmandats dar. Im Lichte
der Äußerung, »die Politik [sei] nicht besonders verlockend«, wird man die Diäten vielleicht sogar als ausschlaggebenden Beweggrund dafür ansehen dürfen,
dass er sich überhaupt zu einer Kandidatur bereit fand. Jedenfalls kam der Diä-

---

[28]   Zu Žebots Zeit als Abgeordneter vgl. M. RATEJ, Franjo Žebot, 2002, S. 355–382.
[29]   Pokrajinski arhiv Maribor (nachstehend PAM), »Franjo Žebot«, Brief an den Verwaltungsrat
       bzw. die Direktion der *Vzajemna zavarovalnica* vom 23.1.1929.
[30]   PAM, »Franjo Žebot«, Brief an Franc Pograjc vom 23.1.1929.

tenfrage existentielle Bedeutung unter diesen speziellen Lebensumständen eines steirischen Abgeordneten zu.

Ähnliche Fälle wie jener des Franjo Žebot sind auch in den Reihen seiner politischen Gegner aus dem liberalen Lager zu finden, beispielsweise bei Albert Kramer, Ivan Pucelj und Drago Marušič, die wie Žebot im Februar 1935 für einen Platz im Senat kandidierten. Obwohl alle drei als ranghohe Politiker der regierenden Partei bedeutende Funktionen innehatten – Kramer und Pucelj waren unter anderem Parlamentsabgeordnete, Marušič Mitglied des Draubanats –, und obgleich sie mit ihrer Kandidatur innerparteiliche und persönliche Konflikte verschärften, waren sie keineswegs dazu bereit, von ihrer Bewerbung abzusehen.[31] Zu einer Zeit, in der Abgeordnetenmandate immer unsicherer wurden, hatten es alle drei offenbar eilig gehabt, »auf eine andere Weise ihre Schäfchen ins Trockene zu bringen.« Der rettende Strohhalm, der eine gesicherte politische und materielle Existenz verhieß, war natürlich der Senat des Königreichs Jugoslawien. Die Diäten entsprachen jenen der Skupština und wurden für ganze sechs Jahre bezahlt. Mit diesem Verhalten zogen sie den Unmut ihrer Anhänger auf sich, den der ehemalige Senator Vladimir Ravnihar mit folgenden Worten zusammenfasste: »Die Ratten verlassen das sinkende Schiff.« Sie haben sich für die gut bezahlte politische Pension entschieden – den Senat.[32]

Während es in diesen Fällen[33] »lediglich« um das pekuniäre Motiv ging, eine – überaus annehmliche – Lebensweise aufrechtzuerhalten, verhielt es sich bei anderen Parlamentariern ganz anders. Einigen Abgeordneten reichten die Diäten nicht aus, weshalb sie sich auf eigene Faust um einen zusätzlichen Verdienst bemühten. So beklagte sich der Vizepräsident des Finanzausschusses der Skupština im März 1937 beim Parlamentspräsidenten, dass die Sitzungen des Ausschusses während der Haushaltsberatungen außergewöhnlich lange dauerten. Die Abgeordneten arbeiteten bis tief in die Nacht hinein. Er war daher der Ansicht, dass solche Sitzungen doppelt zählen und dementsprechend mit doppelten Diäten vergütet werden sollten.[34] Grundsätzlichere Argumente brachte im Sommer 1932 der Vorsitzende des Verwaltungsausschusses vor. In einem längeren Schreiben legte er gegenüber dem Parlamentspräsidenten die grundlegende Position des Ausschusses bezüglich der Höhe der Abgeordnetendiäten dar. Diese erlaubten es den Abgeordneten nicht, ihren Dienst in Belgrad zu verrichten und gleichzeitig die Wahlbezirke zu besuchen, um der Bevölkerung in Zeiten der

---

[31] J. Gašparič, SLS, 2007, S. 245–247.

[32] V. Ravnihar, Mojega, 1997, S. 233.

[33] Kramer übte das Senatorenamt jedoch mit ähnlichem Eifer und ähnlicher Ernsthaftigkeit aus wie seine vorherige Position. Vgl. J. Perovšek, O demokraciji, 2013, S. 237–245.

[34] AJ, »Narodna skupština« (72), f. 64/255, Schreiben des Vizepräsidenten des Finanzausschusses an den Parlamentspräsidenten Stevan Ćirić vom 19.3.1937.

Wirtschaftskrise dringend benötigte Hilfe zukommen zu lassen. Damals verteilten die Abgeordneten noch Lebensmittel an die hungernde Bevölkerung und halfen ihr auch auf andere Art und Weise. Deshalb schlug der Ausschuss vor, dass jeder Abgeordnete zur Deckung seiner besonderen Aufwendungen jeweils 10 500 Din erhalten solle.[35] Dem Parlamentspräsidenten Kosta Kumanudi erschien dieser Betrag zu hoch, weshalb er jedem Abgeordneten lediglich eine Einmalzahlung von 9000 Din »für besondere Ausgaben« zugestand.[36]

Zuwendungen des Parlaments – in erster Linie Diäten – waren somit eine der wichtigsten Einnahmequellen der Abgeordneten, für einige waren sie allerdings nicht die einzige. Besonders erfinderische Vertreter ihrer Zunft liehen sich zur Bestreitung ihrer »Aufwendungen« Geld und »vergaßen« dann, die Anleihe zurückzuzahlen. Der Leiter der Buchhaltung der Skupština berichtete 1932 von Gerichtsbeschlüssen, die ihm in einigen Fällen die Auszahlung von Diäten an Abgeordnete untersagten.[37] Ein Abgeordneter hatte einen ungedeckten Schuldschein ausgestellt, woraufhin der Gläubiger einen Pfändungsbeschluss erwirkte, der bis zur vollständigen Tilgung der Schulden einen teilweisen Einbehalt der Diäten verfügte. Dazu kam es allerdings nicht, weil die betroffenen Abgeordneten die Gerichtsbeschlüsse als nicht rechtmäßig ansahen, da es sich bei Diäten nicht um steuerpflichtige Gehälter, sondern lediglich um eine Erstattung der Aufwendungen von Abgeordneten handelte. Bei solchen Aufwandsentschädigungen seien, so der Standpunkt der Abgeordneten, gerichtliche Pfändungsbeschlüsse nicht anwendbar.[38] Diese Auffassung teilte auch der Verwaltungsausschuss der Skupština, der feststellte, dass »die Diäten der Abgeordneten in ihrer Form als garantierte Erstattung bei der Ausübung des Abgeordnetenamts entstandener Kosten nicht Gegenstand einer Pfändung sein können«.[39] Nachdem der Parlamentspräsident angeordnet hatte, alle Forderungen nach Einbehaltung von Diäten abzuweisen,[40] konnten die verschuldeten Abgeordneten eine Zeit lang ruhig schlafen. Doch fand diese Ruhe bald ein Ende, als ein Schreiben des Gerichts in Sarajevo eintraf, das die Skupština auf Präzedenzfälle hinwies, in denen ein Gläubiger nach erfolgloser »Eintreibung« von Diäten stellvertretend den Fiskus verklagt hatte. Nachdem dieser den Prozess verloren hatte, musste der

[35] AJ, »Narodna skupština« (72), f. 73/280, Schreiben des Präsidenten des Verwaltungsausschusses an den Parlamentspräsidenten Kosta Kumanudi vom 11.5.1932.
[36] AJ, »Narodna skupština« (72), f. 73/280, Entscheid und Anordnung des Parlamentspräsidenten Kosta Kumanudi vom 4.8.1932.
[37] AJ, »Narodna skupština« (72), f. 128/395, Schreiben des Leiters der Buchhaltung der Skupština an den Parlamentspräsidenten vom 14.1.1932.
[38] AJ, »Narodna skupština« (72), f. 128/395, Schreiben des Leiters der Buchhaltung der Skupština an den Parlamentspräsidenten vom 14.1.1932.
[39] AJ, »Narodna skupština« (72), f. 128/395, Schreiben des Präsidenten des Verwaltungsausschusses der Skupština an den Parlamentspräsidenten vom 5.2.1932.
[40] AJ, »Narodna skupština« (72), f. 128/395, Anordnung des Parlamentspräsidenten vom 10.2.1932.

Staat für die gesamten Schulden des Abgeordneten inklusive der Verfahrenskosten aufkommen.[41]

Der Konsens im Umgang mit der Pfändungsfrage innerhalb der Skupština barg also ein Risiko für den Staatshaushalt, weshalb der Präsident zum Handeln gezwungen war. Über den Justizminister holte er die Meinung des Kassationsgerichtshofs ein. Auf die kurz und bündig formulierte Frage »Können Abgeordnetendiäten Gegenstand einer Vollstreckung (bzw. einer Pfändung) sein?« erhielt er eine eindeutige Antwort. Am Obersten Gerichtshof vertrat man den Standpunkt, dass Abgeordnete einen besonderen Status innehatten, der nicht mit dem Beamtenstatus gleichzusetzen war. Diäten seien dazu bestimmt, die Ausübung des Abgeordnetenamts zu ermöglichen durch Deckung aller Kosten, die mit dieser Funktion verbunden waren. Jedwede Pfändung oder Kürzung von Diäten würde die Ausübung des Abgeordnetenamts infrage stellen, weshalb Diäten nicht Gegenstand einer Vollstreckung sein könnten.[42]

Neben solchen konkret messbaren Einkünften befanden sich auf der Habenseite eines Mandates auch andere Vergünstigungen. Bogomil Vošnjak gelang es beispielsweise 1921 bei der Abstimmung über die Verfassung, aus dem Abstimmungsverhalten seiner Selbstständigen Bauernpartei geschickt einen Vorteil für sich selbst herauszuschlagen. Für die Zustimmung aller neun Abgeordneten seiner Partei zum Verfassungsentwurf der Regierung wurde Vošnjak mit dem Posten des jugoslawischen Gesandten in Prag belohnt.[43] Ein ähnliches Kompensationsgeschäft gelang auch den muslimischen *Beys*, die sich mit ihren Stimmen für die Verfassung ein für sie günstigeres Verfahren bei der Durchführung der Agrarreform verschafften.[44]

Festzuhalten bleibt, dass die Diätenregelung im ersten Jugoslawien, obgleich sie durchaus großzügig bemessen war, den finanziellen Bedarf eines Abgeordneten offenbar nicht decken konnte. Die Bemühungen um zusätzliche Einkünfte und Begünstigungen erwecken den Eindruck, dass zumindest ein Teil der Abgeordneten mit der Art der Vergütung ihre Aufwendungen für die Pflichten eines Mandates in der Skupština nicht zufrieden war. Nicht die Diätenregelung an sich, wohl aber die Höhe, die einigen deutlich zu gering erschien, bildete einen politischen Streitgegenstand.

---

[41] AJ, »Narodna skupština« (72), f. 128/395, Schreiben des Leiters der Buchhaltung der Skupština an den Parlamentspräsidenten vom 10.3.1932.

[42] AJ, »Narodna skupština« (72), f. 128/395, Stellungnahme des Kassationsgerichts vom 15.8.1932.

[43] In einem Bericht des tschechoslowakischen Konsulats in Ljubljana vom August 1921 wird als einer der Gründe für die Ernennung Vošnjaks zum Botschafter – neben der »loyalen« Haltung seiner Partei – auch die »große Unterstützung seitens führender Funktionäre der Tschechoslowakischen Agrarpartei« genannt. Vgl. AMZV PZ, »Lublaň«, regulärer politischer Bericht über den August 1912.

[44] Slovenska novejša zgodovina, 2005, S. 246.

Nachdem sich die Nationalversammlung von 1934 konstituiert hatte, erhielten die Abgeordneten neben der kostenlosen Beförderung mit öffentlichen Verkehrsmitteln monatlich 7500 Din (30 Tagessätze zu je 250 Din). Dieser Betrag konnte von Legislaturperiode zu Legislaturperiode schwanken, da sich die Höhe des Tagegelds zwischen 120 und 300 Din bewegte. Das Durchschnittsgehalt eines Abgeordneten im ersten Jugoslawien betrug so zwischen 3600 und 9000 Din monatlich. Im gleichen Zeitraum belief sich der durchschnittliche Monatslohn eines slowenischen Arbeiters auf einen Betrag zwischen 500 und 1000 Din, Angestelltengehälter lagen bei 900 bis 4500 Din monatlich. Wesentlich mehr verdienten lediglich die Aufsichtsräte der größten Unternehmen, die jährlich zwischen 100 000 und 150 000 Din erhielten.[45]

Die Alimentationen der Abgeordneten waren vergleichsweise also alles andere als gering, entgegen der Auffassung so manches Parlamentariers. Angesichts der Einkommensverhältnisse der Bevölkerung Jugoslawiens könnte der Eindruck entstehen, dass die Abgeordneten nicht für die Politik, sondern von ihr lebten. Glaubt man den Schilderungen Vladimir Ravnihars, führten die verhältnismäßig guten Einkünfte der Abgeordneten dazu, dass sich nach 1918 mehr »Schreier und Schmarotzer«[46] als ernsthafte Politiker um das politische Buffet drängelten. Dieses Urteil spiegelt natürlich persönliche Enttäuschungen wider, dennoch teilten viele diese Einschätzung. In einer politischen Kultur, die durch Gewalt geprägt war, war das öffentliche Ansehen der Abgeordneten ambivalent: Einerseits applaudierte man »seinen« Abgeordneten, wenn diese die eigenen Positionen leidenschaftlich vertraten und den politischen Gegner entschlossen bekämpften, andererseits wurden Abgeordnete wie Politiker im Allgemeinen unter schwierigen wirtschaftlichen Bedingungen der Maßlosigkeit bezichtigt und um ihre Privilegien beneidet.

4. Die Immunität des Abgeordneten

Im Mai 1923 richtete der Justizminister des Königreichs SHS die Aufforderung an die Narodna Skupština, »Franjo Žebot, Abgeordneter zur Nationalversammlung«, solle sich »aufgrund einer Straftat laut § 411 des Strafgesetzes der Justiz stellen.«[47] Schlägt man den besagten Paragraphen des auch in Jugoslawien geltenden österreichischen Strafgesetzes aus dem Jahre 1852 nach, so zeigt sich, dass Žebot beschuldigt wurde, an einer Schlägerei beteiligt gewesen zu sein und seinem Gegner vorsätzlich körperlichen Schaden zugefügt zu

---

[45] Ebd., S. 488.
[46] V. RAVNIHAR, Mojega, 1997, S. 147.
[47] SBNSKSHS, »38. redovna sednica«, 25.7.1923, S. 1330.

haben.[48] Es wurde ein Strafverfahren gegen den Staatsbürger des jungen Königreichs SHS, Franjo Žebot, eingeleitet. Da Žebot Abgeordneter der Nationalversammlung war, konnte er sich auf seine verfassungsmäßige Immunität berufen, sodass ein Verfahren gegen ihn nicht ohne Weiteres eröffnet werden konnte. Vor der Aufnahme eines Prozesses musste das Gericht von der Narodna Skupština durch den Minister dazu ermächtigt werden.[49]

Nachdem die Skupština die Aufforderung des Ministers erhalten hatte, befasste sich zunächst ihr Immunitätsausschuss mit der Sache, dessen Ergebnis dann im Plenum zur Abstimmung gestellt wurde. Žebot hatte seinen Abgeordnetenkollegen umgehend erklärt, die ganze Geschichte sei frei erfunden. In Wirklichkeit sei »das betreffende Mitglied der ORJUNA«[50], ein Herr Bauer, in Maribor ohne Grund auf ihn losgegangen, habe ihn verletzt und daraufhin die Flucht ergriffen. Anschließend hätten die aufgebrachten Passanten den Angreifer verfolgt und diesen »leicht verletzt«. Trotz Žebots Unschuldsbeteuerungen stimmte die Mehrheit der Abgeordneten der Skupština entsprechend des Vorschlags des Ausschusses ab und hob die Immunität des Abgeordneten auf. Das Gerichtsverfahren konnte beginnen.[51]

Der Vorfall zeigt, dass die Skupština entschied, ob ein unabhängiges Gericht gegen einen strafrechtlich beschuldigten Abgeordneten ein Verfahren einleiten durfte oder nicht. Der Delegierte genoss ein »parlamentarisches Privileg«, das seinen Ursprung in der Geschichte des englischen Parlamentarismus hat: Die Immunität der Abgeordneten entstand als Resultat der politischen Machtkämpfe zwischen Parlament und Krone, in deren Verlauf sich das Parlamentsprivileg der Redefreiheit der Abgeordneten durchsetzte, das ihnen ermöglichte, ihre politischen Überzeugungen unbehelligt zu äußern.[52] Die parlamentarische Immunität schützte nach Montesquieu die Abgeordneten als Beauftragte des Volkes vor der Willkür der Exekutive, insbesondere vor willkürlichen Verhaftungen. So wie das Volk als Souverän unantastbar bzw. unverletzlich war, mussten auch die gewählten Abgeordneten als Repräsentanten des Volkes in der Ausübung ihres Mandates unantastbar, und somit strafrechtlicher Verantwortung entzogen sein.[53]

Obwohl das Immunitätsprivileg den Abgeordneten schützte, ist es dennoch im Interesse der Allgemeinheit eingeführt worden, um sicherzustellen, dass das Parlament nicht an seiner Arbeit gehindert werden konnte. Dem wurde so

---

[48] Allgemeines Reichs-, Gesetz- und Regierungsblatt für das Kaiserthum Oesterreich, 1852/36, »Strafgesetz über Verbrechen, Vergehen und Uebertretungen«, § 411.
[49] »Verfassung des Königreiches der Serben, Kroaten und Slowenen vom 28. Juni 1921«, §§ 83, 88.
[50] ORJUNA: Organisation Jugoslawischer Nationalisten (*Organizacija Jugoslavenskih Nacionalista*).
[51] SBNSKSHS, »38. redovna sednica«, 25.7.1923, S. 1331, 1337.
[52] M. CERAR, Imuniteta poslancev, 1994, S. 57 f.
[53] Ebd., S. 60.

viel Bedeutung zugemessen, dass der Staat (jedenfalls vorübergehend) auf sein
Recht, Strafmaßnahmen zu vollziehen, verzichtete. Die persönlichen Interessen der Abgeordneten spielten in dieser Logik keine Rolle. Durch die Immuni-
tät wurde das Parlament geschützt, das seine Arbeit durch die gewählten Abgeordneten ausführte. In der Praxis bestand natürlich die Gefahr, dass durch dieses
Vorrecht konkrete persönliche Interessen von Abgeordneten geschützt wurden
oder dass jene ihre Immunität für eigene Zwecke missbrauchten.[54] Durch diese
Möglichkeit, von der in mehreren Fällen Gebrauch gemacht wurde, wurde das
Immunitätsprivileg zwar infrage gestellt, jedoch nicht grundlegend negiert. Ein
Missbrauch der Abgeordneten-Immunität aus persönlichen Interessen wurde
als Anomalie betrachtet. Trotzdem gabe es auch ganz grundsätzliche, ethische
Bedenken gegen das Immunitätsprivileg: Ein Argument lautete, es gäbe kein
schädlicheres Privileg als jenes, für eine Straftat nicht bestraft zu werden. Andere erachteten es als falsch, die Strafverfolgung von Politikern gegenüber jener der Allgemeinheit zu erschweren.[55] Allen Bedenken zum Trotz setzte sich
der Grundsatz der Immunität der Abgeordneten im Laufe des 19. Jahrhunderts
in zahlreichen europäischen Staaten und in den Vereinigten Staaten von Amerika durch.

In England wurde die Immunität mit der berühmten *Bill of rights* von 1689
implementiert[56], dem englischen Beispiel folgend wurde sie 1778 in den *Ar-
ticles of Confederation and Perpetual Union* auch in den USA festgeschrieben.[57]
In Kontinentaleuropa setzte sich die Immunität zuerst in Frankreich unmittelbar nach der Revolution 1789[58] durch. Danach adaptierten weitere Staaten dieses Modell. Den deutschen Abgeordneten wurde sie mit der Verfassung von
1871 gewährt, obwohl Reichskanzler Otto von Bismarck sie zunächst katego-
risch abgelehnt hatte.[59] In Österreich forderten die Abgeordneten sofort nach
der Einberufung der Landtage im April 1861 und der darauffolgenden Einberufung des Reichsrats die parlamentarische Immunität so energisch ein, dass
die Regierung rasch einen Gesetzesentwurf dazu ausarbeitete. Das Gesetz wurde
am 3. Oktober schließlich vom Kaiser abgesegnet und 1867 in das abgeänderte
Grundgesetz über die Reichsvertretung aufgenommen, es blieb bis zum Ende
der Habsburgermonarchie in Kraft.[60]

Die österreichischen Abgeordneten waren in ihrer parlamentarischen Tätigkeit also nur dem Reichsrat verantwortlich, sie genossen »berufliche Immuni-

---

[54] J. Tahović, Parlamentarni imuniteti, 1953, S. 159 f.
[55] Ebd., S. 160.
[56] M. Cerar, Imuniteta poslancev, 1994, S. 57–59; M. Weigel, Lehre, 1909, S. 4–9.
[57] Ebd., S. 62 f.; ebd., S. 16–18.
[58] Ebd., S. 59–61; ebd., S. 18–22.
[59] Ebd., S. 61 f.; ebd., S. 56–59.
[60] J. Cvirn, Razvoj, 2006, S. 240.

tät«. Darüber hinaus war ihnen auch »außerberufliche Immunität« gewährt – in Bezug auf strafrechtlich relevante Handlungen, die in keinem Zusammenhang mit der Ausübung ihres Mandats standen. Wenn ein Abgeordneter also eine Straftat beging, konnte gegen ihn nur mit Zustimmung des Reichsrats ein Verfahren eingeleitet werden, es sei denn, die Strafverfolgungsbehörden ertappten ihn auf frischer Tat. Doch auch in diesem Fall musste das Gericht umgehend das Parlament verständigen, woraufhin der Immunitätsausschuss die Einstellung des Verfahrens gegen den betreffenden Abgeordneten verlangen konnte.[61]

Auf ähnliche Weise war die Immunität der Abgeordneten auch im Königreich SHS geregelt. Wie das System der Entlohnung der Abgeordneten waren auch die Regelungen der Immunität mit denjenigen der Habsburgermonarchie fast identisch. In der Verfassung des Königreichs SHS wurde die Immunität der Abgeordneten in den §§ 87 und 88 wie folgt behandelt:

>»Ein Abgeordneter kann von niemande[m] und niemals für die Stimme, die er als Mitglied der Nationalversammlung abgegeben hat, zur Verantwortung gezogen werden. Für alle Erklärungen und für alles Vorgehen in der Ausübung des Mandates, es sei in den Sitzungen der Nationalversammlung oder in den Ausschüssen oder in besonderer Entsendung oder in besonderen Diensten, die von der Nationalversammlung aufgetragen waren, sind die Abgeordneten nur der Nationalversammlung nach den Vorschriften der Geschäftsordnung verantwortlich.«[62]

Der Immunitätsparagraph implizierte einen Schutz der Abgeordneten vor Strafverfolgung, was Verfassungsrechtler dazu veranlasste, von »parlamentarischer Verantwortungsfreiheit« zu sprechen. Immunität war auch beruflich gegeben, denn explizit und konkret geschützt waren Handlungen, die mit der Ausübung des Amtes zusammenhingen, und zwar auch nach Erlöschen des Mandats.[63] Ein Abgeordneter konnte »von niemande[m] und niemals« für sein Abstimmungsverhalten oder seine Wortmeldungen zur Verantwortung gezogen werden. Verantwortungsfreiheit bestand also nicht nur straf-, sondern auch zivilrechtlich sowie hinsichtlich disziplinarrechtlicher Maßnahmen. War ein Abgeordneter gleichzeitig Staatsbeamter und kritisierte er im Parlament die Regierung, so durfte das Verwaltungsdisziplinarrecht in diesem Zusammenhang nicht auf ihn angewandt werden. Die Immunität der Abgeordneten im ersten Jugoslawien war also äußerst weitreichend. Selbst wenn ein Abgeordneter in einer Parlamentsrede zum Volksaufstand aufrief, konnte er dafür juristisch nicht belangt werden. Auf einer Parteiversammlung oder in einer Zeitung galt die parlamentarische Immunität

---

[61]   Ebd.
[62]   »Verfassung des Königreiches der Serben, Kroaten und Slowenen vom 28. Juni 1921«, § 87.
[63]   M. CERAR, Imuniteta poslancev, 1994, S. 64.

nicht, hier unterstand ein Abgeordneter denselben Rechtsvorschriften wie jeder andere Staatsbürger. Zur Verantwortung gezogen wurden Abgeordnete auch für Handlungen im Parlament, die nicht mit ihrer parlamentarischen Tätigkeit zusammenhingen.[64] So kam es nicht selten vor, dass ein Mandatsträger einem Kollegen während der Pause eine Ohrfeige verpasste, aber selbst, wenn ein solches Handeln politisch motiviert war, hatte er sich dafür zu verantworten.

Neben der beruflichen genossen die Abgeordneten gemäß § 88 der Verfassung auch außerberufliche Immunität:

»Ohne Ermächtigung der Nationalversammlung können ihre Mitglieder wegen keinerlei strafbarer Handlung, von welcher Art auch immer, zur Verantwortung gezogen werden, noch können sie, solange ihr Mandat dauert. in keinem Falle von irgendeiner Behörde ihrer Freiheit berau[b]t werden, es sei denn, sie werden bei einem Verbrechen oder Vergehen auf frischer Tat ertappt. Auch in diesem Falle muss die Nationalversammlung, sofern sie tagt, sofort davon verständigt werden; sie erteilt oder verweigert darauf ihre Einwilligung, das laufende Strafverfahren während der Session fortzuführen. Das Immunitätsrecht der Abgeordneten beginnt mit dem Tage der Wahl. Wird jemand während eines laufenden Ermittlungsverfahrens[,] aber noch bevor über ihn wegen einer strafbaren Handlung ein rechtskräftiges Urteil ergangen ist[,] zum Abgeordneten gewählt, verständigt die die Untersuchung führende Behörde davon die Nationalversammlung, welche die Ermächtigung zur Fortsetzung des Verfahrens erteilt oder verweigert. Das Mitglied der Nationalversammlung kann nur wegen jener Handlung zur Verantwortung gezogen werden, derentwegen es ausgeliefert wurde.«[65]

Die außerberufliche Immunität war also nicht materiell, sondern prozedural,[66] denn die Abgeordneten konnten für alle Handlungen, die sie nicht im Zuge der Ausübung ihres Amtes begingen, wie jeder andere Staatsbürger zur Verantwortung gezogen werden, wenn die Skupština die »Ermächtigung« zur Einleitung (oder Fortsetzung) eines Verfahrens erteilte. Für in der Freizeit begangene strafbare Handlungen konnten sie zwar zur Verantwortung gezogen werden, doch galt die Unverletzlichkeit auch außerhalb des Parlaments. Die Immunität schützte sie vor strafrechtlicher Verfolgung während der Mandatszeit, in Zivil- oder Disziplinarfällen waren sie der Bevölkerung gleichgestellt. Die persönliche Unverletzlichkeit der Abgeordneten galt nicht der einzelnen Person, sondern diente dem allgemeinen Interesse und der Arbeitsfähigkeit der Skupština, »damit [keine] tendenziösen Anschuldigungen die Abgeordneten an der Erfüllung ihrer Pflicht hindern konnten«[67]. Und weil Abgeordnete überdurchschnittlich

---

[64] S. Jovanović, Ustavno, 1924, S. 179 f.
[65] »Verfassung des Königreiches der Serben, Kroaten und Slowenen vom 28. Juni 1921«, § 88.
[66] M. Cerar, Imuniteta poslancev, 1994, S. 64.
[67] S. Jovanović, Ustavno, 1924, S. 181, 184.

oft »tendenziösen Anschuldigungen« ausgesetzt waren, musste die Skupština selbst beurteilen, ob eine Anschuldigung seriös oder tendenziös war.[68]

Konkretisiert wurde das Verfahren zur »Wahrheitsfindung« durch die Geschäftsordnung, die sowohl die berufliche als auch die außerberufliche Immunität regelte. Während in dem Artikel über die berufliche Immunität § 87 der Veitstagsverfassung fast wortwörtlich übernommen wurde, sind die Ausführungen zur außerberuflichen Immunität detaillierter.[69] Gemäß Geschäftsordnung befasste sich mit der außerberuflichen Immunität ein eigener Immunitätsausschuss. Es handelte sich um einen ständigen Ausschuss, der jeweils für die gesamte Legislaturperiode gewählt wurde, um sicherzustellen, dass er unparteiisch arbeite. Erst nachdem der Immunitätsausschuss den Fall geprüft und der Skupština seine Erkenntnisse dargelegt hatte, entschied das Plenum, ob die Immunität in einem konkreten Fall aufgehoben wurde oder nicht.[70]

Nachdem der Justizminister oder der Innenminister dem Ausschuss einen begründeten Antrag auf Aufhebung der Immunität eines Abgeordneten an die Justiz zugeleitet hatte, durften dessen Mitglieder die betroffene Person nicht für schuldig erklären – sie waren schließlich keine Richter –, sondern nur die »Seriosität« des Vorschlags beurteilen. Dazu merkte der Berichterstatter des Immunitätsausschusses, Ninko Perić, in der Sitzung vom 30. Juni 1921 an, dass die Mitglieder des Ausschusses »sich grundsätzlich von dem Standpunkt leiten lassen, dass sich jeder Staatsbürger für Straftaten, die er verübt hat, verantworten muss«, und dass dies auch für die Abgeordneten der Nationalversammlung gelte. Laut Perić wollte der Ausschuss »nur in seltenen Fällen von Missbrauch seitens der Obrigkeit« die betroffenen Abgeordneten schützen und sich mit der betreffenden Klageschrift befassen. Über Schuld und Unschuld befand der Immunitätsausschuss nicht. »Unsere Arbeit«, so Perić zu seinen Abgeordnetenkollegen, bestehe darin,

»dass wir als Mitglieder des Immunitätsausschusses die Klageschrift prüfen und als Juristen, die Sie zu Mitgliedern des Immunitätsausschusses gewählt haben, vor allem

---

68 Ebd., S. 180.
69 In der Geschäftsordnung wird in §§ 106–109 die Immunität behandelt (I. A. PRŽIĆ, Poslovnik, 1924). In der sonst aufgeregten Debatte über die Geschäftsordnung stellte die Immunität keinen Streitgegenstand dar. Vgl. SBNSKSHS, »35. redovna sednica« bis »38. redovna sednica«, 27.2.1922 bis 2.3.1922, S. 437–513.
70 An dieser Stelle ist noch einmal darauf hinzuweisen, dass nur für das Einleiten oder die Fortsetzung eines Strafverfahrens die Zustimmung des Parlaments eingeholt werden musste. Wurde ein Abgeordneter also vor der Wahl verurteilt und von der Bevölkerung – z. B. zum Zeichen des Protests – trotz allem gewählt, so konnte die Skupština die Vollstreckung der Strafe nicht verhindern. Ein Abgeordneter konnte auch nicht auf seine Immunität verzichten; das Parlament war verpflichtet, ihn im Fall eines Verstoßes gegen seine Immunität zu schützen. Vgl. S. JOVANOVIĆ, Ustavno, 1924, S. 182–184.

prüfen, ob politischer Missbrauch seitens der Obrigkeit gegenüber der betreffenden Person vorliegen könnte.«[71]

Folgt man den Worten des Berichterstatters des ständigen Immunitätsausschusses – der sich aus Juristen zusammensetzte –, zielte die praktische Arbeit des Ausschusses darauf ab, Immunität nur denjenigen Abgeordneten zu gewähren, die Opfer politischen Missbrauchs waren.

Die parlamentarische Realität hatte mit Perićs Einschätzung jedoch wenig zu tun, sie entsprach vielmehr der Praxis des Wiener Reichsrats. Dort hatte der berüchtigte Fall Ritter von Schönerers[72] gezeigt, dass »die Mehrheit im Parlament die Immunität immer von ihrem eigenen Standpunkt aus, im Sinne ihrer eigenen politischen Interessen beurteilte«.[73] Auch für den ersten jugoslawischen Staat scheint dieser »Grundsatz« Gültigkeit behalten zu haben, waren doch die ersten, deren Immunität aufgehoben wurde, kommunistische Abgeordnete.

5. Die Immunität in der politischen Praxis

In der zerklüfteten politischen Landschaft des Königreichs SHS war die Kommunistische Partei Jugoslawiens derjenige politische Faktor, der alle anderen Abgeordneten vereinte. Es gab eine beinahe geschlossene antikommunistische Mehrheit gegen einen als außerhalb des Systems stehend wahrgenommenen politischen Gegner. Bezeichnenderweise war denn auch das erste von der Narodna Skupština verabschiedete Gesetz das »Staatsschutzgesetz gegen die Bedrohung durch die kommunistische Bewegung«. Anlass dazu gab das sogenannte Veitstags-Attentat auf Minister Drašković, von dem bereits die Rede war. Obwohl die Argumente für das Gesetz auf Behauptungen und Pauschalisierungen basierten, wurde es ohne größere Widerstände verabschiedet; sogar ein Teil der Opposition stimmte dafür. Die Kommunistische Partei wurde zu einer »terroristischen und anarchistischen Organisation« erklärt, die Attentate auf »die Regierung, die Nationalversammlung und einige bedeutende Persönlichkeiten« geplant habe. An der Anschlagsvorbereitung hatten sich – nach Überzeugung der Regierung – auch einige kommunistische Abgeordnete beteiligt. Minister

---

[71] I. A. Pržić, Poslovnik, 1924, S. 202 f.
[72] Der Wiener Politiker Georg Ritter von Schönerer, Führer der Alldeutschen Partei, Antisemit und ein Gegner des politischen Katholizismus, attackierte mit seinen Anhängern im Jahr 1888 die Redaktion des *Neuen Wiener Tagblattes*. Die Redakteure der »jüdischen Zeitung«, hatten versehentlich den Tod Kaiser Wilhelms I. vermeldet. Der Wiener Reichsrat hob die Immunität des Abgeordneten Schönerer auf, entzog ihm sein Mandat und verurteilte ihn zu Kerkerstrafe.
[73] Mehr zum Fall Georg von Schönerer in: M. Wladika, Hitlers Vätergeneration, 2005.

Pribićević beschuldigte sie, den Attentäter ins Parlamentsgebäude gelassen zu haben, worauf dieser »die Bombe geworfen und das Blutbad verursacht« habe.[74]

Das war eine schwere Anschuldigung – schwer genug, um das zuständige Gericht zu einem Antrag auf Aufhebung der Immunität für strafrechtliche Ermittlungen gegen die Abgeordneten zu veranlassen. Mit dem Aufhebungsuch befasste sich gemäß Geschäftsordnung der Immunitätsausschuss, dem allerdings nur wenig Informationen vorlagen. Der Aufhebungsantrag brachte die Partei als solche mit dem Attentat in Verbindung, obgleich eine konkrete Beteiligung einzelner kommunistischer Abgeordneter an dem Attentat erst nach der Immunitätsaufhebung hätte ermittelt werden können. Laut dem Verfassungsrechtstheoretiker Slobodan Jovanović entbehrte der Antrag einer Begründung und war daher seiner Auffassung nach unzulässig. Das Parlament hätte ihn allein deshalb wegen Vorliegen eines gravierenden Formfehlers ablehnen müssen.[75] Auch hatte der Abgeordnete Perić erst einen Monat zuvor ausdrücklich betont, dass der Immunitätsausschuss in erster Linie dafür zuständig sei, Aufhebungsanträge auf etwaige politische Motive zu prüfen. Ohne Zweifel war diese Situation eingetreten und daher ein Präzedenzfall.

Obwohl die Immunität der Abgeordneten gerade den Schutz vor politisch motivierten Anschuldigungen zum Ziel hatte, schlug der Immunitätsausschuss vor, dem Antrag stattzugeben. Damit überschritt er eindeutig den ihm von Verfassung und Geschäftsordnung vorgegebenen Ermessensspielraum. Die Skupština hob auf Grundlage des Ausschussberichts am 2. August 1921 die Immunität der kommunistischen Abgeordneten auf, um ihnen zwei Tage darauf auch noch ihre Abgeordnetenmandate zu entziehen.[76] Sie wurden so zu politischen Außenseitern und von nun an als Staatsfeinde kriminalisiert.

In ähnlicher Weise ging das Parlament auch im Fall des als charismatisch geltenden Anführers der kroatischen Opposition Stjepan Radić und gegen zahlreiche weitere Abgeordnete des Föderalistischen Blocks vor. Am 25. Juli 1923 wurde der Skupština, die seit der Affäre um die kommunistischen Abgeordneten keine Immunitätsangelegenheiten mehr behandelt hatte, ein umfangreicher Bericht des Immunitätsausschusses vorgelegt. Er umfasste 30 Anträge auf Aufhebung der Immunität von Abgeordneten – dabei handelte sich überwiegend um Personen aus den Reihen der autonomistischen Opposition.[77] Im Mittelpunkt der Parlamentsdebatte stand an diesem Vormittag der gewählte Abgeordnete Stjepan Radić, der in der Skupština bis dahin noch nicht erschienen war und sein Mandat noch nicht hatte legitimieren lassen. Dennoch genoss er

---

[74] B. GLIGORIJEVIĆ, Parlament, 1979, S. 116.
[75] S. JOVANOVIĆ, Ustavno, 1924, S. 182 f.
[76] B. GLIGORIJEVIĆ, Parlament, 1979, S. 116 f.
[77] SBNSKSHS, »38. redovna sednica«, 25.7.1923, S. 1329–1331.

seit dem Wahltag das Privileg parlamentarischer Immunität. Vier Aufhebungsanträge des Gerichts betrafen Radić; sie bezogen sich im Wesentlichen auf das
Pressegesetz sowie auf Zitate und Artikel aus der Zeitung *Slobodni dom*.[78] Eine
der inkriminierten Äußerungen lautete, dass

> »in serbischen Schulen stets Lügen vorgeherrscht haben und noch heute vorherrschen.
> Bei den Serben ist die Kirche ein politischer Agitator im Auftrag des Staats und jetzt
> dient sie den gegenwärtigen Machthabern. Wir Kroaten haben hingegen einen hu-
> manistischen Glauben, europäische Schulen und eine europäisch-slawische Literatur.
> Wir, die Kroaten und die Serben, bilden aus ethischer Sicht keine Einheit. Bei den
> serbischen Herrschaften fällt weder im Handel noch in der Politik ein ehrliches Wort.
> Diese Herrschaften halten nicht einmal ihre vertraglichen Verpflichtungen ein.«[79]

Weiter führte er aus, dass die Parlamentswahlen eine »Volksabstimmung« für
einen kroatischen Staat seien und keine Wahl, um Abgeordnete nach Belgrad
zu entsenden. Diese separatistischen Äußerungen waren für den noch jungen
Staat Jugoslawien freilich höchst problematisch und konnten juristische Folgen haben. Es scheint, als hätten Skupština, Staatsanwaltschaft und Gerichte
nur ihre Arbeit getan. Doch der Zeitpunkt der Immunitätsdebatte, die Vielzahl der Anträge und die Stimmung in der Skupština stützen die These, dass es
sich um eine politische Abrechnung mit den autonomistischen Parteien handelte. Als der Parlamentspräsident am Vortag den Bericht des Immunitätsausschusses auf die Tagesordnung der nächsten Sitzung setzte, erntete er vonseiten
der Radikalen Partei (Regierungspartei) tosenden Applaus, »als wäre etwas Epo-
chales geschehen.«[80]

Die große Mehrheit der Anträge auf Aufhebung an die Justiz war bereits Monate zuvor gestellt worden. Alle waren gemäß der Geschäftsordnung dem Immunitätsausschuss zugeleitet worden, der sich aber nicht damit befasst hatte.
Weshalb die Immunitätsverfahren verschleppt wurden, war für viele offensichtlich: »Weil die Regierung es nicht wollte«, so der Eindruck der Abgeordneten
des Jugoslawischen Klubs und des Jugoslawischen Muslimischen Klubs.[81] Die
Regierung hatte dabei wohl taktische Überlegungen in den Vordergrund gestellt. In der instabilen politischen Lage des Jahres 1922 waren sowohl die Opposition als auch die Regierungskoalition zerstritten und geschwächt. Niemand

---

[78] Ebd., S. 1333 f.
[79] Ebd., S. 1334.
[80] Ebd., S. 1332.
[81] Ebd. Die Abgeordneten des Jugoslawischen Klubs und des Jugoslawischen Muslimischen Klubs
      legten ihre Standpunkte zur aktuellen Immunitätsproblematik in einer eigenen Protestschrift dar,
      die sie vor dem Parlament verlasen und verließen anschließend – zum Zeichen des Protests – so-
      fort die Sitzung.

konnte wissen, auf welchen Verbündeten man demnächst angewiesen sein würde.[82] Nach den Wahlen vom 18. März 1923, unter veränderten politischen Verhältnissen, legte der Immunitätsausschuss dann einen Bericht vor, auf dessen Grundlage die Skupština den Abgeordneten der Opposition mit wenigen Ausnahmen den Schutz der Immunität entzog.

Der oben vorgestellte Fall Franjo Žebot wird in diesem Zusammenhang verständlicher. Bei der Abwicklung der Angelegenheit lag zweifellos ein Fall von Missbrauch des Immunitätsrechts vor. Obwohl der Aufhebungsantrag politische Motive mit keinem Wort erwähnte, waren diese für das Plenum mehr als offensichtlich. Die Annahme, dass man Žebot unter anderen politischen Umständen Immunität gewährt hätte, ist absolut berechtigt. Nicht zuletzt hatte die Skupština in derselben Sitzung, am 25. Juni 1923, den Abgeordneten Slavko Šećerov vor der Aufhebung seiner Immunität bewahrt, dem ebenso wie Žebot Schlägereien vorgeworfen wurden. Laut Anklageschrift war Šećerov, Mitglied der Demokratischen Partei, in einer Wahlrede in Veliki Bečkerek wegen eines Zwischenrufs in Rage geraten und er hatte dem Störer eine Ohrfeige verpasst. Die Mehrheit des Immunitätsausschusses war der Ansicht, dass der Abgeordnete provoziert und zur »Gegenwehr« genötigt worden war.[83]

Vordergründig scheint es, als tendierte die Skupština unter der Veitstagsverfassung mit einigen Ausnahmen dazu, Anträgen auf Aufhebung der Immunität stattzugeben. In der Legislaturperiode 1923/1924 entschied die Skupština bei 24 von 30 Anträgen, mit denen sie sich befasste, die Immunität der Abgeordneten aufzuheben.[84] In der Periode 1925 bis 1927 gewährte sie in 3 von 10 Fällen Immunität.[85] Doch war die Anzahl der Anträge, mit denen sich die Nationalversammlung befasste, nicht gerade hoch. Insgesamt waren in der Legislaturperiode 1923/1924 in der Skupština 165 Anträge eingereicht worden,[86] in der Wahlperiode 1925–1927 waren es 182.[87] Es wurde also nur bei 18 % bzw. 6 % der Anträge überhaupt ein Beschluss gefasst. In der großen Mehrzahl aller Fälle behielten die Abgeordneten, zumindest bis das Parlament einen Beschluss fasste,[88] ihre Immunität. Festzuhalten ist also, dass die Skupština ihren Abgeordneten meis-

---

[82] B. Gligorijević, Parlament, 1979, S. 150–155.
[83] SBNSKSHS, »38. redovna sednica«, 25.7.1923, S. 1331, 1337.
[84] Pregled o radu NS 1923/1924, S. 262–280.
[85] Ebd., NS 1925/1927, S. CXLII–CLVIII.
[86] Ebd., NS 1923/1924, S. 280.
[87] Ebd., NS 1925/1927, S. CLVIII.
[88] Über einige Anträge entschied das Parlament zwar, allerdings erst in der nächsten Legislaturperiode. So behandelte es im Dezember 1925 Anträge auf Aufhebung der Immunität von insgesamt 25 Abgeordneten, wobei alle vor März desselben Jahres eingereicht worden waren. Einige waren sogar über zwei Jahre alt. Damals beschloss die Skupština einstimmig, sie allen Abgeordneten zu gewähren. Vgl. SBNSKSHS, 10.12.1925, S. 25–29.

tens den Schutz der Immunität gewährte, und zwar durch Nicht-Befassung mit
Aufhebungsanträgen.

6. Die Immunität in den 1930er Jahren

Nach der Einführung der Königsdiktatur Aleksandars im Jahr 1929 oktroyierte
der Monarch seinem Land im September 1931 eine neue Verfassung. Zumindest formal wurde das Königreich damit wieder zum »Verfassungsstaat«. Waren
viele Artikel der neuen Verfassung auch dubios und undemokratisch, trug diese
zumindest dem Grundsatz der Immunität der Abgeordneten Rechnung. Umgesetzt wurde dieser Grundsatz allerdings genauso inkonsequent wie das Prinzip
der Gewaltenteilung und der Autonomie des Zweikammer-Parlaments. Von der
Immunität der Abgeordneten blieb im Vergleich zur Veitstagsverfassung nicht
viel übrig.

Laut der oktroyierten Verfassung vom 3. September 1931 genossen die Abgeordneten und Senatoren sowohl berufliche als auch außerberufliche Immunität. Für ihre Voten als Mitglied des Senates bzw. der Volksvertretung durften sie
auch nicht zur Verantwortung gezogen werden. Ebenso waren sie

> »[f]ür alle Erklärungen und für alle Tätigkeiten in der Ausübung ihres Mandates, sei
> es in den Sitzungen des Senats oder der Nationalversammlung, in den Ausschüssen
> oder in besonderer parlamentarischer Mission oder Diensten, die vom Senat bzw. der
> Nationalversammlung ihnen aufgegeben waren, […] nur der Nationalversammlung
> nach den Vorschriften der Geschäftsordnung verantwortlich.«

Dies entsprach der alten Immunitätsregelung. Allerdings waren die Senatoren
und Abgeordneten »für Äußerungen und Handlungen, die eine strafbare Tat
enthalten […] auch vor den ordentlichen Gerichten verantwortlich«, wenn der
Senat bzw. die Nationalversammlung dem zustimmten. Darüber hinaus mussten sie sich aber für Beleidigungen, Verleumdungen und strafbare Vergehen
auch ohne Zustimmung des Senats oder der Narodna Skupština vor den ordentlichen Gerichten verantworten.[89]

Mit dieser Zusatzregelung wurde der »berufliche« Immunitätsgrundsatz zwei-
fellos eingeschränkt. Lazo Kostić, Professor der Hochschule für Wirtschaft und
Handel in Belgrad, stellt in diesem Zusammenhang fest, dass in den 1930er
Jahren keine Verantwortungsfreiheit der Abgeordneten mehr gegeben war.
Kostić zufolge bezeichneten die Neologismen »berufliche« und »außerberufli-

---

[89] Verfassung des Königreiches Jugoslawien vom 3. September 1931, § 74.

che Immunität«, die der Wiener Professor Ludwig Adamovich in seinem Werk *Österreichisches Staatsrecht* eingeführt hatte, die Verhältnisse in Jugoslawien sehr treffend.[90]

Die berufliche Immunität in Bezug auf Straftaten war ab 1931 also nicht mehr absolut und materiell gegeben, sie war sogar erheblich eingeschränkt worden, denn für Beleidigungen wurde sie überhaupt nicht mehr gewährt. Es mutet merkwürdig an, dass sich Abgeordnete für beleidigende Äußerungen während einer Parlamentssitzung nun vor Gericht verantworten mussten, ohne dass dafür ein einstimmiger Beschluss der Skupština erforderlich gewesen wäre, wohingegen dies nicht für Parteiversammlungen galt, weil die außerberufliche Immunität ähnlich geregelt war wie in den 1920er Jahren. § 75 der Verfassung lautete:

»Ohne Ermächtigung des Senates bzw. der Nationalversammlung können ihre Mitglieder wegen der außerhalb der Mandatsausübung begangenen strafbaren Handlung [weder] zur Verantwortung gezogen werden, noch können sie, solange ihr Mandat dauert, in irgendeinem Falle und von irgendeiner Behörde ihrer Freiheit berau[b]t werden, außer, wenn sie bei einem Verbrechen oder Vergehen auf frischer Tat ertappt werden. Dennoch wird in diesem Falle der Senat bzw. die Nationalversammlung, falls sie versammelt ist, sofort verständigt; sie erteilt oder verweigert daraufhin ihre Einwilligung, dass das zuständige Verfahren während der Session fortgesetzt werden kann.«[91]

Ähnliche Bestimmungen galten für die Fortsetzung eines bereits eingeleiteten Verfahrens.[92] Die zitierten Verfassungsparagraphen waren im zweiten Jahrzehnt des jugoslawischen Staates die rechtliche Grundlage für die Immunität der Abgeordneten und Senatoren, sie wurden in den Geschäftsordnungen des Senats und der Skupština fast wortwörtlich wiedergegeben.[93]

In der neuen Regelung der Immunität kommen Aleksandars Bemühungen um eine autoritäre Verfassungsordnung zur Stabilisierung der Verhältnisse im Land zum Ausdruck. Zwar nahm er den Abgeordneten und dem Parlament die Verantwortungsfreiheit, jedoch blieb die »heilige« Freizeit der Abgeordneten davon unberührt. »Außerberuflich« konnten sie dank ihrer Unverletzlichkeit tun und lassen, was sie wollten.

Eine stark eingeschränkte berufliche Immunität in Kombination mit einer umfassenden außerberuflichen Immunität war für die parlamentarische De-

---

[90] L. M. Kostić, Pred kojom, 1938, S. 100 f.
[91] Verfassung des Königreiches Jugoslawien vom 3. September 1931.
[92] Vgl. F. Ogrin, Imuniteta, 1937, S. 270–277.
[93] Službeni list Kraljevske, 80/1931, »Zakon o poslovnem redu v narodni skupščini«, §§ 108, 110; 82/1931, »Zakon o poslovnem redu v senatu«, §§ 108, 110. In den Paragraphen 107 und 109 ist noch festgelegt, dass die Anträge der Justiz dem Immunitätsausschuss zuzuleiten seien und dass die außerberufliche Immunität nicht für privatrechtliche Streitigkeiten gelte.

mokratie eine Neuheit, die Aufsehen erregte. Die Abgeordneten mussten ihre
Worte im Parlament sorgfältiger wählen als in einem Wirtshaus und dadurch
wurden ihre politischen Wirkungsmöglichkeiten erheblich eingeengt.

Wie die neu geregelte Immunität in der Praxis gehandhabt wurde, zeigte sich
im Frühling 1936 sehr deutlich, als es in der Skupština zu einem ähnlichen Vorfall kam wie 1928, der jedoch weniger tragisch endete. Am 6. März 1936 zog
der alkoholisierte Abgeordnete Damjan Arnautović einen Revolver aus seiner Ja-
ckentasche und schoss in Richtung des Redners, des Ministerpräsidenten und
Außenministers Milan Stojadinović. Noch am selben Tag, nach Arnautović's
Verhaftung, beantragte Innenminister Anton Korošec beim Parlamentspräsidenten eine Ermächtigung zur Fortsetzung des Strafverfahrens. Der mit dem
Antrag befasste Immunitätsausschuss empfahl der Skupština nach einer Dring-
lichkeitssitzung einstimmig die Aufhebung der Immunität.[94] Das juristische Verfahren gegen Arnautović konnte seinen Lauf nehmen, das Parlament war seiner Aufgabe gerecht geworden. Doch am nächsten Tag, dem 8. März, ging bei
der Skupština ein weiterer Aufhebungsantrag ein der namentlich weitere neun
Abgeordneten aufführte, die angeblich alle an der Schießerei beteiligt gewesen
seien. Die der Anstiftung des Täters beschuldigten Abgeordneten gehörten alle
zu den schärfsten Gegnern der Regierung. Der Immunitätsausschuss kam erneut zu dem Ergebnis, die Immunität aufzuheben. Diese Entscheidung fiel allerdings nicht einstimmig aus.[95]

Inzwischen saßen bereits zehn Gegenspieler der Regierung hinter Gittern,
doch die Suche nach Verbündeten des Attentäters unter den Abgeordneten der
Volksvertretung ging weiter. Am 10. März nannte Arnautović, der nun ganz le-
gal verhört werden konnte, im Zuge seiner Aussage – einer langen Verschwö-
rungsgeschichte – die Namen zweier weiterer Abgeordneter: Tasa Dinić und
Srpko Vukanović. Ersterer habe »psychologisch auf ihn eingewirkt« und ihn so
zu dem Attentat bewogen und Vukanović sei der Ansicht gewesen, dass man
in der Skupština einmal »ein Spektakel« veranstalten müsse. Seinen Klubkolle-
gen habe er sogar »eine bestimmte Anzahl an kurzen Knüppeln« mit den Worten präsentiert: »Fürs erste so, aber wir haben auch andere Mittel, für den Fall,
dass wir sie einmal brauchen.«[96] Der Belgrader Polizeidirektor Milan Aćimović
übermittelte den Aufhebungsantrag dem Parlamentspräsidenten Stevan Ćirić,
der ihn an den Immunitätsausschuss weiterleitete. Wie in den Tagen zuvor plä-
dierte der Ausschuss umgehend für eine Aufhebung der Immunität. Wie zu er-

---

[94] AJ, »Narodna skupština« (72), f. 73/282, Bericht des Immunitätsausschusses an die Skupština
      vom 7.3.1936.
[95] Ebd., Bericht des Immunitätsausschusses an die Skupština vom 9.3.1936.
[96] Ebd., Akt der Belgrader Polizei Nr. 1366, vertraulich, vom 10.3.1936.

warten, wurde auch diesmal der Beschluss des Ausschusses nicht einstimmig gefasst.[97] Aber woran hatte sich die überstimmte Minderheit gestört?

Eine Minderheit der Abgeordneten hatte argumentiert, dass die Aufhebung
der Immunität gemäß § 75, der die außerberufliche Immunität behandelte, und
nicht gemäß § 74, der sich auf die berufliche Immunität bezog, zu beantragen
sei. Allerdings befanden sich die Abgeordneten, über deren Immunität der Ausschuss zu entscheiden hatte, zu diesem Zeitpunkt bereits im Gewahrsam der
Belgrader Polizeidirektion, wo sie drei Tage lang festgehalten wurden. Ein Freiheitsentzug war gemäß § 74, wonach im Falle einer strafbaren Handlung die
Zustimmung der Skupština nicht erforderlich war, erlaubt. Hierauf bezugneh-
mend gab die kritische Minderheit zu bedenken, dass die Abgeordneten eine
Straftat womöglich nicht in Ausübung ihres Mandates, sondern während ihrer
Freizeit begingen.

Wie war es also möglich, dass für die Beihilfe zu einer strafbaren Handlung,
die nicht im Zusammenhang stand mit der Ausübung des Abgeordnetenmanda-
tes, der Artikel zur beruflichen Immunität zum Tragen kam? Die Antwort liegt
in einem Dilemma begründet, in dem Innenminister Korošec sich befand, der
den Aufhebungsantrag erläutern musste. Die Festnahme der Abgeordneten ließ
sich nur mit § 74 begründen, denn laut § 75 hätte es der Ermächtigung der Nationalversammlung bedurft, die Festnahme zu veranlassen, da die beschuldigten
Abgeordneten nicht *in flagranti* erwischt worden waren. Offensichtlich wollte
Korošec verbergen, dass seine Polizeieinheiten die Immunität der Abgeordneten
verletzt hatten. Die regierungstreue Parlamentsmehrheit nahm seine Erklärung
widerspruchslos hin, schließlich wurden so auf einen Schlag neun erbitterte politische Gegner aus dem Parlament entfernt.[98]

Hinsichtlich der Fälle Dinić und Vukanović, die ebenfalls unrechtmäßig inhaftiert worden waren, kritisierte die überstimmte Parlamentsminderheit nicht
die Anwendung des falschen Paragraphen, sondern stellte vielmehr die tref-
fende Frage, ob der Freiheitsentzug ohne die vorhergehende Zustimmung der
Skupština nicht den legitimen Verdacht aufkommen lasse, dass die Anschuldigung lediglich politisch motiviert sei. Außerdem wurde moniert, dass die Belgrader Polizei nicht zuständig gewesen sei, den Aufhebungsantrag über Korošec
an das Parlament zu stellen, da dies Aufgabe der Gerichte sei.[99]

---

[97] Ebd., Bericht des Immunitätsausschusses an die Skupština vom 10.3.1936.

[98] Aufschlussreich ist auch die Tatsache, dass Korošec nach den Schüssen in der Skupština 1928 –
hier war er ebenfalls Innenminister gewesen – gegen die Komplizen des Attentäters Puniša Račić
erst vorging, nachdem die Skupština dies genehmigt hatte. Vgl. AJ, »Narodna skupština« (72),
f. 73/282, Gesonderte Stellungnahme der Minderheit im Ausschuss vom 9.3.1936.

[99] AJ, »Narodna skupština« (72), f. 73/282, Bericht der Minderheit im Ausschuss vom 11.3.1936.

Offenkundig diente die Immunitätsfrage in den 1930er Jahren primär dazu, das nach wie vor widerspenstige Parlament zu disziplinieren. Dafür sprechen sowohl die rechtliche Regelung der Immunität als auch deren Umsetzung in der politischen Praxis. Seiner ursprünglichen Funktion beraubt, leistete das Immunitätsprivileg keinen angemessenen Schutz der Parlamentarier mehr.

Dennoch fanden sich Mittel, mit denen – zum Preis eines »Abgeordnetenlohns« – dauerhafte Immunität gesichert werden konnte: Wenn Abgeordnete und Senatoren den ihnen vom jeweiligen Wahlausschuss ausgestellten Wahlschein nicht in Belgrad vorlegten, konnte der Senat bzw. die Nationalversammlung ihre Mandate nicht prüfen. Formal betrachtet blieb damit unklar, ob die betreffende Person gewählt war. Beging der nicht legitimierte Abgeordnete nun eine Straftat, so konnte er sich auf seine Immunität berufen, indem er seinen Wahlschein vorlegte. Dem Gericht blieb in diesem Fall nichts anderes übrig, als über einen Minister einen Aufhebungsantrag an die Skupština zu richten, weil es selbst nicht befugt war, festzustellen, wer tatsächlich Abgeordneter war. Dieses Recht stand nur der Skupština (bzw. dem Senat) zu, und so wartete das Gericht meist vergebens auf eine Antwort. Die Nationalversammlung vertrat offenbar die Auffassung, dass Abgeordnete und Senatoren, die ihre Wahlscheine nicht vorlegten, auch kein Mandat innehatten. So entstand die »seltsame Lage«, die es Volksvertretern, deren Mandat nicht geprüft worden war, ermöglichte, dauerhafte Immunität für ihre gesamte Mandatszeit zu genießen.

Der Jurist Gorazd Kušej, der diese rechtliche Absurdität 1938 analysierte, schlug deshalb vor, dass die Volksvertretung auf ihrer konstituierenden Sitzung alle Mandate überprüft, und zwar unabhängig davon, ob alle Abgeordneten und Senatoren ihre Wahlnachweise vorgelegt hatten. Das Parlament verfügte in der Tat über sämtliche dafür erforderliche Daten.[100]

Dadurch wäre allerdings eine partiell gesetzeswidrige parlamentarische Praxis keineswegs beseitigt worden. Letztendlich war die willkürliche Behandlung der Immunität das Ergebnis einer falschen Rechtsauslegung und einer parteipolitisch motivierten Haltung vieler Parlamentarier gegenüber ihren Abgeordnetenkollegen.

---

[100] G. Kušej, O pravnem, 1938, S. 188–198.

.

ABBILDUNG 38 Die Parlamentskantine war als der zentrale soziale Ort im Parlamentsgebäude
während der Sitzungen die ganze Zeit über geöffnet. Parlamentsarchitekt Nikola
Krasnov entwarf die gesamte Ausstattung, hier die Skizze des Buffets (1935); der
obere Teil war aus Glas, der untere aus Eiche. © Arhiv Jugoslavije, »Narodna
skupština« 72

Neuntes Kapitel

Parlamentarische Geselligkeit und ihre politische Bedeutung

1. Die Parlamentskantine als sozialer Ort

»Ein Politiker muss leidenschaftlich sein, darf jedoch neben der Politik keine weiteren Leidenschaften und Schwächen haben«[1], befand der serbische Politiker Dragoljub Jovanović. Allerdings hatten die Abgeordneten des ersten jugoslawischen Staates zahlreiche »weitere Leidenschaften«. Am verbreitetsten war der Konsum von Alkohol und Tabak. Er war fester Bestandteil des öffentlichen Lebens und wurde weitgehend toleriert.

Volle Gläser und benebelnder Zigaretten- oder Zigarrenrauch begleiteten die Arbeit der gewählten Vertreter des Volkes in allen vier Gebäuden, in denen die Narodna Skupština im Laufe der Jahre tagte: Im alten Königshof, in der ehemaligen Kavalleriekaserne, im Theater *Manjež* und im 1936 fertiggestellten Parlamentspalast. Der Alkohol- und Tabakgenuss wurde in sämtlichen Gebäuden überaus liberal gehandhabt, wenngleich zeitweise gewisse Einschränkungen existierten. Für das *Manjež* etwa legte Parlamentspräsident Kosta Kumanudi eine detaillierte Hausordnung fest. Damit wurden die Abgeordneten und Parlamentsbediensteten in ihrem Genuss örtlich und zeitlich eingeschränkt: Das Rauchen war im Plenarsaal und in allen weiteren mit einem »Rauchen-verboten«-Schild versehenen Parlamentsräumen untersagt. Kumanudi duldete es auch nicht, dass jemand auf den Boden spuckte oder Zigarettenstummel und andere Abfälle achtlos wegwarf. Hierfür waren Spucknäpfe und spezielle Abfallbehälter vorgesehen.[2]

Am einfachsten war es, sich in der Parlamentskantine eine Zigarette zu gönnen. Dort konnten man sich auch ein Gläschen Alkohol genehmigen und mit einer vergleichsweise preisgünstigen Mahlzeit stärken. Die Kantine war der einzige Ort im Parlament, an dem Speisen und Alkohol erlaubt waren. Sie stand den Abgeordneten täglich bis 20 Uhr zur Verfügung. Wenn die Parlamentssitzungen bis in die Nacht hinein andauerten, schloss die Kantine erst eine Stunde nach Sitzungsende. Auch der Tabakladen der Skupština, der täglich von

[1] D. Kalajdžić, Razgovori, 1980.
[2] AJ, »Narodna skupština« (72), f. 127/392, »Naredba I. u pogledu reda i bezbednosti Narodne skupštine«, § 7.

7.30 Uhr bis 20 Uhr geöffnet war, musste bei nächtlichen Sitzungen geöffnet bleiben, bis die Abgeordneten ihre Arbeit beendeten.[3]

Die Möglichkeit, sich jederzeit in der Parlamentskantine zu entspannen oder dort ihre Arbeiten zu erledigen, war ein Privileg, das allein den Abgeordneten zustand. Die einfachen Parlamentsbediensteten durften sich dort nur außerhalb ihrer offiziellen Arbeitszeit aufhalten.[4] Während der Parlamentssitzungen mussten sie bis Sitzungsschluss auf ihren Posten bleiben, wobei die Stenografen am längsten im Dienst waren.[5] Die strengsten Regeln galten für die Fahrer von Dienstwagen. Während sie sich im Hof aufhielten, mussten sie stets höflich sein und durften nicht miteinander streiten. Des Weiteren war es den Chauffeuren während ihrer gesamten Arbeitszeit untersagt, alkoholische Getränke zu konsumieren oder zu rauchen.[6]

Das Regime des Parlamentspräsidenten war, auch wenn es einige Verbote gab, recht liberal und zumindest ein Teil der Bediensteten wich in seinen Gewohnheiten deutlich von Kosta Kumanudis idealer Ordnung ab. Zwei Monate bevor die Hausordnung erlassen wurde, hatte der Hausmeister des Parlamentsgebäudes – Ćeda Grujić – gemeldet, dass er mehrmals bemerkt habe, dass Müll wie Nussschalen, Pflaumenkerne, faule Trauben und Streichhölzer aus den Fenstern des Parlaments geworfen werde. Daneben wurden Abfälle laut seinen Angaben auch im Keller entsorgt, indem man sie zum Brennholz warf, was Mäuse und Ratten anlockte.[7] Vor diesem Hintergrund ist anzunehmen, dass es Kumanudis mit seiner Hausordnung tatsächlich auch um bessere Hygienestandards im Gebäude der Skupština und keineswegs nur um das Ansehen des Parlaments in der kritischen Öffentlichkeit ging.

Das ohnehin bereits recht angenehme Leben der Abgeordneten wurde mit dem Umzug in den prächtigen, im Herbst 1936 fertiggestellten Parlamentspalast noch annehmlicher. Das prunkvolle Innere bot dabei auch ausreichend Platz für eine größere Kantine. Sie befand sich, sorgsam ausgewählt, inmitten der Klubräume im ersten Stock.[8]

Die Kantine wurde nicht von Parlamentsbediensteten, sondern von einem privaten Gastronomen betrieben, einem Pächter, der im Rahmen einer öffentlichen Ausschreibung ausgesucht worden war.[9] Der Pächter musste die Speisen

---

[3]   Ebd., »Naredba I. u pogledu reda i bezbednosti Narodne skupštine«, §§ 8, 20, 22.
[4]   Ebd., § 12.
[5]   Ebd., f. 118/371, Verordnung über die Arbeitszeit der Beamten und Bediensteten der *Narodna Skupština* vom 20.11.1932.
[6]   Ebd., f. 127/392, »Naredba I. u pogledu reda i bezbednosti Narodne skupštine«, § 4.
[7]   Ebd., f. 118/371, Schreiben des Hausmeisters Grujić vom 28.9.1932.
[8]   Der große Speisesaal und die Küche der Kantine befanden sich im Erdgeschoß. In den ersten Stock wurden die Speisen und Getränke mit einem speziellen Aufzug befördert. Ebd., f. 123/382, Gebäudeplan mit Raumaufteilung; ebd., f. 126/391, Bedingungen für das Pachten der Kantine.
[9]   Ebd., Beschluss des Präsidenten der Skupština Stevan Ćirić.

und Getränke entsprechend einer Preisliste, die der Präsident der Skupština bestimmte, festlegen. Die so zustande gekommenen Preise waren weder sehr teuer noch besonders günstig. Gemäß den Ausschreibungsbedingungen durften sie nicht unter den Durchschnittspreisen in Belgrad liegen. Es ist anzunehmen, dass die Abgeordneten dennoch anderswo günstiger essen und trinken konnten. Anders als dort musste der Pächter im Parlament allerdings Speisen und Getränke von höchster Qualität zu Durchschnittspreisen garantieren. Vorgebeugt wurde mittels der Ausschreibungsbedingungen auch, dass Alkoholexzesse und Kartenspielen in der Kantine stattfanden. Diese hatte der Pächter zu verbieten. Beim ersten Vergehen gegen die Auflage war eine Geldstrafe von 1000 Din und im Wiederholungsfall von 2500 Din vorgesehen. Bei einem dritten Verstoß bestand die Möglichkeit, den Pachtvertrag innerhalb von 15 Tagen zu kündigen.[10]

Trotz vergleichsweiser hoher Anforderungen gingen zahlreiche Bewerbungen ein. Die Bewerber betonten im Wesentlichen ihre Leitungserfahrungen mit Kaffee- und Gasthäusern, und versprachen nicht selten, nur Delikatessen zu servieren und bestes Personal einzusetzen. Manch einer erwähnte auch, dass er im Ersten Weltkrieg gekämpft hatte.[11] Offenbar waren das Ansehen, das ein Lokal im Parlament dem Pächter einbrachte und die zahlreiche Kundschaft, die über ein solides Einkommen verfügte, für die Belgrader Gastronomen attraktiv genug, um über die gewiss nicht immer einfach umzusetzenden Ausschreibungsbedingungen hinwegzusehen. Zum ersten Pächter der neuen Kantine wurde der Restaurantbetreiber Sreten Jovanović ernannt.[12]

Im Parlamentsgebäude war auch ein Tabak- und Zeitungsladen geöffnet. Dessen Inhaber Antonije Đorđević sah sich bei seiner Arbeit mit zahlreichen Schwierigkeiten konfrontiert. Da seine Ware sich nicht hinter einem Verkaufstresen befand, wurde er von zahlreichen Passanten »aus den Reihen der Arbeitenden und der Arbeitslosen« häufig bestohlen. Er selbst war darüber hinaus starker Zugluft und Kälte ausgesetzt und auf seinen Artikeln sammelte sich Staub. Mit diesen Verhältnissen unzufrieden, beklagte er sich im November 1937 beim Präsidenten der Skupština. Đorđević appellierte an dessen »Güte« und bat ihn, den Laden baulich einzufassen.[13] Der verständnisvolle Präsident erhörte ihn und beauftragte den Leiter der technischen Abteilung, Vladislav Čeh, sich darum zu kümmern. Čeh entwarf daraufhin ein Tabakhäuschen, das sich gut in die Architektur des Gebäudes einfügte und in der Nähe einer Toilette lag.[14]

---

[10] Ebd., Bedingungen für das Pachten der Kantine vom 24.9.1936.
[11] Ebd., Briefe von Gastronomen an den Parlamentspräsidenten.
[12] Ebd., Schreiben des Vorsitzenden des Verwaltungsausschusses an den Parlamentspräsidenten vom 21.12.1936.
[13] Ebd., f. 123/382, Schreiben des Tabakhändlers Antonije Đorđević an den Parlamentspräsidenten vom 15.11.1937.
[14] Ebd., Schreiben Vladislav Čehs an die allgemeine Abteilung der Narodna skupština mit Skizze.

2. Der Besuch einer ausländischen Parlamentsdelegation

Mit guten Speisen, Getränken und Tabakwaren wurden nicht nur die Abgeordneten des ersten jugoslawischen Staates versorgt. Auch den Besuchern – Parlamentarier anderer Länder, die sich in Jugoslawien aufhielten – kamen diese kleinen Annehmlichkeiten zugute. So widmeten sich die Abgeordneten und Bediensteten der Skupština im Frühling 1937 eingehend den Vorbereitungen für den Besuch einer tschechoslowakischen und einer rumänischen Delegation im Rahmen einer Sitzung der Parlamente der Kleinen Entente. Hierfür wurden ein eigener ehrenamtlicher Ausschuss, ein parlamentarischer Ausschuss und ein Empfangsausschuss eingerichtet. Letzterer hatte ein eigenes Vollzugsorgan, den engeren Empfangsausschuss, welcher mithilfe dreier Sektionen zahlreiche Aufgaben erledigte.

Eine der größten Herausforderungen stellte die Reservierung von Zimmern in den Belgrader Hotels dar. Gute Zimmer mit Bad waren rar, die Hotels standen generell nicht im besten Ruf. Daher musste die für die Hotels zuständige Sektion genau vorgeben, woraus das Frühstück im Hotel zu bestehen hatte und dies später auch kontrollieren. Die zweite Sektion kümmerte sich um kulturelle und publizistische Angelegenheiten, die dritte hatte nur einen einzigen Zuständigkeitsbereich, der offenbar umso wichtiger war: Zigaretten. Die Sektion musste beim Staatsmonopol eine ausreichende Menge an Tabakwaren bestellen und sollte diese – mit Verweis auf die Werbewirkung – möglichst kostenlos, zumindest aber zum halben Preis erstehen. Dem hohen Besuch standen so jederzeit Zigaretten zur Verfügung und zum Abschied erhielten die Abgeordneten als Gastgeschenk jeweils zwei Stangen jugoslawische Zigaretten mit auf den Heimweg.[15]

Der offizielle Teil des Besuches der Abgeordneten des Bündnisses dauerte zwei Tage, vom 6. bis zum 7. Mai 1937.[16] Die Parlamentarier waren in dieser Zeit in drei Hotels untergebracht: Im *Srpski kralj*, im *Palace* und im *Excelsior*.[17] Einige der Hotelzimmer waren mit einem Badezimmer ausgestattet. Die besten Appartements kosteten das Parlament je 300 Din und die günstigsten Zimmer ohne Bad 60 Din. Im Hotel wurde den Gästen ein »komplettes Wiener Frühstück« serviert, bestehend aus Kaffee, Kakao oder Tee, zwei Stücken Gebäck, Butter,

---

[15] Ebd., f. 117/386, Vorbereitungsmaterialien für die Organisation des Besuchs der Abgeordneten der Kleinen Entente.

[16] »Zasedanje parlamentarne Male antante«, in: Jutro, 7.5.1937; »Zborovanje parlamentarcev Male antante v Beogradu«, in: ebd., 8.5.1937.

[17] AJ, »Narodna skupština« (72), f. 117/386, Kostenaufstellung des Empfangs ausländischer Abgeordneter.

Honig oder Marmelade und Eiern.[18] Auf das Frühstück folgte ein ambitionier-
tes Programm.

Am ersten Tag besuchten die Abgeordneten den Hof, die Stadt Mladeno-
vac und unternahmen einen Ausflug in die umliegenden Berge Oplenac und
Avala; am Abend versammelten sie sich zu einem feierlichen Empfang in der
Narodna Skupština.[19] Das Abendessen war für 20 Uhr angesetzt, um 23 Uhr
gab es noch einmal ein kaltes Buffet. Für sämtliche, bei dem Empfang ange-
botenen Speisen und Getränke sorgte das Hotel *Srpski kralj*. Zum Abendessen, das pro Person 80 Din kostete, wurde den Abgeordneten ein opulentes
Menü mit Vorspeisen, Wolfsbarsch, Filet Mignon vom Grill und zahlreichen
Beilagen serviert. Auch das kalte Buffet zu später Stunde, das mit 60 Din pro
Person nur etwas weniger kostete, war aus den feinsten Speisen zusammenge-
stellt.[20] Die genannten Preise umfassten nur die Verköstigung; die Getränke
wurden nach den Preisen des Hotels verrechnet. Ein Glas Wermut oder doppelt destillierter Rakija kostete 5 Din, eine kleine Flasche Bier 3 Din und eine
Flasche Wein der Sorten *Smederevka* oder *Prokupac* 20 Din. Gönnten sich die
Abgeordneten einen Burgunder aus dem slowenischen Jeruzalem, so musste
die Skupština dafür 65 Din bezahlen. Am teuersten war der Champagner des
Weinguts *Bouvier*, der 150 Din kostete. Die einzigen alkoholfreien Getränke,
die an diesem Abend ausgeschenkt wurden, waren türkischer Kaffee, Mineral-
wasser und Soda.[21]

Der für den hohen Besuch der tschechischen und rumänischen Parlamentarier betriebene protokollarische Luxus hatte seinen Preis. Insgesamt beliefen sich
die Aufwendungen auf 330 000 Din, wobei der größte Teil der Rechnung auf
das Hotel *Srpski kralj* entfiel (71 730,50 Din); darin enthalten waren Übernachtungen, das Abendessen, das Buffet und Getränke.[22] Nach Abzug der Kosten
für drei Übernachtungen von 14 000 Din,[23] für das Abendessen für 150 Personen inklusive Service von 13 200 Din sowie für das kalte Buffet für 250 Per-

---

[18] Ebd., Angebot des Hotels *Palace* vom 20.4.1937; Angebot des Hotels *Srpski kralj* vom 22.4.1937;
Schreiben des Hotels *Excelsior* vom 29.4.1937.

[19] »Zasedanje parlamentarne Male antante«, in: Jutro, 7.5.1937.

[20] AJ, »Narodna skupština« (72), f. 117/386, Angebot des Hotels *Srpski kralj* an die Skupština vom
22.4.1937 (Abendessen); Speisenzusammenstellung des kalten Buffets vom 6.5.1937; Schreiben
der Skupština an die Direktion des Hotels *Srpski kralj* vom 27.4.1937.

[21] Ebd., Schreiben des Hotels *Srpski kralj* an die Skupština mit den Getränkepreisen vom 24.4.1937.

[22] Ebd., Kostenaufstellung des Empfangs ausländischer Abgeordneter.

[23] Im Hotel waren 34 Abgeordnete untergebracht, und zwar in zwei Appartments mit je zwei Bet-
ten (à 300 Din), fünf Zweibettzimmern mit Bad (à 190 Din), fünf Zweibettzimmern ohne Bad
(à 135 Din), fünf Einbettzimmern mit Bad (à 130 Din) und fünf Einbettzimmern ohne Bad
(à 75 Din). Das Frühstück machte pro Person 16 Din aus, die Ortstaxe 10 Din und der Ser-
vicezuschlag betrug 15 %. Vgl. ebd., Angebot des Hotels *Srpski kralj* an die Skupština vom
22.4.1937; Schreiben über die reservierten Zimmer vom 29.4.1937.

sonen von 15 000 Din[24] verblieb für (größtenteils alkoholische) Getränke eine
Summe von fast 30 000 Din. Nimmt man an, dass sich am Ende des Abends

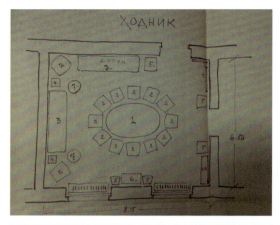

ABBILDUNGEN 39, 40   Skizzenausschnitt des Empfangssalons
im Parlamentsgebäude mit großem ova-
lem Konferenztisch, Nikola Krasnov,
1935. Die runde oder ovale Form sym-
bolisiert die Gleichheit der Abgeordneten. © Arhiv Jugoslavije, »Narodna skupština« 72

(einschließlich aller Abgeordneten, Bediensteter und sonstigen Besucher) mindestens 300 Personen im Parlamentspalast befanden, so ergibt sich daraus, dass
jeder Einzelne im Durchschnitt alkoholische Getränke für fast 100 Din kon-

---

[24] Ebd., Schreiben der Skupština an die Direktion des Hotels *Srpski kralj* vom 27.4.1937 (Abendessen); Zusammenstellung des kalten Buffets vom 6.5.1937

sumierte. Das entspricht fünf Litern *Smederevka*, dreißig kleinen Flaschen Bier
oder eineinhalb Litern Wein aus Jeruzalem. Diejenigen, die keinen Alkohol
tranken, brachten es statistisch gesehen auf 30 Liter Soda oder 15 Liter Mine-
ralwasser. Auch wenn davon auszugehen ist, dass einige alkoholische Getränke
und Speisen wie üblich in den Taschen des Servicepersonals und der Parlamentsbediensteten »verschwand[en]«, waren das doch enorme Mengen.

Alle anderen Posten der Rechnung für den Besuch der Delegationen erscheinen dagegen relativ niedrig. So fielen für Bücher und Druckerzeugnisse, für
die Automobile, für Dienstleistungen weiterer Hotels und Gastronomiebetriebe
eher kleinere Beträge an. Allein die Kosten für Zigaretten schlugen noch einmal mit 14 000 Din zu Buche und kosteten damit etwas mehr als das Essen für
150 Personen in der Skupština.[25]

Der Besuch von 1937 war zweifellos luxuriös und aufsehenerregend. Histo-
risch von Interesse ist er, weil er die außenpolitische Rolle des Parlaments in an-
gespannten Zeiten beleuchtet. Parlamentsbesuche boten den Abgeordneten die
seltene Gelegenheit zu direkten Kontakten mit ausländischen Delegationen. Die
Außenpolitik war ansonsten die Domäne des Königs bzw. Prinzregenten und
der Regierung (in der die Serben dominierten).

Die Sicherheitsarchitektur der jugoslawischen Außenpolitik wurde durch
vier Faktoren gestützt: geregelte Beziehungen auf dem Balkan, das traditionelle
Bündnis mit Frankreich, das Sicherheitssystem des Völkerbundes und natürlich die Kleine Entente. Die Kleine Entente war geradezu eine Ableitung aus
der Versailler Nachkriegsordnung, die im Laufe der Zeit immer mehr zu ero-
dieren begann. Seit Hitlers Machtantritt kühlten sich die Beziehungen zwischen
den beiden wichtigsten Verbündeten der Kleinen Entente, Jugoslawien und die
Tschechoslowakei, merklich ab. In der zweiten Hälfte der 1930er Jahre verfolgte
Jugoslawien konsequent eine außenpolitische Linie, die nur in einem Abkommen zwischen Großbritannien und Deutschland den Erhalt des europäischen
Friedens garantiert sah. Da Jugoslawien sich weit mehr vom Bolschewismus als
vom Nationalsozialismus bedroht glaubte, machte sie die Unterstützung der britischen Appeasement-Strategie zum Leitfaden ihrer Aupenpolitik.[26]

Der Besuch verdeutlichte damit eine Neuorientierung der jugoslawischen Außenpolitik, welche die entgegen der öffentlichen Zurschaustellung der Freund-
schaft mit der Tschechoslowakei immer offensichtlicheren Risse im Verhältnis
zu Tschechen und Slowaken, mit denen die Öffentlichkeit nach wie vor sympa-
thisierte, sichtbar werden ließ.

---

[25] Ebd., Kostenaufstellung des Empfangs ausländischer Abgeordneter.
[26] B. KRIZMAN, Vanjska politika jugoslavenske države, 1975.

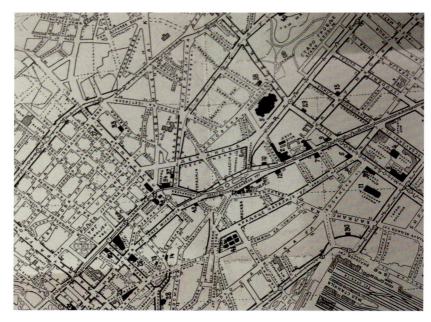

ABBILDUNG 41 Belgrad verwandelt sich in eine europäische Hauptstadt: für ausländische Delegationen angefertigte Karte von Belgrad aus dem Jahr 1926: 1 und 2: neuer und alter Königshof (Erster Parlamentssitz); 4: Gebäude der 1929 aufgelösten Nationalversammlung des Königreichs SHS; 5: Haus der Nationalversammlung (neues
Parlament, damals noch im Bau); 7–15: Ministerien; 29: Hotel *Excelsior*; 32: Hotel *Moskva*; 33: Kaffeehaus *Tri šešira* (bis heute Treffpunkt für Politiker). © Arhiv
Jugoslavije, »Narodna skupština« 72

Zehntes Kapitel

Das Parlament und der Krieg

1. Die Pläne für den Bau eines Luftschutzbunkers

Zur Mitte des Jahres 1939 hin zeichnete sich die Kriegsgefahr in Europa immer deutlicher ab.[1] Weder die oktroyierte Verfassung von 1931 noch die Geschäftsordnung der Nationalversammlung enthielten jedoch besondere Bestimmungen zur Arbeit des Parlaments während eines Krieges. In § 60 der Verfassung war lediglich festgelegt, dass der Tagungsort der Skupština Belgrad sei und dass die Skupština für den Fall, dass die Hauptstadt wegen eines Krieges verlegt würde, an einem per königlichem Befehl festgelegten Ort zu tagen habe. Grundsätzlich war also vorgesehen, dass die Skupština ihre Arbeit auch in Zeiten eines Krieges fortsetzen würde. Mitte 1939 begann daher auch das jugoslawische Parlament mit den Vorbereitungen auf den Kriegsfall. Man erwartete den flächendeckenden Einsatz moderner Waffentechnik, insbesondere von Luftstreitkräften. Deshalb veranlasste der Parlamentspräsident folgerichtig die Einrichtung eines eigens für den Luftschutz zuständigen Ausschusses.

Die erste Aufgabe des neuen Ausschusses bestand in der Planung und Realisierung eines Luftschutzbunkers. Aufgrund der immer unsicherer werdenden Verhältnisse verloren die Mitglieder der Abteilung keine Zeit und legten bereits im Juni 1939 Entwürfe vor, um bald darauf den kompletten Bauplan eines sogenannten »ständigen unterirdischen Schutzraumes« zu präsentieren, der in Belgrad beim Haus der Nationalversammlung errichtet werden sollte. Da der Bunker aus finanziellen und statischen Gründen nicht direkt unter der Skupština angelegt werden konnte, sollte er in unmittelbarer Nähe des Gebäudes – zur *Takovo*-Straße hin – errichtet werden. Dieser Standort war am besten geeignet, da er vom Parlamentsgebäude aus direkt zugänglich war, und zwar über zwei Treppen in unmittelbarer Nähe des Plenarsaals und der jeweiligen Büros des Minister- und des Parlamentspräsidenten. Vorgesehen war der Bau eines Luftschutzbunkers in 10 Meter Tiefe, wobei auf der Grundlage von Angaben über die Zerstörungskraft von Bomben eine dicke Schicht Stahlbeton zwischen Bun-

---

[1] Die Vorbereitungen der Skupština auf den Krieg wurden von M. Šorn und dem Autor dieses Buchs detailliert in einem Artikel dargestellt, der 2012 in der Zeitschrift *Prispevki za novejšo zgodovino* (Nr. 2) erschienen ist. Die Studie basiert in erster Linie auf Archivmaterial aus dem Bestand Narodna Skupština (72) des AJ (Luftschutzausschuss).

ker und Erdoberfläche in 4 m Tiefe geplant war. Alle vertikalen und horizon-
talen Konstruktionen des Bunkers sollten aus Beton bestehen und die Innen-
wände mit einem feuchtigkeitsundurchlässigen Material gedämmt werden. Der
Entwurf enthielt Pläne für zwei verschiedene Bunker mit den Bezeichnungen A
und B. Bunker A war so rasch wie möglich fertigzustellen. Der Beginn des Baus
von Bunker B sollte sich nach den finanziellen und logistischen Möglichkeiten
des Landes richten. Bunker A war für 260 bis 350 Personen ausgelegt und mit
fünf Ein- bzw. Ausgängen versehen, zu denen auch zwei direkte Zugänge über
bereits bestehende Treppen aus dem Parlamentsgebäude gehörten. Für den Fall
einer teilweisen Umsetzung des Projekts (Bunker B) waren – einschließlich der
bereits existenten Treppe, die aus dem Gebäude führte – drei Ein- bzw. Aus-
gänge vorgesehen. Das Bunkergebäude sollte Schutz sowohl vor Sprengbomben
als auch vor Giftgas bieten. Um dies zu gewährleisten, waren Einrichtungen wie
Sauerstofftanks, Belüftungsanlagen, Entwässerungsanlagen und ein Grundwas-
serreservoir, Telefon- und Lautsprecherzentralen, Toiletten und Pissoirs sowie
Trinkwasserbehälter, Notstromaggregate, Erste-Hilfe-Ausrüstung, Vorräte an
Nahrungskonserven und eine Grundausstattung an Baumaterialien und Möbeln
(Stühle und Bänke) geplant. Darüber hinaus sollte die gesamte Anlage durch
Türen gesichert sein, die sich hermetisch abriegeln ließen.

Die für den Bau des Bunkers A veranschlagten Kosten beliefen sich auf
2 000 000 bis 2 300 000 Din, die für Bunker B auf 1 200 000 bis 1 400 000 Din.
Mit diesen Beträgen befand man sich unterhalb der festgelegten Kostengrenze
(3 % des Wertes des Parlamentsgebäudes), allerdings enthielten sie nicht die Kosten für die 500 Schutzmasken und 40 bis 50 Schutzanzüge für diejenigen Abgeordneten, Beamten und anderen Bediensteten, die im Ernstfall im Parlament
bleiben sollten.

Zwar wurde die Skupština nach der Unterzeichnung des Abkommens zwischen Dragiša Cvetković und Vladimir Maček am 26. August 1939, welches
eine grundlegende Revision der geltenden oktroyierten Verfassung zur Folge
hatte, unter Inanspruchnahme der in § 116 der Verfassung verankerten Präro-
gative der Krone aufgelöst. Allerdings blieb dies ohne Auswirkungen auf die laufenden Kriegsvorbereitungen. Auf einer Besprechung der Aufsichtsbehörde der
Landstreitkräfte im September 1939, an der auch Delegierte der Skupština teil-
nahmen, wurden der Parlaments- und der Senatspräsident aufgefordert, bald-
möglichst einen Ausweichort festzulegen, an dem im Kriegsfall die Sitzungen
des Parlaments stattfinden sollten.

2. In Belgrad bleiben oder nicht?

Bei Ausbruch des Zweiten Weltkrieges war der Plan zur Errichtung des Bunkers, den die Skupština zur Bestätigung an die Aufsichtsbehörde der Landstreitkräfte geschickt hatte, noch nicht genehmigt. Da auch noch kein Ausweichort bestimmt war, schlugen die Mitglieder des Luftschutzausschusses am 16. September 1939 vor, im Parlamentsgebäude einen provisorischen Bunker für diejenigen 10–15 Personen einzurichten, die im Falle einer Evakuierung für die Gebäudesicherheit zuständig wären. Der vordere Teil des Kellers, der sich unter der Parlamentskantine befand, wurde aufgrund seiner tieferen Lage und massiven Wände hierfür als am besten geeignet erachtet. Die Mitglieder des Ausschusses waren überzeugt, dass diese Maßnahme nur »minimale Ausgaben« erfordern würde.[2] Diese Planung war eine Verlegenheitslösung, und die Antwort der Aufsichtsbehörde der Landstreitkräfte stand noch aus.

Zu Beginn des Jahres 1940, am 7. Februar, wurde daraufhin eine Kommission zur Errichtung eines Bunkers im Haus der Nationalversammlung gebildet, die sich mit den Plänen der Skupština befassen sollte. Die Mitglieder waren sich einig, dass die Frage, ob die Skupština im Kriegsfall in Belgrad bleiben oder an einen anderen Ort außerhalb der Stadt evakuiert werden solle, Vorrang habe. Allen bei der Besprechung Anwesenden war bewusst, dass Orte wie das Haus der Nationalversammlung von strategisch hoher Bedeutung waren und im Kriegsfall bevorzugtes Ziel von Bombardements sein konnten. Da es auf der Hand lag, dass die Arbeit des Parlaments im Kriegsfall auch dann paralysiert wäre, wenn die Abgeordneten in den Bunker evakuiert würden und die Skupština keine kriegswichtigen Beschlüsse mehr fassen könnte, ergab die weitere Diskussion der Kommission, dass unterirdische Schutzräume nicht für Plenarsitzungen geeignet seien. Man entschied sich deshalb am 12. April 1940 für eine Evakuierung der *Narodna Skupština* nach Vrnjačka Banja.[3]

Neben Details zum Unterbringungsort und der dortigen Infrastruktur wurde für die geplante Evakuierung der Nationalversammlung auch eine »Liste der wichtigsten Personen« erstellt, die gemeinsam mit den Abgeordneten an den Ausweichort gebracht werden sollte. Auf der sogenannten Verwaltungsliste befanden sich 45 Personen: Zwei Mitarbeiter des Kabinetts des Parlamentspräsidenten, sechs Angehörige der allgemeinen Abteilung (der Leiter, der Perso-

---

[2] Laut der ungefähren Kostenaufstellung hätte die Skupština für den Bau des provisorischen Bunkers 26 400 Din aufwenden müssen.

[3] Die Verzögerung könnte als Folge der Tatsache, dass die Skupština aufgelöst worden war, ausgelegt werden. Dagegen spricht jedoch eine Verordnung des Regentschaftsrats vom 18.2.1940 über Wahlen der Abgeordneten der Nationalversammlung, die Anlass zur Vermutung gibt, dass man geplant hatte, in Kürze Neuwahlen abzuhalten und eine neue Nationalversammlung einzuberufen, wozu es jedoch nicht mehr kam.

nalchef und weitere Bedienstete), sechs Mitarbeiter der Buchhaltung und der
Parlamentskasse (der Leiter, der Kassierer und weitere Bedienstete), vier Mit-
glieder der technischen Abteilung (der Leiter, ein Maschinenbautechniker, ein
Elektriker und ein Mechaniker), sechs Bedienstete des Stenografenbüros (der
Leiter, Assistenten und Stenografen), sechs Schreibkräfte, drei Mitarbeiter der
Betriebsmittelverwaltung (der Leiter und weitere Bedienstete), sieben Ange-
hörige des allgemeinen Personals und fünf Mitarbeiter der Angehörigen des
Luftschutzausschusses.

Im Zuge der Vorbereitungen für die Evakuierung der Skupština wurde auch
eine Aufstellung von besonders wichtigem Material, das an den Ausweichort
zu verbringen war, angefertigt. Im Frühjahr 1940 bestellte die Skupština zunächst 100 Kisten für den Umzug, im Herbst erfolgte dann eine weitere Be-
stellung derselben Menge. Angefordert wurden Kisten aus erstklassigem Holz
mit verstärktem Boden und einem zweifachen Anstrich in olivgrüner Tarnfarbe,
fortlaufender Nummerierung in weißer Farbe, aufgetragen an einer sichtbaren
Stelle, sowie mit stabilen Haltegriffen aus Draht an den Seiten.

Die Abteilung »Allgemeine Angelegenheiten« musste für die Evakuierung die
Unterlagen vorbereiten, welche die Skupština für die Plenarsitzungen erhalten
hatte und die noch nicht zur Verhandlung gekommen waren. Daneben kümmerte sie sich um Vorlagen für die Skupština, die später an die Ausschüsse wei-
tergeleitet werden sollten. Für die Evakuierung bestimmt waren außerdem noch
alle Akten, Gesetzes-, Verordnungs- und Konventionsvorschläge etc., die im
Plenum vorgestellt und bereits an die Ausschüsse übermittelt worden waren.
Aus dem Archiv der Abteilung »Allgemeine Angelegenheiten« mussten die Ge-
schäftsprotokolle der letzten Legislaturperiode, verschiedene Register ab dem
Jahr 1931, Stempel und die erforderliche Anzahl an neuen Geschäftsprotokoll-
und Registerformularen sowie eine Grundausstattung an Büromaterial zur Evakuierung vorbereitet werden. Aus dem Archiv mussten auch alle wichtigen Beschlüsse des Verwaltungs- und Finanzausschusses sowie der letzte Haushaltsplan
mit allen Anhängen in Originaldokumenten beschafft werden. Die Personalab-
teilung stellte die persönlichen Dossiers der aktiven und pensionierten Beamten
und Bediensteten der Narodna Skupština für die Evakuierung, darüber hinaus
noch alle Lohnauszüge, andere Buchhaltungsunterlagen und eine kleine Kasse
bereit. Die Betriebsmittelverwaltung war für die Gewährleistung von Büromaterial zuständig. Die technische Abteilung stellte Werkzeug, einige Ersatztelefo-
napparate, eine Telefonzentrale, Batterien und anderes Zubehör zusammen. Das
Stenografenbüro sorgte für die Evakuierung der Register mit Hilfsindexen und
der kompletten stenographischen Aufzeichnungen seit der Verfassunggebenden
Versammlung und sollte Kopiergeräte mit einem Vorrat an Farbe, Schreibma-
schinen, Ersatzbänder sowie größere Mengen von Papier und anderem Büro-

material bereitstellen. Der Verwaltungs- sowie der Finanzausschuss bereiteten Arbeitsprotokolle, Register und die Protokolle ihrer jeweiligen letzten Sitzung sowie alle Beschlüsse der beiden Ausschüsse vor. Der Prüfungsausschuss hatte unter anderem Arbeitsprotokolle und Register der Protokolle der letzten Sitzung, tabellarische Übersichten der vom zentralen Wahlausschuss verzeichneten Ergebnisse der letzten Wahlen und dessen Beschlüsse und Protokolle mit summarischen Auflistungen der Ergebnisse nach Kreisen und Bezirken und den Stimmzahlen aller Kandidaten sämtlicher Listen und Angaben über ihre Vertreter vorzubereiten.

Zur besseren Übersichtlichkeit und einfacheren Organisation ordneten die Verantwortlichen an, dass die Kisten nummeriert werden sollten und für jede einzelne von ihnen eine Liste mit allen darin enthaltenen Dingen anzufertigen sei. Diese Liste war jeweils in drei Ausfertigungen zu erstellen, von denen eine an der Unterseite des Deckels angebracht werden sollte und die beiden anderen dem Leiter der Abteilung »Allgemeine Angelegenheiten« der Narodna Skupština auszuhändigen waren. Ferner wurde die Anweisung erteilt, dass aus den Listen ein kurzer summarischer Überblick aller Dokumente mit den jeweiligen Nummern der zur Evakuierung vorgesehenen Kisten, in denen sich die betreffenden Dinge befanden, erstellt werden sollte. Jeweils ein Exemplar dieses Überblicks über die einzelnen Listen war zu kuvertieren, wobei sich im Kuvert auch Angaben darüber befinden sollten, in welchem Raum sich die jeweiligen Kisten zur Evakuierung befanden bzw. in welchem Raum noch nicht befüllte Kisten abgestellt waren, die mit einer Liste der zum Umzug bestimmten Dinge versehen waren. Ein versiegeltes Kuvert mit diesen Angaben war für den Gefahren- und Bedarfsfall jedem diensthabenden Beschäftigten auszuhändigen.

Der Ausschuss für Luftschutz sandte am 17. Februar 1941, also eineinhalb Monate, bevor der Zweite Weltkrieg jugoslawischen Boden erreichte, einen Bericht an den Vorsitz des Ministerrates, in dem mitgeteilt wurde, dass eine Kommission aus Vertretern des Senats und der Skupština gemeinsam mit einem Bauingenieur, der für die Skupština tätig war, nach Vrnjačka Banja im Moravabanat gereist waren und sich das Ausweichgebäude – das Hotel *Ko-op* – sowie dessen Umgebung angesehen hatten. In ihrem Bericht stellte die Kommission fest, dass das Gebäude mitsamt seinen Sälen und weiteren Räumlichkeiten den Anforderungen des Senats und der Skupština entsprach, und zwar sowohl im Hinblick auf die Abhaltung von Sitzungen als auch hinsichtlich der Unterbringung und Arbeit des Verwaltungsapparates. Jedoch verfügte es ihrer Ansicht nach nicht über genügend Kellerräume, die Senat und Skupština als Schutzräume hätten dienen können. Zwar befanden sich unter dem Hotel zahlreiche Kellerräume; sie waren für die Nutzung als Schutzräume aber ungeeignet, weil in ihnen das Grundwasser stand. Der Vorschlag, einen Bunker direkt hinter dem Parlamentsgebäude in der Anhöhe *Aleksandrovo* zu integrieren, wurde mit Verweis auf die dort gelegenen Wasserquellen verworfen. Für machbar wurde hingegen der Bau eines 500 Personen (Senat, Skupština, Bedienstete, Sicherheits- und sonstiges Personal) fassenden Bunkers aus Stahlbeton unter dem Hof des Hotels mit einer Fläche von 700 m² befunden. Der Ingenieur schätzte die Kosten des Projekts auf rund 1 000 000 Din.

Da sich indes aber herausstellte, dass die Skupština kurz vor Kriegsbeginn nicht über die für den Bau eines Bunkers erforderlichen Mittel verfügte und der Kredit, der für dieses Projekt vorgesehen war, aus dem Haushaltsentwurf gestrichen worden war, wandte sich der Luftschutzausschuss noch vor den Luftangriffen auf Belgrad Ende Februar 1941 an das Kriegs- und Marineministerium. Vom Stab der territorialen Luftverteidigung erhielt man folgende Antwort:

> »Weder hat der Vertreter des Vorsitz[es] der königlichen Regierung bei den Sitzungen des Zentralkomitees einen Kredit für den angegebenen Zweck gefordert, noch schriftlich beantragt, weshalb dem Senat und der Nationalversammlung kein Kredit gewährt werden konnte. Ich bin der Meinung, dass der benötigte Kredit über unser Kommando beantragt werden sollte, dass in dieser bedeutsamen Frage alles Nötige unternommen wird.«

Wieder also kam es zu Komplikationen, die den Baubeginn verzögerten, weil die nötigen Mittel noch nicht vorhanden waren. Eine Realisierung der Pläne rückte in weite Ferne.

3. Vorbereitungen auf den »totalen Krieg«

Im Februar 1941, als der Druck des Deutschen Reichs auf Jugoslawien seinen Höhepunkt erreichte und Außenminister Aleksandar Cincar Marković und Ministerpräsident Dragiša Cvetković mit Joachim von Ribbentrop und Adolf Hitler zusammentrafen, sich ein geheimes Treffen zwischen Hitler und Prinzregent Pavle Karađorđević anbahnte und manche den Staat bereits abgeschrieben hatten,[4] war das jugoslawische Parlament noch immer nicht ernsthaft auf einen Krieg vorbereitet. Zweifellos war von langer Hand geplant worden und hatte man mit aller Genauigkeit komplexe Entwürfe ausgearbeitet; dass alle noch so ausgefeilten Vorbereitungen der Skupština auf der Krieg dennoch nicht realisiert wurden, ist ein Indikator für die geringe politische Bedeutung des jugoslawischen Parlamentes in den 1930er Jahren. In der Zeit der Königsdiktatur

---

4 B. GODEŠA, Čas odločitev, 2011.

zählte das Parlament nicht zu den maßgeblichen politischen Institutionen im Staat und wurde am Vorabend des Angriffs auf Jugoslawien ganz aufgelöst.

Entsprechend hatte es im Folgenden, inbesondere im Zusammenhang mit der Neutralitätspolitik Jugoslawiens, keinerlei Mitspracherecht. An seiner Stelle entschied nun, hinter verschlossenen Türen, ein »Kronrat«, der extralegal agierte. Die Skupština war also nicht nur entbehrlich geworden, sondern hatte ganz aufgehört zu existieren. Warum also einen finanziellen Mehraufwand betreiben für eine Institution, die nicht mehr existent war und die in Krisenzeiten ohnehin verzichtbar schien?

ABBILDUNG 42   Trauerfeier für Anton Korošec, den wichtigsten slowenischen Politiker im ersten
jugoslawischen Staat. Korošec galt als einer der Väter Jugoslawiens, er starb im
Dezember 1940. Sein Leichnam wurde im Senat aufgebahrt, die Beerdigung war
eine Massenveranstaltung mit integrativer politischer Botschaft. © Museum der
neueren Geschichte Sloweniens, Fotothek, Inv.-Nr. SL 11574

Fazit

Die Krise des jugoslawischen Parlamentarismus

Als der altgediente Ministerpräsident Nikola Pašić im Januar 1921 nach der Eröffnung der konstituierenden Versammlung, »unter Ribars Hut«, in die Kutsche des Monarchen stieg, wurde dieser Akt als starkes Symbol der neuen Macht und Stellung des jugoslawischen Parlaments, der Belgrader Narodna Skupština, gewertet. Schon kurz darauf aber stellten die Menschen enttäuscht fest, dass das Parlament der ihm zugedachten politischen Rolle nicht gerecht wurde. Der Großteil der Parteien und der Bevölkerung hatte sich zwar eine Demokratie gewünscht, war dann aber mit ihrer Umsetzung in Form einer *parlamentarischen* Demokratie nicht zufrieden. Der renommierte Schriftsteller Miroslav Krleža bezeichnete die Skupština zugespitzt als »unintelligente, vollkommen primitive Negation eines noch so marginalen Parlaments«[1]. Im Parlament prallten gegensätzliche politische Standpunkte aufeinander, wurden (hinterhältige) Strategien entworfen, verschiedene politische Stile der verbalen und non-verbalen Auseinandersetzung praktiziert, und es tummelten sich die unterschiedlichsten Charaktere, die zwischen Jesenice im äußersten Norden und Gevgelija im äußersten Süden Jugoslawiens gewählt worden waren.

Die Krise, in der sich das Parlament als Institution und der Parlamentarismus als politisches System befanden, war jedoch nicht nur für die Zeit zwischen den beiden Weltkriegen und für den ersten jugoslawischen Staat charakteristisch, sondern in weiten Teilen Europas zu beobachten. Aus Sicht seiner Kritiker und Gegner dauert diese »Krise« bis heute an.[2] Viele einflussreiche Juristen – Rechtswissenschaftler wie auch Politiker – stellten in den 1920er und 1930er Jahren des 20. Jahrhunderts Überlegungen über die Mängel des Parlamentarismus an, suchten nach den Ursachen seines »Verfalls« und machten Verbesserungsvorschläge. Carl Schmitt sah eine der Hauptursachen des Problems bei den politischen Parteien.[3] Joseph Barthélemy[4] suchte die Gründe für das Misstrauen in die Institution in den moralischen Defiziten selbstverliebter, egoistischer Abgeordneter, in deren persönlichen Konflikten und Intrigen, und in der fruchtlo-

---

[1] M. Krleža, Deset, 1962, S. 323.
[2] Vgl. M.-L. Recker / A. Schulz, Parlamentarismuskritik, 2018, S. 9–21.
[3] C. Schmitt, Geistesgeschichtliche Lage, 2010. Die Parteilastigkeit wurde bei Schmitt durchweg bemängelt, vgl. T. Mergel, Parlamentarische Kultur, 2003, S. 402.
[4] J. Barthélemy, Das parlamentarische Regime, 1926, S. 18–28.

sen Agitation, aber er thematisierte auch prozedurale Mängel und die angebliche Unfähigkeit der parlamentarischen Demokratie, Konflikte zu lösen.

Der tschechische Außenminister Edvard Beneš, der später Nachfolger des Präsidenten Tomáš G. Masaryk werden sollte,[5] war der Ansicht, dass die Nationen in Mitteleuropa sich erst zur Demokratie erziehen müssten. Der Genfer Professor Guillaume Léonce Duprat[6] urteilte hart, dass die Abgeordneten sich zwar in alles einmischten, dies aber mit »der universellsten Inkompetenz, im Geiste lokaler Tyrannen« täten, die nur den Erfolg ihrer Intrigen im Auge hätten. Das Parlament war seiner Ansicht nach »ein geschlossener Raum geworden«, in dem von Partikularinteressen motivierte Abgeordnete »instabile[n] wie vielfach skandalöse[n] Koalitionen bilden«.

In ganz Europa wurden zahllose Umfragen, Themenausgaben renommierter Zeitungen und Abhandlungen über die ungewisse Zukunft der »besten aller schlechten politischen Lösungen«, den Parlamentarismus, veröffentlicht. Trotz allem befürwortete der Großteil der Kritiker den Parlamentarismus grundsätzlich. Bemängelt wurde lediglich seine praktische Umsetzung. Leitmotiv der einschlägigen Literatur war, dass die Parlamente dysfunktional geworden seien und man die parlamentarische Demokratie verbessern müsse.

Dieser Interpretation folgten auch Theoretiker und Praktiker des Parlamentarismus im ersten jugoslawischen Staat, allen voran der Soziologe und Minister aus den Reihen der Slowenischen Volkspartei Andrej Gosar[7], der Demokrat Milan Grol[8], der Parteiführer der Jugoslawischen Muslimischen Organisation Mehmed Spaho[9], und Dragoljub Jovanović[10] − einer der scharfsinnigsten Schriftsteller seiner Zeit. Letzterer wirkte im ersten und zweiten jugoslawischen Staat als Politiker und war mehrmals als politischer Gefangener inhaftiert. Auch Anton Korošec, der Chef der Slowenischen Volkspartei und einflussreichste slowenische Politiker im Königreich widmete sich dem Thema in einem Artikel. Seine Ausführungen sind auch deshalb besonders interessant, weil sie auf praktischen Erfahrungen beruhten. »Die Parole lautet: Für die Nation«, schrieb er, »gearbeitet wird jedoch: Für die eigene Tasche, für die eigenen Ziele, für den eigenen Nutzen oder zumindest für jenen der Partei. Der Idealismus in der Politik ist zugrunde gegangen, die politischen Programme sind zu einer großen Lüge

[5] E. Beneš, Hic Rhodus, 1926, S. 29–31.
[6] G. L. Duprat, Arbeit, 1926, S. 50–58.
[7] P. Vodopivec, O Gosarjevi, 2009, S. 243–253.
[8] Milan Grol, »Naš parlamentarizam (njegove vrline i njegove mane)«, in: Nova Evropa, Nr. 1, 11.1.1926, S. 12–19.
[9] M. Spaho, Kriza parlamentarizma, 1926, S. 53–56, abrufbar unter: Digitalna Narodna biblioteka Srbije, www.digitalna.nb.rs [18.3.2021].
[10] D. Jovanović, Kriza parlamentarizma, 1926, S. 214–217, abrufbar unter: Digitalna Narodna biblioteka Srbije, www.digitalna.nb.rs [18.3.2021].

geworden.«[11] Ein weiterer Vorwurf lautete, dass das Parlament sich gar nicht mehr mit der Gesetzgebung befasse:

> »Die Hauptaufgabe der Abgeordneten liegt nicht mehr in der Gesetzgebung und der Kontrolle der Verwaltung, sondern im Intervenieren und im Abfassen unzähliger Eingaben, mit denen sie auf Petitionen antworten. Gewissenhaft arbeitende Abgeordnete wenden heute den ganzen Tag dafür auf, bei verschiedenen Ministerien zu intervenieren und brauchen für die Korrespondenz – ohne Übertreibung – jeweils einen eigenen Sekretär.«

Die Gründe für die Krise des Parlamentarismus lagen de facto in der Unfähigkeit, die politische Demokratie und die Wirtschaftsdemokratie weiterzuentwickeln, sie an die gesellschaftlichen Gegebenheiten anzupassen sowie – dies gilt in besonderem Maße für den Vielvölkerstaat Jugoslawien – in einer durch ethnische Konflikte hervorgerufenen Misere.

Das Wort »Intervention« wurde laut Korošec zum wesentlichen Merkmal der Politik, und damit werden alle Probleme des jugoslawischen Parlamentes in der Zeit zwischen den beiden Weltkriegen noch am treffendsten beschrieben.[12] Vor dem Hintergrund der vorgelegten Analyse ist daher abschließend zu konstatieren, dass die Skupština keine Institution darstellte, in der Abgeordnete politische Probleme durch sachliche Gegenüberstellungen von Argumenten wirksam und transparent lösten. Daran war kaum jemand interessiert, weder der König noch die Regierung oder die Parteien, die an der Macht waren. Daher war das Parlament in einer schwachen Position und die meiste Zeit über nicht wirklich handlungsfähig; es war mehr Bühne zur Austragung von Konflikten als eine Institution zur friedlichen Beilegung von Konflikten.[13] Thomas Mergels Beschreibung des deutschen Reichstags nach 1930 – »das Fehlen von Normalität«[14] – trifft auch für die Skupština zu. Kaum jemand hielt sich an die Vorschriften der Geschäftsordnung oder an ungeschriebene Konventionen; der politische Entscheidungs- und Gesetzgebungsprozess war meistens blockiert.[15]

---

[11] A. KorošeC, Kriza parlamentarizma, 1926, S. 363–368, abrufbar unter: Digitalna Narodna biblioteka Srbije, www.digitalna.nb.rs [18.3.2021].

[12] Die Mappen der Abgeordneten, die im Archiv der Skupština erhalten sind, bestätigen dies. Darin befindet sich eine unüberschaubare Vielzahl verschiedenster Bittgesuche (hinsichtlich der Anerkennung von Dienstjahren, Versetzungen, Anstellungen, Genehmigungen, Beförderungen etc.). Viele Verfasser erwähnen auch, dass sie den jeweiligen Abgeordneten gewählt hatten. Vgl. AJ, »Narodna skupština« (72), f. 68 f.

[13] Vgl. M.-J. CaliC, Geschichte, 2010, S. 96 f.

[14] T. MergeL, Parlamentarische Kultur, 2003, S. 30.

[15] Ebd., S. 412; W. PytA, Der Reichstag, 2022, S. 306.

Außerdem können wir beobachten, wie sich in dem Land politische Konzepte von Demokratie, Parlamentarismus und Föderalismus chaotisch vermischten. Der Abgeordnete Anton Korošec bemerkte 1926, dass der Parlamentarismus am Zentralismus erkrankt sei. Das Parlament entferne sich von der Vorstellung der abstrakten Repräsentation.[16] Nach der Wahrnehmung der Bevölkerung vertraten die Abgeordneten nicht das Land und die jugoslawische Nation als Ganzes, sondern unterschiedliche und konkrete Territorien und Nationen. Die Mehrheit der Abgeordneten wandte sich jeweils nur an »ihre« Wähler und nur an »ihre« Nation. Komplexe gesellschaftliche Gegensätze konnten durch den »Vermittler«, zu dem der König das Parlament ernannte, nicht aufgehoben werden. Auf diese politische Schlussfolgerung einigten sich nicht zuletzt auch die politischen Akteure selbst – eine fatale Sichtweise, die an die Selbstaufgabe der Weimarer Demokratie erinnert. Die jugoslawischen Parteien akzeptierten bereits 1929 stillschweigend das Ende des Parlamentarismus.

Die renommierte serbische Historikerin und Politikerin Latinka Perović schrieb über das »goldene Zeitalter« des serbischen Parlamentarismus in der Zeit vor dem Ersten Weltkrieg, dass »die Praxis die Form kompromittiert«, wenn eine normative Regelung auf ein Umfeld trifft, das darauf nicht vorbereitet ist.[17] Diese Feststellung lässt sich auch auf die Zeit des ersten jugoslawischen Staates übertragen. Die durch die Verfassung vorgegebenen Regeln des Parlamentsbetriebs waren zumindest im ersten Jahrzehnt vorbildlich, doch der institutionelle Rahmen wurde durch die parlamentarische Praxis kompromittiert. Die Parlamentarier lieferten meist nur großspurige Auftritte, mit denen sie die Leidenschaften anfachten, während sich ihre tatsächlich geleistete Arbeit in parlamentarischen Scharmützeln und individuellen Interventionen erschöpfte. Die unproduktive Arbeitsweise der Skupština führte zu ihrer Abschaffung in den 1920er Jahren und schließlich zur zahnlosen Variante des Parlamentarismus der 1930er Jahre. Gleichwohl gilt: Auch mit einem solchen Bild des Parlaments kann Geschichtswissenschaft einen Beitrag zur aktuellen Debatte über die Zukunft des Parlamentarismus leisten.

Betrachtet man den jugoslawischen Parlamentarismus der Zeit zwischen den beiden Weltkriegen im Ganzen, so sticht eines hervor: Der große Gegensatz zwischen den idealen *Formen* und der politischen *Realität* des Parlamentarismus. Die Widersprüche zwischen Regeln und Praxis zogen sich durch alle Bereiche und offenbarten sich schon bald nach dem Entstehen des ersten jugoslawischen Staates und der Annahme der ersten Verfassung im Jahr 1921. Die zahlreichen Vorschläge der Opposition, in denen eine autonomistische Staatsordnung be-

---

[16] A. Biefang / D. Geppert / M. Recker / A. Wirsching, Parlamentarismus in Deutschland, 2022, S. 15.
[17] L. Perović, Počeci parlamentarizma, 2008, S. 7–16.

fürwortet wurde, wurden ignoriert und eine zentralistische Verfassung verwirklicht. Um sie durchzusetzen, mussten Abgeordnetenstimmen gekauft, die Abgeordneten also bestochen werden. Die Korruption und Käuflichkeit der Politiker wurde zur Achillesferse der jugoslawischen Politik und Gesellschaft. Eine Affäre reihte sich an die andere, die Machthaber aber zeigten keinen Willen, die Korruption zu bekämpfen.

Zu dem Umstand, dass die unitaristische Verfassung eine zufriedenstellende Lösung der nationalen Fragen nicht ermöglichte, kam noch hinzu, dass sich König Aleksandar Karađorđević ständig in die Politik einmischte. In rascher Abfolge fand eine Vielzahl von Wahlen statt und wurden zahlreiche Regierungen gebildet: Bis 1929 wurden 25 Regierungen vereidigt, das sind im Schnitt zweieinhalb pro Jahr. Dies beeinträchtigte auch die Legislativtätigkeit, die nur zäh voranging. Die Atmosphäre im Parlament ähnelte einem Jahrmarkt: Immer öfter kam es zu Schlägereien, später fielen in der Skupština sogar Schüsse. Politisch motivierte Gewalt war im ersten Jugoslawien an der Tagesordnung, auch die gut organisierte Parlamentspolizei war machtlos dagegen.

Nach der Schießerei in der Skupština im Jahr 1928 stand für König Aleksandar endgültig fest, dass der Parlamentarismus in seiner bestehenden Form gefährlich war und besser abgeschafft werden sollte. Am 6. Januar 1929 führte er als eine Übergangslösung, der die Mehrheit der europäischen Außenminister zustimmte – zumal diese sich ein stabiles Jugoslawien wünschten – eine Königsdiktatur ein. 1931 »schenkte« er dann »seinem« Staat erneut eine Verfassung mit eingeschränktem Pseudo-Parlamentarismus.

Ungeachtet des politischen Chaos, in dem sich das Parlament der Allgemeinheit präsentierte, ist jedoch zu konstatieren, dass die Skupština im technischen Sinne sehr effizient und modern organisiert war. Die Beamten, Stenografen und sonstigen Parlamentsbediensteten wurden mit der Zeit immer besser auf ihre Aufgaben vorbereitet. Schon die Organisationsweise des Parlamentsarchivs macht deutlich, dass es sich um ein Arbeitsparlament handelte, in dem rund um die Plenarsitzungen im Stillen hart gearbeitet wurde. Noch kurz vor Beginn des Zweiten Weltkriegs in Jugoslawien bereitete man sich gründlich auf die Arbeit unter Kriegsbedingungen vor, plante den Bau einer Bunkeranlage und die Bereitstellung von Baumaterialien. Doch wurde dies, wie so viele Pläne zuvor, letztlich nicht realisiert.

Auch die Abgeordneten unterschieden sich hinsichtlich ihres beruflichen Hintergrundes, ihrer politischen Sozialisation und ihrer sozialen Herkunft nicht von ihren Kollegen in vergleichbaren Parlamenten ihrer Zeit. Die meisten von ihnen waren hochrangige Beamte und Juristen, und viele von ihnen wurden wiedergewählt. Sie wurden sehr gut bezahlt, verfügten über weitgehende Immunität und waren insgesamt ausreichend versorgt. Allerdings war die Kehrseite des Abgeordnetenstatus, dass nicht selten die Immunität für private Interessen missbraucht wurde. Obwohl ihr Gehalt relativ hoch war, waren viele Abgeordnete damit offenbar nicht zufrieden und stellten ungedeckte Wechsel aus. Und dass sie mit ihrem Geld einen aufwändigen Lebensstil finanzierten, war allgemein bekannt.

ABBILDUNG 43   Skizze der Skulptur *Tanz der Schwarzen Pferde* von Toma Rosandić von 1935, die vor der Skupština steht. Die 1939 errichtete Skulptur setze sich gegen zwei ursprünglich vorgesehene bronzene Löwen durch. Der Parlamentsführung gefiel Toma Rosandićs Interpretation, der zufolge das Pferd die Macht repräsentiert, die ein männlicher Abgeordneter bändigt. © Archiv Jugoslavije, »Narodna skupština« 72

Lässt sich aus diesen Missbrauchspraktiken schließen, dass den Abgeordneten nicht bewusst war, welches Bild das Parlament abgab? Die Zeitungen waren voll von schockierenden, negativen Geschichten über die Politiker der Skupština.

Über die Symbolwirkung dieser Skandale konnte kein Zweifel bestehen. Die Skupština entsprach auf normativer und organisatorischer Ebene in manchem durchaus dem Ideal eines Parlamentes. Im Vordergrund der öffentlichen Wahrnehmung standen dagegen die vielen Affären, Exzesse und Konflikte der Akteure. Am besten kommt ihre ambivalente öffentliche Wirkung bei der Architektur des Parlamentsgebäudes zum Ausdruck. Die Parlamentsarchitektur war imposant, folgte modernsten technischen Standards und war zugleich in einem historischen Stil gehalten, der Identitätsbildung ermöglichte. In funktionaler Hinsicht entsprach sie den Anforderungen des modernen Parlamentsbetriebes. Allerdings wurde das Parlamentsgebäude erst 1936 fertiggestellt, zu einem Zeitpunkt also, als der jugoslawische Parlamentarismus bereits im Niedergang begriffen war – ein weiteres Beispiel für die Diskrepanz zwischen dem Machtanspruch der Skupština und den Hindernissen in der Praxis.

Mit dem Bau war bereits zu Beginn des 20. Jahrhunderts begonnen worden, doch erschien das Gebäude manch einem – insbesondere dem König – als zu monumental. Der von der Architektur ausstrahlende Machtanspruch des Parlamentarismus war vielen politischen Akteuren ein Dorn im Auge. In das Parlamentsgebäude, das für die Nationalversammlung des Königreichs Jugoslawien konzipiert worden war, zog nach dem Zweiten Weltkrieg schließlich das sozialistische Parlament von Titos Jugoslawien ein. Das Bauwerk wurde so zu einem nicht wegzudenkenden politischen Wahrzeichen Belgrads – zum Symbol eines ganz anderen politischen Systems und eines ganz anderen Jugoslawiens, das 1991 endgültig zerfiel.

Glossar

Avala	Hügel in der Nähe von Belgrad, auf dem in den 1930er Jahren zum Gedenken an die im Ersten Weltkrieg gefallenen serbischen Soldaten das imposante Denkmal des unbekannten Helden errichtet wurde.
Ban	Vertreter des Königs auf Banatsebene, der in den Bereichen Politik und Verwaltung die oberste Autorität im Banat darstellte.
Banat (auch: *Banschaft*)	Eine territoriale Verwaltungseinheit – der erste jugoslawische Staat war ab 1929 in neun Banate unterteilt: Das Draubanat (Hauptstadt Ljubljana), das Savebanat (Hauptstadt Zagreb), das Küstenbanat (Hauptstadt Split), das Vrbasbanat (Hauptstadt Banja Luka), das Drinabanat (Hauptstadt Sarajevo), das Donaubanat (Hauptstadt Novi Sad), das Vardarbanat (Hauptstadt Skopje), das Moravabanat (Hauptstadt Niš) und das Zetabanat (Hauptstadt Cetinje). Belgrad bildete mit Zemun und Pančevo eine besondere Verwaltungseinheit.
Bey (auch: *Beg*)	Türkischer Adelstitel, auch die Bezeichnung für einen muslimischen Großgrundbesitzer.
Čaršija	In der Zeit der türkischen Herrschaft die Bezeichnung für die Belgrader Geschäftsviertel und die muslimische Bevölkerung, die viele der Geschäfte besaß und entsprechend mächtig war. Später bezeichnete dieser Ausdruck eine in Politik und Wirtschaft einflussreiche Gesellschaftsschicht.
Četniks	Die Angehörigen nationalistisch-serbisch ausgerichteter Milizen.
Domoljub	Das Parteiblatt der Slowenischen Volkspartei.
Džemijet	Eine nationale türkische Partei, »die Gesellschaft«.
Glavnjača	Ein berüchtigtes Belgrader Untersuchungsgefängnis, in dem unerträgliche Zustände herrschten und das häufig Gegenstand von Interpellationen war.

Jutro	Eine der beiden slowenischen politischen Tageszeitungen. Sie wurde von liberalen Politikern herausgegeben.
Narodna Skupština, kurz *Skupština*	Serbische Bezeichnung für das jugoslawische Parlament, die Kurzform wird auch für den Parlamentspalast verwendet.
Oblast (pl. *Oblasti*)	Eine territoriale Verwaltungseinheit – bis 1929 war das erste Jugoslawien in 33 Oblasti gegliedert.
Oplenac	Hügel bei der Ortschaft Topola in Serbien, auf dem sich das Mausoleum der Herrscherdynastie Karađorđević befindet.
Politika	Die wichtigste jugoslawische politische Zeitung; sie wurde in Belgrad herausgegeben.
Rakija	Ein auf der Balkanhalbinsel beliebter Obstbrand.
Slovenec	Eine der beiden slowenischen politischen Tageszeitungen. Sie wurde von der Slowenischen Volkspartei herausgegeben.
Terazije-Platz	Der bekannteste Platz Belgrads; in der ersten Hälfte des 20. Jahrhunderts war er das Zentrum des gesellschaftlichen Lebens.
Veitstagsverfassung	Die erste Verfassung des Königreichs SHS, die im Jahr 1921 am Veitstag – am 28. Juni – angenommen wurde. Sie war modern und liberal gestaltet und hinsichtlich der sozialen Rechte an der Weimarer Verfassung orientiert.

Abkürzungsverzeichnis

AVNOJ	*Antifašističko vijeće narodnog oslobodjenja Jugoslavije*/Antifaschistischer Rat der Volksbefreiung Jugoslawiens
Din	Jugoslawische Dinar
F.	Faszikel
HSS	*Hrvatska Seljačka Stranka*/Kroatische Bauernpartei (ab 1925, davor *HRSS*)
HRSS	*Hrvatska republikanska seljačka stranka*/Kroatische Republikanische Bauernpartei
JMO	*Jugoslovenska muslimanska organizacija*/Jugoslawische Muslimische Organisation
JNS	*Jugoslovenska nacionalna stranka*/Jugoslawische Nationalpartei
JRZ	*Jugoslovenska radikalna zajednica*/Jugoslawische Radikale Union
SDK	*Seljačko-demokratska koalicija*/Bäuerlich-Demokratische Koalition
NRS	*Narodna radikalna stranka*/Radikale Partei
SDS	*Samostalna demokratska stranka*/Selbstständige Demokratische Partei
SLK	*Samostojna kmetijska stranka*/Selbstständige Bauernpartei
SLS	*Slovenska ljudska stranka*/Slowenische Volkspartei

Abbildungsverzeichnis

Abb. 27:   Innenminister Milorad Drašković – Unbekannter Fotograf; © Muzej novejše zgodovine Slovenije, Fotothek, Inv.-Nr. SL 16/12.

Abb. 28:   Abschied vom verstorbenen König Aleksandar in Marseille vor der Abfahrt des Schiffs *Dubrovnik* nach Jugoslawien – Unbekannter Fotograf, Oktober 1934; © Muzej novejše zgodovine Slovenije, Fotothek, Inv.-Nr. SL 10351.

Abb. 29:   Büste des langjährigen serbisch-jugoslawischen Ministerpräsidenten Nikola Pašić in der Skupština (später modelliert von Toma Rosandić). Skizze von Nikola Krasnov, 1935; © Arhiv Jugoslavije, »Narodna skupština« 72.

Abb. 30:   Schreibtisch für den Präsidenten der Nationalversammlung. Skizze von Nikola Krasnov, 1935; © Arhiv Jugoslavije, »Narodna skupština« 72.

Abb. 31:   Schreibtisch für den Sekretär der Versammlung. Skizze von Nikola Krasnov, 1935; © Arhiv Jugoslavije, »Narodna skupština« 72.

Abb. 32:   Abgeordnetenschreibtisch. Skizze von Nikola Krasnov, 1935; © Arhiv Jugoslavije, »Narodna skupština« 72.

Abb. 33:   Der Rechtsprofessor Kosta Kumanudi, später erster Präsident der Skupština nach 1931 – Unbekannter Fotograf, ca. 1930; © Muzej novejše zgodovine Slovenije, Fotothek, Inv.-Nr. SL 78/3.

Abb. 34:   Eintrittskarte für Parlamentsbesucher; © Arhiv Jugoslavije, »Narodna skupština« 72.

Abb. 35:   Gespräch zwischen Anton Korošec, Marko Natlachen, Mehmed Spaho und Ministerpräsident Dragiša Cvetković – Unbekannter Fotograf, 1939/1940; © Muzej novejše zgodovine Slovenije, Fotothek, Inv.-Nr. SL 138/1.

Abb. 36:   Innenminister Božidar Maksimović – Unbekannter Fotograf, 1939; © privat.

Abb. 37:   Die Geschäftsordnung der Nationalversammlung des Königreichs Jugoslawien von 1932; © Arhiv Jugoslavije, »Narodna skupština« 72.

Abb. 38:   Das Buffet in der Parlamentskantine. Skizze von Nikola Krasnov, 1935; © Arhiv Jugoslavije, »Narodna skupština« 72.

Abb. 39:   Empfangssalon im Parlamentsgebäude. Skizze von Nikola Krasnov, 1935; © Arhiv Jugoslavije, »Narodna skupština« 72.

Abb. 40:   Runder Kofnerenztisch im Empfangssalon. Skizze von Nikola Krasnov, 1935; © Arhiv Jugoslavije, »Narodna skupština« 72.

Abb. 41:   Karte von Belgrad für ausländische Delegationen; © Arhiv Jugoslavije, »Narodna skupština« 72.

Abb. 42:   Trauerfeier für Anton Korošec – Unbekannter Fotograf; © Museum der neueren Geschichte Sloweniens, Fotothek, Inv.-Nr. SL 11574.

Abb. 43:   Skizze der zwei Skulpturen *Tanz der Schwarzen Pferde* von Toma Rosandić, 1935; © Arhiv Jugoslavije, »Narodna skupština« 72.

Quellen und Literatur

Quellen

Allgemeines Reichs-, Gesetz- und Regierungsblatt für das Kaiserthum Oesterreich, 1852/36, »Strafgesetz über Verbrechen, Vergehen und Ubertretungen«. Aus der kaiserlich-königlichen Hof- und Staatsdruckerei.

Archiv Ministerstva zahraničnych věcí, Politické zaprávy (AMZV PZ).

Arhiv Hrvatske akademije znanosti i umjetnosti, ›Arhiv dr. Ante Trumbića«.

Arhiv Jugoslavije (AJ), Bestand »Narodna skupština« (72).

Godeša, Bojan/Ervin Dolenc: Izgubljeni spomin na Antona Korošca. Iz zapuščine Ivana Ahčina, Ljubljana 1999.

Muzej novejše zgodovine Slovenije.

Pokrajinski arhiv Maribor (PAM).

Poslovnik Narodne skupštine Kraljevine Srba, Hrvata i Slovenaca, Beograd 1922.

Pregled o radu Narodne skupštine Kraljevine Srba Hrvata i Slovenaca za skupštinsku periodu od 16. aprila 1923. g. do 10. novembra 1924. god, Beograd 1928.

Pregled o radu Narodne skupštine Kraljevine Srba Hrvata i Slovenaca za skupštinsku periodu od 7. marta 1925. g. do 15. junija 1927. god, Beograd 1928.

Službeni list Kraljevske banske uprave Dravske banovine.

Statistika izbora narodnih poslanika Kraljevine Srba, Hrvata i Slovenaca održanih 18 marta 1923. godine, Beograd: Narodna skupština Kraljevine Srba, Hrvata i Slovenaca, 1924.

Statistika izbora narodnih poslanika za Narodno Skupštino Kraljevine Jugoslavije, izvršenih 5. maja 1935, Beograd 1938.

Statistika izbora narodnih poslanika za Prvu Jugoslovensku Narodnu Skupštinu (održanih 8. novembra 1931 god.), Beograd : [Zemun. »Jugoslavija«], 1935.

Stenografske beleške Narodne skupštine Kraljevine Jugoslavije (SBNSKJ).

Stenografske beleške Narodne skupštine Kraljevine Srba, Hrvata i Slovenaca (SBNSKSHS).

Uradni list deželne vlade za Slovenijo.

»Ustava Kraljevine Srbov, Hrvatov in Slovencev z dne 28.6.1921«, in: Uradni list deželne vlade za Slovenijo, 87/1921; bzw. Ivan Žolgers Übersetzung: »Verfassung des Königreiches der Serben, Kroaten und Slowenen vom 28. Juni 1921«, abrufbar unter: http://www.verfassungen.net/yu/verf21-i.htm [21.2.2018].

»Ustava Kraljevine Jugoslavije z dne 3.9.1931«, in: Službeni list Kraljevske banske uprave Dravske banovine, 53/1931; bzw. Georg Lubenoffs Übersetzung: »Verfassung des Königreiches Jugoslawien vom 3. September 1931«, abrufbar unter: http://www.verfassungen.net/yu/verf31-i.htm [21.2.2018].

Zbirka drobnih tiskov Univerzitetne knjižnice Maribor (aus Sammlungen der Universitätsbibliothek Maribor).

Zeitungen und Zeitschriften

Domoljub

Jutro

Ljudska pravica

Neue Freie Presse

Nova Evropa

Politika

Reichsgesetzblatt für die im Reichsrathe vertretenen Königreiche und Länder

Slovenec

Slovenski beograjski tednik

Slovenski gospodar

Slovenski narod

Time

Literatur

Aerts Remieg/van Baalen, Carla/te Velde, Henk/van der Steen, Margit/Recker, Marie-Luise (Hrsg.): The Ideal of Parliament in Europe since 1800, Palgrave Macmillan, Cham 2019.

Balkovec, Bojan: »Vsi na noge, vsi na plan, da bo zmaga čim sijajnejša«. Volilna teorija in praksa v prvi jugoslavanski državi, Ljubljana: Zveza zgodovinskih društev Slovenije, 2011.

Banac, Ivo: The National Question in Yugoslavia. Origins, History, Politics, Ithaca/London 1984.

Barthélemy, Joseph: Das parlamentarische Regime muss sich umbilden, in: Demokratie und Parlamentarismus. Ihre Schwierigkeiten und deren Lösung – Eine Rundfrage der »Prager Presse«, Prag 1926.

Beneš, Eduard: Hic Rhodus, hic salta!, in: Demokratie und Parlamentarismus. Ihre Schwierigkeiten und deren Lösung – Eine Rundfrage der »Prager Presse«, Prag 1926.

Berend, Iván Tibor: Decades of Crisis. Central and Eastern Europe before World War II, Berkeley/Los Angeles/London 2001.

Biefang, Andreas: Die andere Seite der Macht. Reichstag und Öffentlichkeit im »System Bismarck« 1871–1890, Düsseldorf 2012.

Biefang, Andreas/Geppert, Dominik/Recker, Marie-Luise/Wirsching, Andreas: 200 Jahre Parlamentarismusgeschichte, in: Parlamentarismsus in Deutschland von 1815 bis zur Gegenwart, Berlin 2022, S. 11–18.

Biondich, Mark: Stjepan Radić, the Croat Peasant Party, and the Politics of Mass Mobilization, 1904–1928, Toronto 2000.

Bösch, Frank: Wie entstehen Skandale? Historische Perspektiven, in: Gegenworte (29) 2013, S. 12–19.

Brecelj, Anton: Zgodbe našega zdravstva in javnega skrbstva, in: Slovenci v desletju 1918–1928. Zbornik razprav iz kulturne, gospodarske in politične zgodovine, Ljubljana 1928.

Budak, Neven (Hrsg.): Hrvatski sabor, Zagreb 2010.

Bulatović, Aleksandra/Srđan Korać: Korupcija i razvoj moderne srpske države, Beograd 2006.

Calic, Marie-Janine: Geschichte Jugoslawiens im 20. Jahrhundert, München 2010.

Cerar, Miro: Imuniteta poslancev (s posebnim ozirom na pravno ureditev v Sloveniji), in: Zbornik znanstvenih razprav 1994, Ljubljana 1994, S. 57–79.

Cvirn, Janez/Jure Gašparič (Hrsg.): Dunajski državni zbor in Slovenci (1848–1918), Celje 2015.

Cvirn, Janez: Razvoj ustavnosti in parlamentarizma v habsburški monarhiji. Dunajski državni zbor in Slovenci (1848–1918), Ljubljana 2006.

Cvirn, Janez: Zborniki so izvoljeni zato, da delajo za narodov blagor, in: Zbornik. 3. raziskovalni tabor Kamniška Bistrica 18.–20. junij 2001, Kamnik 2002, S. 59–76.

Čulinović, Ferdo: Jugoslavija između dva rata, Zagreb 1961.

Djokić, Dejan: Elusive Compromise. A History of inter-war Yugoslavia, New York/London 2007.

Duprat, G. L.: Arbeit zum Heil der Demokratie, in: Demokratie und Parlamentarismus. Ihre Schwierigkeiten und deren Lösung – Eine Rundfrage der »Prager Presse«, Prag 1926.

Engels, Jens Ivo: Die Geschichte der Korruption. Von der Frühen Neuzeit bis ins 20. Jahrhundert, Frankfurt a. M. 2014.

Engels, Jens Ivo: Politische Korruption in der Moderne. Debatten und Praktiken in Großbritannien und Deutschland im 19. Jahrhundert, in: HZ (282) 2006, S. 312–350.

Engelsfeld, Neda: Poslovnik Ustavotvorne skupštine Kraljevine Srba, Hrvata i Slovenaca 1921. godine, in: Zbornik Pravnog fakulta u Zagrebu = Recueil des travaux de la Faculté de droit de l'Université de Zagreb = Collected papers of the University of Zagreb Law School, 1994, Nr. 4, S. 377–416.

Engelsfeld, Neda: Prvi parlament Kraljevstva Srba, Hrvata i Slovenaca. Privremeno narodno predstavništvo, Zagreb 1989.

Evans, Paul (Hrsg.): Essays on the History of Parliamentary Procedure: In Honour of Thomas Erskine May. Oxford and Portland, OR: Hart Publishing, 2017.

Foreign Relations (2) 1922, abrufbar unter: University of Wisconsin Digital Collections, http://digicoll.library.wisc.edu/cgi-bin/FRUS/FRUS-idx?id=FRUS. FRUS1922v02 [22.3.2021].

Gašparič, Jure (Hrsg.): Iz zgodovine političnih strank. Prispevki za novejšo zgodovino (57) 2017, Nr. 1.

Gašparič, Jure/Adéla Gjuričová (Hrsg.): Complex Parliaments in Transition. Prispevki za novejšo zgodovino, in: Contributions to the Contemporary History (55) 2015, Nr. 3.

Gašparič, Jure/Mojca Šorn: Poklicna struktura poslancev Narodne skupščine Kraljevine SHS, in: Prispevki za novejšo zgodovino (53) 2013, Nr. 2, S. 37–47.

Gašparič, Jure/Mojca Šorn: Narodna skupščina Kraljevine Jugoslavije na pragu druge svetovne vojne: priprava na zračni napad in evakuacijo, in: Prispevki za novejšo zgodovino (52) 2012, Nr. 2, S. 127–137.

Gašparič, Jure: Državni zbor 1992–2012. O slovenskem parlamentarizmu, Ljubljana 2012.

Gašparič, Jure: Cenzura v času diktature kralja Aleksandra, in: Cenzurirano. Zgodovina cenzure na Slovenskem od 19. stoletja do danes, Ljubljana 2010, S. 89–98.

Gašparič, Jure: SLS pod kraljevo diktaturo. Diktatura kralja Aleksandra in politika Slovenske ljudske stranke v letih 1929–1935, Ljubljana 2007.

Gligorijević, Branislav: Istorija Demokratske stranke, Beograd 2010.

Gligorijević, Branislav: Parlament i političke stranke u Jugoslaviji (1919–1929), Beograd 1979.

Godeša, Bojan: Čas odločitev. Katoliški tabor in začetek okupacije, Ljubljana 2011.

Grabar, Nika/Kaja Širok/Martina Vovk: Parlament. Tri zgodbe. Arhitektura, umetnost, spomin, Ljubljana 2012.

Grol, Milan: Naš parlamentarizam (njegove vrline i njegove mane), in: Nova Evropa, XIII, Nr. 1, 11.1.1926, S. 12–19.

Hamann, Brigitte: Hitlers Wien. Lehrjahre eines Diktators, München und Zürich 1996.

Hohnjec, Josip: O ustavi naše države, in: Slovenci v desetletju 1918–1928. Zbornik razprav iz kulturne, gospodarske in politične zgodovine, Ljubljana 1928.

Hombach, Bodo: Zur Definition des Skandals, in: Ders. (Hrsg.), Skandal-Politik! Politik-Skandal! Wie politische Skandale entstehen, wie sie ablaufen und was sie bewirken, Bonn 2013, S. 11–17.

Hribar, Angelika: Rodbinska kronika Dragotina Hribarja in Evgenije Šumi, Ljubljana, Celje 2008.

Istorijat i kulturna baština Narodne skupštine, Beograd: Narodna skupština Republike Srbije, o. J.

Jovanović, Dragoljub: Kriza parlamentarizma, in: Srpski književni glasnik, XIX, September–Dezember 1926, S. 214–217, abrufbar unter: Digitalna Narodna bibliotheka Srbije, www.digitalna.nb.rs [22.3.2021].

Jovanović, Slobodan: Ustavno pravo Kraljevine Srba, Hrvata i Slovenaca, Beograd 1924.

Kaiser, Tobias: »Brachialgewalt … in der Kathedrale der nationalen Legislative«. Gewalt als Extrem parlamentarischer Kommunkation, in: Andreas Schulz/Andreas Wirsching (Hrsg.), Das Parlamant als Kommunkationsraum, Düsseldorf 2012, S. 195–226.

Kaiser, Tobias/ Schulz, Andreas (Hrsg.): »Vorhang auf!« – Frauen in Parlament und Politik, Berlin 2022.

Kalajdžić, Dragan: Razgovori o nama, Zagreb 1980.

Kaser, Karl: Handbuch der Regierungen Südosteuropas (1833–1980), Bd. II, Graz 1982.

Kljakić, Slobodan: Svi naši vidovdani (atentati na Aleksandra i Pašića), abrufbar unter: Politika online, http://www.politika.rs/ [22.3.2021].

Korošec, Anton: Kriza parlamentarizma, in: Srpski književni glasnik, XIX, September–Dezember 1926, S. 363–368, abrufbar unter: Digitalna Narodna bibliotheka Srbije, www.digitalna.nb.rs [22.3.2021].

Kostić, Lazo M.: Pred kojom vlašću odgovaraju narodni poslanci i senatori za dela izvršena pri obavljanju mandata, in: Pravosuđe (7) 1938, Nr. 1/2, S. 100 f.

Kováč, Dušan: Demokracia, politická kultúra a dedičstvo totality v historickom procese, in: Z dejín demokratických a totalitných režimov na Slovensku a v Československu v 20. storočí. Historik Ivan Kamenec 70-ročný, Bratislava 2008.

Krizman, Branko: Vanjska politika jugoslavenske države, Zagreb 1975.

Krleža, Miroslav: Banket u Blitvi I. i II, Zagreb 2013; bzw. die deutsche Übersetzung der Romantrilogie von Božena Begović und Reinhard Federmann: Bankett in Blitwien, Graz/Wien 1963.

Krleža, Miroslav: Banket u Blitvi III, Zagreb 2013; bzw. die deutsche Übersetzung der Romantrilogie von Božena Begović und Reinhard Federmann: Bankett in Blitwien, Graz/Wien 1963.

Krleža, Miroslav: Deset krvavih let in drugi politični eseji, Ljubljana 1962.

Kulundžić, Zvonimir: Politika in korupcija v kraljevi Jugoslaviji, Ljubljana 1973.

Kušej, Gorazd: O pravnem položaju narodnih poslancev in senatorjev, ki svojih pooblastil niso predložili narodni skupščini oziroma senatu v verifikacijo, in: Slovenski pravnik (52) 1938, Nr. 7/8, S. 188–198.

MacDonald, James Ramsay: Parliament and Revolution, New York 1920.

Maček, Vladko: In the Struggle for Freedom, London 1957.

Melik, Vasilij: Volitve na Slovenskem 1861–1918, Ljubljana 1965; bzw. die deutsche Übersetzung von Irena Vilfan-Bruckmüller: Wahlen im alten Österreich. Am Beispiel der Kronländer mit slowenischsprachiger Bevölkerung, Wien 1997.

Mergel, Thomas: Parlamentarische Kultur in der Weimarer Republik. Politische Kommunikation, symbolische Politik und Öffentlichkeit im Reichstag, Düsseldorf 2003.

Milićević, Vladeta: Ubistvo kralja u Marselju. Pozadina jednog zločina, Beograd 2000.

Mitrinović, Čedomil/Miloš N. Brašić: Jugoslovenske narodne skupštine i sabori, Beograd 1937.

Morscher, Siegbert: Die parlamentarische Interpellation, Berlin 1973.

Nielsen, Christian Axboe: One State, One Nation, One King. The Dictatorship of King Aleksander and His Yugoslav Project, 1929–1935, New York 2002.

Ogrin, Fran: Imuniteta senatorjev in narodnih poslancev, in: Slovenski pravnik (51) 1937, Nr. 11/12, S. 270–277.

Ogris, Albin: Politične stranke, Ljubljana 1926.

Patin, Nicolas: Une présidence en temps troublés. Le role de Paul Löbe dans l'équilibre énonciatif du Reichstag (1920–1932), in: Les Présidents de l'Assemblée nationale de 1789 à nos jours, sous la direction des Jean Garrigues, Paris 2015, S. 263–281.

Perović, Latinka: Počeci parlamentarizma u Srbiji: ograničenja i dometi, Vorwort zum Buch von Olga Popović-Obradović: Parlamentarizam u Srbiji od 1903. do 1914. godine, Beograd 2008.

Perovšek, Jurij: O demokraciji in jugoslovanstvu. Slovenski liberalizem v Kraljevini SHS/Jugoslaviji, Ljubljana 2013.

Perovšek, Jurij: V zaželjeni deželi. Slovenska izkušnja s Kraljevino SHS/Jugoslavijo 1918–1941, Ljubljana 2009.

Perovšek, Jurij: Programi političnih strank, organizacij in združenj na Slovenskem v času Kraljevine SHS (1918–1929), Ljubljana 1998.

Perovšek, Jurij: Unitaristični in centralistični znača Vidovdanske ustave, in: Prispevki za novejšo zgodovino (33) 1993, Nr. 1/2, S. 17–26.

Pitamic, Leonidas: Das Recht der Abgeordneten auf Diäten. Wiener Staatswissenschaftliche Studien – Franz Deuticke, Wien/Leipzig 1913.

Prochnik, George: Das unmögliche Exil. Stefan Zweig am Ende der Welt, München 2016.

Pržić, Ilija A.: Poslovnik Narodne skupštine Kraljevine Srba, Hrvata i Slovenaca sa objašnjenjima iz parlamentarne prakse i zakonskim odredbama, Beograd 1924.

Pyta, Wolfram: Der Reichstag der parlamentarischen Republik 1919–1933, in: Parlamentarismsus in Deutschland von 1815 bis zur Gegenwart, Berlin 2022, S. 305–326.

Rahten, Andrej: Slovenska ljudska stranka v beograjski skupščini. Jugoslovanski klub v parlamentarnem življenju Kraljevine SHS 1918–1929, Ljubljana 2002.

Rahten, Andrej: Anton Korošec, Ljubljana 2022.

Ratej, Mateja: Anton Korošec in Kun-režim – Slovenska ljudska stranka v vladi Nikole Uzunovića leta 1927, in: Časopis za zgodovino in narodopisje (77) 2006, Nr. 2/3, S. 66–82.

Ratej, Mateja: Avtonomistična ideja v Slovenski ljudski stranki v letih 1923–1929 in vprašanje dekoncentracije upravne oblasti v času vlade Antona Korošca, in: Zgodovinski časopis (60) 2006, Nr. 3/4, S. 375–395.

Ratej, Mateja: Franjo Žebot – poslanec v Narodn skupščini v Beogradu v letih 1922–1929, in: Studia Historica Slovenica (1) 2002, Nr. 2, S. 355–382.

Ravnihar, Vladimir: Mojega življenja pot. Spomini dr. Vladimirja Ravniharja, Ljubljana 1997.

Recker, Marie-Luise/Andreas Schulz: »Parlamentarismuskritik und Antiparlamentarismus in Europa«, in: Dies. (Hrsg.), Parlamentarismuskritik und Antiparlamentarismus in Europa, Düsseldorf 2018, S. 9–21.

Ribar, Ivan: Politički zapisi, Beograd 1948.

Ribar, Ivan: Politički zapisi II, Beograd 1949.

Ribar, Ivan: Politički zapisi III, Beograd 1951.

Romanelli, Mauro: Understanding the organisational change within parliamentary administrations, in: 7th Critical management Studies Conference 2011 – Naples, July 11–13.

Rumpler, Helmut/Peter Urbanitsch (Hrsg.): Die Habsburger Monarchie 1848–1918, Bd. VII, Verfassung und Parlamentarismus. 1. Teilband: Verfassungsrecht, Verfassungswirklichkeit, zentrale Repräsentativkörperschaften, Wien 2000.

Rumpler, Helmut/Peter Urbanitsch (Hrsg.): Die Habsburger Monarchie 1848–1918, Bd. VII, Verfassung und Parlamentarismus. 2. Teilband: Die regionalen Repräsentativkörperschaften, Wien 2000.

Sampson, Steven: The anti-corruption industry: from movement to institution, in: Global Crime 2010, Nr. 2, S. 261–278.

Seaward, Paul: Financing Political Careers in Great Britain, 1868–1997, in: Lebenswelten von Abgeordneten in Europa, Berlin, 2014, S. 117–135.

Schmaus, Alois: Der Bergkranz. Einleitung, Übersetzung und Kommentar, München/Beograd 1963.

Schulz, Andreas/Wirsching, Andreas (Hrsg.): Parlamentarische Kulturen in Europa, Berlin 2012.

Schulz, Andreas : »Préserver la dignité de la Haute Assemblée«. Les presidents du Bundestag allemande 1949–2012, in: Les Présidents de l'Assemblée nationale de 1789 à nos jours, sous la direction des Jean Garrigues, Paris 2015, S. 281–305.

Seton-Watson, Robert William: The Yugoslav Dictatorship, in: International Affairs (Royal Institute of International Affairs 1931–1939) (11) 1932, Nr. 1, S. 22–39, abrufbar unter: JSTOR, [22.3.2021].

Seton-Watson, Robert William: The Background of the Jugoslav Dictatorship, in: The Slavonic and East European Review (10) 1931, Nr. 29, S. 363–376.

Slovenska novejša zgodovina. Od programa Zedinjena Slovenija do mednarodnega priznanja Republike Slovenije 1848–1992, Ljubljana 2005.

Spaho, Mehmed: Kriza parlamentarizma, in: Srpski književni glasnik, XIX, September–Dezember 1926, S. 53–56, abrufbar unter: Digitalna Narodna bibliotheka Srbije, www.digitalna.nb.rs [22.3.2021].

Stiplovšek, Miroslav: Banski svet Dravske banovine 1930–1935. Prizadevanja banskega sveta za omilitev gospodarsko-socialne krize in razvoj prosvetno-kulturnih dejavnosti v Sloveniji ter za razširitev samoupravnih in upravnih pristojnosti banovine, Ljubljana 2006.

Stiplovšek, Miroslav: Slovenski parlamentarizem 1927–1929. Avtonomistična prizadevanja skupščin ljubljanske in mariborske oblasti za ekonomsko-socialni in prosvetno-kulturni razvoj Slovenije ter za udejanjenje parlamentarizma, Ljubljana 2000.

Stojadinović, Milan M.: Ni rat ni pakt. Jugoslavija između dva rata, Rijeka 1970.

Stojkov, Todor: Vlada Milana Stojadinovića (1935–1937), Beograd 1985.

Stojkov, Todor: Opozicija u vreme šestojanuarske diktature 1929–1935, Beograd 1969.

Studen, Andrej: Pijane zverine. O moralni in patološki zgodovini alkoholizma na Slovenskem v dobi meščanstva, Celje 2009.

Sundhausen, Holm: Experiment Jugoslawien. Vor der Staatsgründung bis zum Staatszerfall, Mannheim 1993.

Škerbec, Matija: Šenčurski dogodki, Kranj 1937.

Šorn, Mojca: »Rasputin vidovdanske ustave«. Razvpite afere Radomirja Pašića kot primer korupcije in (neuspešnega) boja proti njej v prvi Jugoslaviji, in: Zgodovina za vse (20) 2013, Nr. 2, S. 16–27.

Šuvaković, Uroš: Korupcija i političke stranke u Kraljevini Srba, Hrvata i Slovenaca, in: NBP. Žurnal za kriminalistiku i pravo, 2011, Nr. 1, S. 57–68.

Tahović, Janko: Parlamentarni imuniteti, in: Anali Pravnog fakulteta u Beogradu (1) 1953, Nr. 2.

Twain, Mark: Stirring Times in Austria. The Man That Corrupted Hadleyburgh and Other Stories, London 1925; bzw. die deutsche Übersetzung von Rudolf Pikal: Turbulente Tage in Österreich, Wien 2012.

Vitezović, Milovan: Nikola Pašić u anegdotama, Beograd 2002.

Vodopivec, Peter: O Gosarjevi kritiki parlamentarne demokracije, in: Prispevki za novejšo zgodovino (49) 2009, Nr. 1, S. 243–253.

Vodopivec, Peter: Trideseta leta, in: Ders./Matica Slovenska (Hrsg.), Slovenska trideseta leta, Ljubljana 1997, S. 7–17.

Vörös, László: Úvod. Korupcia ako historický fenomén, in: Forum Historiae (5) 2011, Nr. 2, abrufbar unter: http://www.forumhistoriae.sk/FH2_2011/texty_2_2011/voros.pdf. [22.3.2021].

Weber, Max: Politik als Beruf, Berlin 2013.

Weigel, Maximilian: Die Lehre von der parlamentarischen Disziplin in rechtsvergleichender Darstellung, Leipzig 1909.

Wilson, Woodrow: Congressional Government. A study in American politics, Boston/New York 1885, abrufbar unter: http://www.gutenberg.org/files/35861/35861-h/35861-h.htm. [22.3.2021].

Wintr, Jan: Česká parlamentní kultura, Praha 2010.

Wladika, Michael: Hitlers Vätergeneration. Die Ursprünge des Nationalsozialismus in der k. u. k. Monarchie, Wien/Köln/Weimar 2005.

Žebot, Franjo: Kako se je izvršil napad na Pašića, in: Slovenski gospodar, 5.7.1923.

Zečević, Momčilo: Slovenska ljudska stranka in jugoslovansko zedinjenje 1917–1921. Od majniške deklaracije do vidovdanske ustave, Maribor 1977.

Hinweise zur Aussprache

C	wie deutsches *ts*
ć und č	wie deutsches *tsch*
S	stimmlos, wie deutsches *ß*
Š	wie deutsches *sch*
Z	stimmhaft, wie im Englischen *zero*
Ž	stimmhaft, wie in *Gelee*

Personenregister

Bibliografische Information der Deutschen Nationalbibliothek
Die Deutsche Nationalbibliothek verzeichnet diese Publikation in der
Deutschen Nationalbibliografie; detaillierte bibliografische Daten
sind im Internet über http://dnb.d-nb.de abrufbar.

 EX OFFICINA
2023

Schriften
Adobe Garamond Pro/DTL Caspari

Umschlag
31° branddesign, Berlin

Satz
dtp-studio schwarz auf weiss, Berlin

Druck und Herstellung
Memminger MedienCentrum Druckerei und Verlags-AG, Memmingen

Printed in Germany